本书出版获中央高校基本科研业务费以及上海外国语大学学

激发工作的内在驱动力

金佳　孟亮　马庆国◎著

DRIVE

FOSTERING INTRINSIC MOTIVATION IN THE WORKPLACE

经济管理出版社
ECONOMY & MANAGEMENT PUBLISHING HOUSE

图书在版编目（CIP）数据

激发工作的内在驱动力/金佳，孟亮，马庆国著．—北京：经济管理出版社，2021.6
ISBN 978－7－5096－8244－9

Ⅰ.①激…　Ⅱ.①金…　②孟…　③马…　Ⅲ.①企业管理—人事管理—激励—研究
Ⅳ.①F272.92

中国版本图书馆CIP数据核字(2021)第206974号

组稿编辑：申桂萍
责任编辑：申桂萍　谢　妙
责任印制：张馨予
责任校对：王淑卿

出版发行：经济管理出版社
（北京市海淀区北蜂窝8号中雅大厦A座11层　100038）
网　　址：www. E－mp. com. cn
电　　话：（010）51915602
印　　刷：北京晨旭印刷厂
经　　销：新华书店
开　　本：720mm×1000mm/16
印　　张：14.25
字　　数：263千字
版　　次：2021年6月第1版　　2021年6月第1次印刷
书　　号：ISBN 978－7－5096－8244－9
定　　价：68.00元

序

激励是管理学理论研究的重要领域，也是企业管理实践所关注的重要问题。激励问题在整个20世纪得到了管理学家、心理学家和社会学家的大量关注。以往的研究结合管理实践和当时的时代背景，提出了一系列的激励理论，并在管理实践中得到应用，取得了很好的激励效果。然而，随着网络化和全球化进程的加快，企业在竞争中对人才的需求随之加剧，因此，学者对适应时代发展的人才激励理论的构建具有迫切的需求，尤其是处于经济和社会转型期的中国，对于这种需求更加强烈。此外，随着知识经济和人工智能时代的到来，企业对于创新型的知识型员工的需求日益旺盛，目前，美国70%的工作岗位的增长来源于探索型的工作，这一比例还在不断攀升。对于知识型员工来说，有效激发其内在工作动机显得尤为重要，这就对企业激励实践和激励理论提出了更高的要求。

激励实际上就是对员工工作动机的激发，对动机本身的深入研究有助于了解激励的本质，从而达到较好的激励效果。但是长期以来，学术界对动机的研究集中于心理学领域，在管理学的研究和企业管理实践中对动机研究的关注并不多。在以往的研究和实践中，管理学家和企业家更多地倾向于从激励过程出发来研究如何有效激发出员工的工作动机，这导致学者在管理学领域对动机的分类、性质以及特征等因素的研究并不充分。这不仅影响了激励理论的发展，也影响了企业在实践中对员工的有效激励。

近年来，管理学领域的研究范式逐步演进，越来越多的管理学研究开始应用自然科学的方法，交叉领域的研究受到越来越广泛的关注。国家也对交叉学科的研究越来越重视。国内一些经济管理类学科的研究者也致力于管理学研究的革新和社会科学研究方法的创新，开始出现一些基于神经科学方法的理论研究。同时，也涌现了神经经济学、神经营销学以及神经管理学等管理学、营销科学与认知神经科学、心理学的交叉性学科。神经管理学是一门创新性地运用神经科学的方法和技术手段对经典管理问题进行研究的交叉学科。事件相关脑电位技术（ERPs）是在神经科学相关研究中被广泛使用的技术手段，也是较为成熟和方便的神经科学研究工具之一。ERPs 设备通过收集大脑活动时神经元的放电，对数据进行离线分析，从而获得稳定的内源性脑电生理指标，进而稳定地探测到传统方法难以定量化测量的主观指标。

本书从研究设计、数据收集与分析直至结果解析，全过程详细地探讨了四项运用 ERPs 来检验激励中的内外动机关系问题的子研究。通过这些研究，我们不仅可以从大脑层面找到外部因素对内在动机影响的神经学证据，也可以运用事件相关电位技术对动机强度进行定量化测量，弥补过去动机研究中的测量结果难以量化的缺陷。此外，我们对国内外运用神经科学方法研究内在动机的相关文献进行了综述，以展望未来研究。

本书关注的第一项子研究是采用 ERPs 技术研究不同类型的任务给个体带来的内在动机的强度是否不同，这种不同在大脑水平上又是如何表现出来的。该项研究探究了内在动机的强弱能否在神经层面得到有效的定量化表征与测量。

本书关注的第二项子研究是在研究一的结论和以往经典行为研究的基础上，同样借助 ERPs 技术，通过定量化的神经科学指标来探究外部的物质激励对内在动机的影响作用，及其心理和神经过程，并从大脑神经层面对这一影响作用进行解释。

第三项和第四项子研究主要考察了社会比较带来的外部精神激励对内在动机的影响，同样也借助 ERPs 实验从神经科学层面探测这种影响作用，并解释其产生的原因。其中，第三项子研究考察的是一般性的社会比较带来的精神激励对内在动机的影响，而第四项子研究则探究了自主性社会比较带来的外部精神激励对内在动机的影响。

通过以上四项子研究，本书得到以下三个基本结论：

一是动机的强度可以表征在任务进行的各个阶段的不同的神经科学指标中，包括任务提示阶段对不同类型任务的期待程度、任务执行阶段对反馈结果的预期以及结果反馈阶段对实际反馈结果的主观价值评估。

二是工作任务本身是具有内在动机的，外部物质激励会对内在动机产生破坏作用，不利于激励效果的持续性发展，这一点不仅可以在行为层面上表现出来，也可以在脑电活动的差异上表现出来。

三是与物质激励不同，由于精神激励一般不具有控制意义，因此，外部的精神激励，尤其是自主性社会比较带来的精神激励对内在动机有明显的增强作用，可以使内在动机持续发挥作用。精神激励和物质激励对内在动机影响的神经和心理过程也是不同的。

本书所关注的都是神经管理学领域的探索性、前沿性研究，在研究方法的选取、研究内容以及研究结论的解释上均具有前沿交叉学科的创新之处，主要表现在以下四个方面：

一是对动机的认识从行为层面扩展到了大脑活动的层面，更深层次地揭示了动机的本质。运用事件相关电位技术，基于脑电信号分析的角度对激励理论中内在动机与外部动机的关系进行研究，不仅使人们对难以用传统方法定量化测量的动机强度实现了定量化观测，还能通过 ERPs 技术以毫秒级的精度测量出任务全过程中的脑电信号变化，以实现在大脑层面上研究内外动机的关系问题，从而揭示传统行为过程中动机强度变化的心理和神经过程。

二是从神经和心理过程的角度对内在动机与外在动机的关系进行了解释，支持了内外关系研究中经典理论的基础假设，并完善了激励过程模型。以往对内外动机关系的研究集中在社会心理学领域，多是采用行为实验的方法，从认知角度对内外动机的关系进行解释。而本书从管理学的角度出发，从神经和心理过程两个方面研究物质和精神两种类型的外部奖赏对内在动机的影响，是从新的层面、新的视角进行了更加深入、系统的解释，并据此提出了新的激励过程模型。

三是本书对内外动机关系的研究，重点关注的是以往激励研究中被忽视的持续激励问题，研究内容方面具有创新性。以往对激励理论的研究大多关注的是激励措施对当前任务的激励有效性，包括各种激励理论的提出也是基于该类研究。但是除了激励的有效性之外，激励效果的可持续性也是激励理论研究中一个非常值得关注的问题。本书的研究结论建议管理者在管理实践中更多关注激励的持续作用，可以使激励效果事半功倍。

四是本书是对交叉学科领域的探索研究，丰富了神经管理学的相关理论。该研究属于管理学与神经科学、心理学等众多学科交叉的综合型学科领域——神经管理学的研究范畴，是对近年来神经管理学成果的验证和补充，为未来在管理学领域运用神经科学的方法进行相关理论研究提供了示范和借鉴意义。

金　佳

2021 年 5 月

目　录

1 绪论

激励理论一直以来都是管理学研究的重点内容之一，对激励理论的深入研究有助于提高企业的管理效率和企业的竞争优势，从开展管理实践工作的管理者到专门进行理论研究的经济管理学家都认为激励是一项非常重要的管理职能。但是，激励并不是简单地给予员工各种物质奖励，它是一种策略，也是一种艺术。事实上，如何才能做到有效激励并获得持续的激励效果，一直是困扰实业界和理论界的一大问题。激励不当往往使企业耗费了大量人力物力，却还是不能提高员工的工作积极性，还可能出现人才流失率高等问题。而激励本质上就是对个体工作动机的激发，因而在对激励问题的研究中，首先理解动机及其内在机制具有重要意义。

内在动机被认为是一种持久驱动力，是积极性、自主性和激情的源泉。以往的研究表明，个体内在动机的增强有助于提升绩效结果（Breaugh，1985；Deci et al.，2001），激发个体的创造力（Shalley，Jing & Oldham，2004），提升工作满意度，增加工作中克服困难的韧性和长久的坚持力（Macias et al.，2009）。自主性的动机也与组织承诺高度正相关（Gagné，Boies，Koestner & Martens，2004）。例如，有研究者对美国西点军校1万多名学员过去长达14年的动机数据和毕业结果的数据进行研究发现，具有强烈内在动机的人，毕业的可能性比平均水平高20%，而且内在动机是唯一关键的要素（Wrzesniewski et al.，2014）。

在工作情境中，由于动机作为一项重要的心理状态，因此员工对于工作任务的内在动机也是影响其工作绩效和工作表现的重要因素。从员工的角度看，在工作过程中表现出较高水平的内在动机，有利于他们的心理健康，并且有助于他们在工作中获得幸福感、促进自我成长。从企业的角度看，如果其员工具有较强的内在工作动机，有助于员工获得较高水平的工作效率与工作满意度，也会表现出较高的组织忠诚度，并且形成对组织的承诺。从长远来看，这些都将促进企业获得更高的效益水平，提高市场竞争优势（王璇和李健，2007；孙岚、秦启文和张永红，2008；谢犁，2009；阮爱君，2011）。因此，提升员工的内在工作动机，促使员工把工作变成兴趣，并对工作具有强烈的使命感和主观能动性是很多管理者所梦寐以求的。

然而，如何保持和提升员工的内在动机一直以来都是研究者和企业管理者面临的现实难题。在实践中，很多管理者使用多劳多得、绩效考评等方式驱动员工的工作动机，但收效甚微。究其根本在于这种方式激发的是员工工作的外在动机。外在动机对于内在动机的激发，不仅无效，有时候可能还会产生“挤出效应”。尤其是在当前创新引领的知识经济和人工智能时代，员工需要更多依赖脑力劳动进行开拓性、创造性、研究性的工作。企业对员工的组织认同、岗位胜任、自发意识、持久的韧劲、热情与激情等与内在动机息息相关的内在特质提出了更强烈、更紧迫的要求。也就是说，对于知识型员工的激励，内在动机对其工作表现尤为重要。

目前，在管理学中对激励与动机相关问题的研究已有近百年的历史，相关理论也已经发展得比较完善。以往对于激励问题的研究大多集中在企业管理相关学科中，较少运用定量化实验的方法对激励理论进行研究。本书关注的几项子研究主要在管理科学与工程领域，并通过引入其他自然科学领域中的新技术手段来对激励和动机问题进行研究，以促进激励理论的发展。

综上所述，本书在21世纪创新驱动与人工智能快速发展的背景下，在前人关于激励问题和动机理论研究的基础上，运用自然科学中的无创神经科学技术对激励理论中的内在动机及其神经机制进行研究，尤其关注的是内在动机与外在物质及精神激励之间的相互关系、相互影响以及相应内在机制，以期创新激励理论，并有效指导管理实践。

1.1 研究背景

本书的研究背景可以分为现实背景和理论背景两个方面。本书的现实背景可以从以下五个方面进行详细叙述：

一是在知识经济时代，企业的竞争基础是人才。知识经济自20世纪90年代出现，经过近30年的发展，已经进入快速发展阶段。一方面，知识经济时代的基础是知识的生产、分配和使用，在这过程中，必然需要越来越多的知识型人才；另一方面，我国的经济社会发展面临关键的转型期，中国企业要以崭新的姿态进入国际市场，这也需要知识型人才。因此，现代企业通过各种方法吸引人才为其所用（曾建权、郑丕谔和马艳华，2000），这也引发了一系列人才抢夺战。

2010年国务院印发了《国家中长期人才发展规划纲要（2010—2020）》，强调各级党委和政府要把人才作为经济社会发展的第一资源摆在突出位置，进一步明确了人才管理工作的重要性和紧迫性。

二是激活个体和知识型员工的内在动机是人才工作的关键。除了关注如何把优秀的人才吸引进来，也要运用科学的人力资源开发和管理对策，让员工在工作中发挥最大的潜能。也就是说，企业要注重用好人才，"用"强调的是价值创造和对社会的贡献，强调要注重激发人才的活力和提升员工的内在动机。很多实践证明，有效地识别、稳定和激励高绩效的员工，能为公司业绩带来惊人的增长。例如，知名管理咨询公司韬睿公司的一项针对40家全球企业的调查发现，员工敬业度越高的企业，总体营业收入按年上涨19%，每股盈利上涨28%，而员工敬业度较低的企业，其总体营业收入及每股盈利却是分别按年下降33%及11%[①]。这反映了企业的业绩受员工敬业度高低的影响。因此，企业要在竞争中保持优势，对员工工作积极性的激励是一项重要的工作内容。如何用好员工，通过哪些有效措施来激发员工的工作热情、提升员工的内在工作动机、为企业创造出最大的价值和提升企业的创新能力，已经成为当前企业管理面临的重要问题，也是管理学界值得继续研究的问题。

三是在我国企业管理实践中，员工激励问题长期得不到重视和解决，激励方式单一、激励效率低下、激励效果的持续性难以保持等问题普遍存在。虽然员工激励对于企业管理的重要性已经受到广泛的认可与关注，但是目前在我国很多企业中，人才激励工作却开展得非常艰辛。尤其是对于我国众多的民营企业来说，由于对激励问题不重视，没有投入时间、精力去关注激励问题，对于员工的激励仅有金钱激励，因而往往激励效果差，导致企业经常出现员工流失率高、满意度低、工作效率低等问题，这些都严重影响了企业竞争力，成为困扰企业管理者的大问题。例如，一项对中国员工敬业度的调查结果显示，受访者中只有16%的员工表示他们会全力投入工作，33%的受访者则表示会在某种程度上投入工作。其中，香港的调查结果更不乐观，只有5%的员工表示会全情投入工作，60%的受访者表示会在某种程度上投入或完全不投入工作。这种现象经常发生在管理人员不考虑员工内心真实需要，在激励时不分层次、对象和时期，都简单地给予物质激励的企业。这就造成了激励效果逐年递减，往往是企业耗费了大量的人力物力，而激励效果却一直不尽如人意。例如，一个员工的需求是希望得到工作上的晋升，但结果却得到的是金钱奖励；而另一个员工希望通过完成挑战性工作实现自我价值，却只得到了轻松简单的工作。在这些情况下，员工的激励都不能达到

① 参见中国人力资源开发网，http：//www. chinahrd. net/news/site－news/2007/1120/111477. html。

最好的效果。

除了激励效果，激励的可持续性也是值得管理者重视的重要问题。虽然给予员工工资、奖金等激励在短期内会在某种程度上提高员工的工作热情，但随着工作的继续，如果这种奖励长期保持不变，员工的工作积极性又会重新下降。此外，也存在着奖励不当、奖励在一段时间之后被撤销和原先的奖励逐渐不能满足员工当前需求等问题，在这些情况下，员工的工作态度反而不如奖励之前。因此，企业应当重视员工激励效果的可持续性，让员工长期保持工作动力。

四是传统的激励理念和激励机制有待进一步更新和丰富。对于知识型员工来说，很多工作属于探索型工作（Heuristic Work）。探索型工作必须尝试各种可能性，提出创新性的解决方案，这需要更多的内生动力才能胜任。研究表明，传统的物质激励方式对于探索型工作不但无效，而且还可能扼杀员工的创造力（Pink，2009）。因此，动机研究领域著名学者 Pink 在其著作《驱动力》中提出了在物质奖励逐渐失效的当下，人们必须认识到驱动个体行为的动机的重要性顺序正在发生改变，人类社会逐渐从以生物冲动型驱动力为代表的 1.0 时代、以奖惩等外在驱动力为代表的 2.0 时代，向以内在动机驱动力为代表的 3.0 时代过渡（Pink，2009）。然而，现有不少企业，仍然更多地采用物质奖励这种单一的方式来激励员工，比如，通过绩效薪酬制度来激发员工的工作动力，这对于员工的主观能动性、创造力以及工作满意度的作用是远远不够的。

影响激励有效性的因素中，除了物质激励之外，其他社会性因素也逐渐占据重要甚至主导的位置。此外，从企业的长远发展来看，要保持激励效果以及激励的连续性，企业除了考虑到员工对于物质的需求之外，更应该注重员工的其他需求。因此，对于激励问题的影响因素和大脑层面的研究，有助于更好地了解员工被不同因素激励时的心理和情感状态，有助于制定出合理的激励政策，以保持激励的有效性和连续性。

五是以人为本的前提下，重视对员工基本心理需求的满足。随着社会经济的发展，国家和企业越来越强调“以人为本”的理念。以人为本强调的是人的社会属性，而不是仅仅把人当作工作的“机器”。在这种背景下，对人的激励要强调对人性的理解和对员工心理需要的满足，围绕着激发和调动人的积极性、主动性、创造性开展工作（尚倩，2013）。在实际的工作中，胜任感、幸福感、自尊、活力等也成为新生代员工讨论的高频词汇，精神需求上的满足成为员工关注的新焦点。由此可以想象，在未来的企业管理中，从个体心理需要的满足入手去激发个体的内在动机，将成为管理理论和管理实践中的一项重要命题。

综上所述，激励问题在现代企业管理中对于企业效益的增长以及企业在竞争中处于优势地位有着重要的影响，但是现行的企业激励机制存在着不少问题。这些现实背景从源头上诱发了本书的研究动机，也是解读本书研究结论的重要依据。

本书的理论背景可以从激励理论的发展以及神经科学的研究方法这两个方面来论述，通过两者的紧密联系，逐步深入地探讨解决本书提出的问题。

1.1.1 激励理论层面：需要从内在动机的角度考虑激励效果的可持续性

在泰勒提出科学管理理论之后，学者致力于探索比泰勒制更先进的科学管理方法，他们因此进行了各种提高劳动生产率的试验，试图采用改变劳动条件的方法找到提高劳动生产率的决定性因素。然而，大量的研究结果证明，人并不是仅仅关注经济利益的“经济人”，而是有感情、有情绪的“社会人”。因此，对员工的激励不只是简单地给予物质激励，而需要多考虑其他方面。这种理论观点促进人们去探索如何激励“士气”，激发员工的工作动机。激励问题是所有关于组织理论研究中的重要课题之一（Laffont & Martimort，2009），也是最基本的问题之一。因此，对激励问题的研究无论是从理论界还是实践界来说，都具有重大的意义。激励问题被提出至今，得到了研究者和管理者的很多关注，相关的研究成果大量涌现（Steers，Porter & Bigley，1991）。

早期的激励理论研究是关于“需要”的研究，相关理论研究围绕激励的基础或者能够激发和调动工作积极性的因素，发展出了包括马斯洛的需求层次理论、赫茨伯格的双因素理论以及麦克利兰的成就动机理论等一系列重要的理论。总体来说，管理学界对于激励问题的研究经历了三个重要阶段：第一阶段是有管理学家从探究“人的追求究竟是什么”的角度出发，提出了一系列的内容型激励理论，这其中较有影响力的理论包括马斯洛的需求层次理论、赫茨伯格的双因素理论、阿尔德弗的 ERG 理论和麦克利兰的成就动机理论；第二阶段是部分管理学家从“人追求的目标是如何通过改变人的行为进而影响工作绩效”的角度出发，提出了一系列的过程型激励理论，包括期望理论、公平理论、目标设定理论和强化理论等；第三阶段是有管理学家将内容型和过程型激励理论有机结合在一起，形成了综合型激励理论（罗宾斯，2005；马晶，2006）。

近三十年来，激励问题除了受到经济学界和管理学界的关注之外，心理学界的一些相关理论也开始被应用于对该问题的研究中。尤其是对动机理论的研究，一开始动机就是一个心理学概念，因此，将心理学对动机理论的研究结合到激励理论中是非常自然的。在传统的经济学框架中，激励一开始被定义为运用物质奖励对员工进行外在激励，以此来提高员工的努力程度，而不涉及精神激励等其他非物质奖励。经济学理论认为，对员工的外在激励水平越高，他们的努力程度越高。但是，在管理领域的研究发现，主动参与决策、个人成长、工作有趣性、挑战性、工作氛围以及个人能力的认可等因素也会对员工产生激励作用，这些因素诱发的员工动机在心理学中被称为内在动机。内在动机提供了一个促进工作和发展的自发力量，它在没有外在激励的情况下也可以激发出工作动机。虽然内在动机和外在动机激发的行为经常看上去是相同的，但是两者有着本质的差异。

从20世纪70年代开始，也有一些研究开始关注激励中内在动机与外在激励之间的关系及其相互作用。研究者通过一系列的行为实验，证实了外在奖赏会对内在动机有“破坏作用”，也就是说，对于本身就是有趣的、带有内在动机的任务，人为地给予外在奖励之后确实会增强动机。但是，在奖励被撤销之后，内在动机反而被削弱了。例如，在Wilson等（1981）的研究中，将招募来的大学生志愿者分成两个组来进行猜谜任务，奖赏组猜对谜题就给报酬，控制组猜对谜题则不给报酬，有意思的是，他们的实验结果发现，在实验结束之后仍然愿意留下来猜谜的人中，奖赏组的人明显少于控制组。Kohn（1993）的研究也证实了，在短期内，金钱奖励可能会对员工起到一定的激励作用，但是长期来看，报酬的激励作用会变得越来越小。也就是说，常用的物质激励对于激励的可持续性来说，并不理想。事实上，在管理学研究中，对激励可持续性的研究非常少。仅有一些研究表示，不能让员工单纯地将工作绩效与待遇完全挂钩，而是要在给予恰当物质奖励的同时，让员工觉得当前的工作让自己很喜欢，自己是勤奋、有上进心的，这样才能充分调动员工的工作积极性。

在激励问题的研究上，除了对外部激励进行研究外，学者开始更多地关注到个体的内在动机，并形成了一系列具有重要学术价值的新理论，比如，芝加哥大学心理学教授Csiksentmihaly提出的心流理论（Flow Theory）以及罗切斯特大学教授Deci和Ryan提出的自我决定理论（Self - determination Theory）。其中，自我决定理论认为，个体具有自主、胜任和归属的需要，这三个方面获得满足的程度决定了个体在一项活动过程中的内在动机水平。该理论最开始在青少年教育、体育与运动科学、健康、医疗保健等多个领域得到证实并指导实践（林桦，2008；刘靖东、钟伯光和姒刚彦，2013；张剑、张建兵和李跃，2010；张向葵和暴占光，2005）。随着理论的发展，在组织、管理领域也慢慢产生了重要影响。越来越多的学者开始关注员工的自我决定倾向，以及企业环境、工作任务等带来的自我满足对工作绩效等的影响（郭桂梅和段兴民，2008；李神英，2009；孙岚、秦启文和张永红，2008；王娅，2015）。

但是，随着时代的发展和社会环境的变化，尤其是创新和人工智能时代的来临，工作类型、员工需求等都发生了剧烈改变。这就使以往的激励理论在实际应用中遇到了“瓶颈”，企业对适应当前时代发展的新激励理论的构建提出了紧迫的需求。因此，对激励理论的研究还存在一定的缺陷，很多理论问题和实践问题

也都没有解决。在未来对激励的研究中，从动机的角度入手，不仅要考虑激励的有效性，更要考虑激励的可持续性。

1.1.2 神经科学层面：认知神经科学可以为激励理论的研究提供新视角、新方法，并创造新理论

近几年来，随着神经科学理论的发展和相关技术的进步，使无创式打开大脑活动的“黑箱”，从大脑层面来研究与人有关的经济管理问题成为可能。2002年，研究者第一次提出神经经济学的概念，之后又在认知神经科学与经济管理相关的领域快速发展出了决策神经科学、神经管理学以及神经营销学等众多相关交叉研究学科。很多经济学家、管理学家、心理学家以及神经科学家纷纷开始借助神经科学的技术来对社会科学的众多经典问题进行研究，相关成果发表于 *Science*、*Nature* 等国际权威期刊以及 *Journal of Marketing Research*、*MIS Quarter* 等经济管理领域的顶级期刊上，这足以说明这类交叉学科的研究获得了经济管理领域顶级研究者的认可。

在对动机问题的研究上，Kou Murayama 等（2010）开创性地运用功能性核磁共振成像（FMRI）技术在大脑空间层面探讨了外在激励“破坏作用”的神经机制。他们发现，在任务结果的反馈阶段，与激励前相比，大脑纹状体区域的活动在激励后明显下降。这就说明，外在激励对内在动机的破坏作用是可以在大脑活动层面上表现出来的。相比于前人对激励问题的研究，Kou Murayama 等的研究基于社会认知神经科学层面，从大脑的活动和脑区的激活程度上探索了个体动机强度的神经机理和心理过程，找到了更加客观地测量动机强度的神经科学指标，使研究者对激励中内在动机与外在激励之间的关系有了更为深入的理解。但是，该研究方法更多地关注大脑空间层面的信息，时间精度较低。

除了功能性核磁共振成像技术以外，事件相关电位（ERPs）也是一种常用于神经经济学与神经管理学领域的神经科学技术，与 FMRI 相比，ERPs 技术的时间精度比较高，能够通过时间维度探测大脑的活动，正好可以弥补 FMRI 在时间精度上的缺陷。在神经科学的研究领域，这两种研究工具也一直是相辅相成的。因此，在动机理论的研究中，也可以尝试运用事件相关电位技术来更加深入地对内外动机关系的神经机理进行研究，以更好地理解其心理和神经过程。

此外，以往的神经科学研究仅仅研究了外在物质激励对内在动机的破坏，忽略了另一类外部激励，如口头表扬等精神激励会加强内在动机（Deci，1971；Deci，Koestner & Ryan，1999）。探究如何加强内在动机及其机制，对于管理实践的意义更大。因此，在运用神经科学技术对内外动机的关系进行研究时，也应当考虑外部精神激励对内部动机加强的神经机制。

综上所述，本书在现实背景和理论背景的基础上，基于认知神经科学视角，从行为层面深入神经科学层面，递进式地对激励理论中的内外动机关系进行了研究。理论背景和现实背景也为本书的选题以及后续研究的实施提供了依据，使本书既具有较强的理论意义也具有较好的实践意义。

1.2 研究问题的提出

1.2.1 拟解决的关键问题

在这一节中，我们将根据 1.1 节所述的现实背景和理论背景提出本书四项子研究拟解决的关键问题。我们选取了管理学领域经典的激励问题来进行研究。一方面，运用一种新的方法对经典问题进行研究，有助于将当前的研究结果与以往的大量研究结果做比较，验证新研究方法的有效性；另一方面，对激励问题的研究具有较强的现实意义和理论意义，研究价值较大。

本书的主要研究方法是在管理科学与工程的框架内，运用自然科学中的定量研究方法，即神经科学中的事件相关电位技术，结合相关理论对问题进行研究，并最终将研究结果用于指导实践。我们在激励理论研究的范围内选定了激励中的动机作为研究对象，并对内在动机与外在奖赏的关系做了相应研究。主要的研究目标是从个体的内在驱动力出发，以时间进程为视角切入，研究个人在完成工作任务的过程中，外部激励对内在动机的影响。由于本书关注的动机在行为上难以被客观地定量化测量，因此我们根据以往的认知神经科学研究寻找到相应的脑电成分来作为内在动机强度的指标，然后在后面的研究中，根据该指标来探索物质和精神激励对内在动机的影响。根据这一研究逻辑，本书将首先从大脑层面来验证内在动机的存在，探索影响内在动机的神经机理，并观察动机强度在大脑层面的表征指标。由此产生了本书的第一个子问题，即“任务本身对个体是否会产生内在动机，并是否会对个体起到激励作用；动机强度在大脑层面的指标又是什么”。对这个问题的回答是本书的研究基础，当这个问题得到肯定回答时，才能从神经科学的层面对第二个子问题“物质激励是否会对内在动机产生影响，其神经机制是什么?”以及第三个子问题“在强内在动机任务的激励中，精神奖励对内在动机的影响又是什么；相比于物质激励，自主性及非自主性的精神激励的神经特征又是怎样的?”进行相应研究。这三个子问题构成了本书需要解决的问题。本书的最终目的就是对这三个问题进行回答，并将研究结果应用于管理实践。

1.2.2 研究范围与对象的界定

本书涉及的四项子研究是以企业管理中对个体激励的内外动机问题作为研究对象，并对内在动机和外在激励的关系及其认知机制进行研究。先是利用事件相关电位技术在任务进行的各个阶段寻找表征动机强度的神经指标，包括任务提示阶段、任务执行阶段以及任务结果反馈阶段；再是将寻找到的便于定量化测量的神经指标作为动机强度的判断依据，以此来对内在动机和外在激励的关系进行研究。

在研究对象的选择上，四项子研究均选择了在校学生作为被试群体，主要有以下三个原因：

第一，神经科学相关研究一般要求被试群体的年龄在 18 ~ 40 岁，由于认知神经科学实验的过程与行为实验相比，较为复杂，因此对被试群体配合度的要求较高。出于对有效被试者可得性以及控制实验预算的考虑，通过对已发表的国内外认知神经科学论文进行回溯可以发现，绝大多数神经科学实验均招募在校学生作为被试群体（Picton et al. , 2000）。

第二，在以往关于内在动机相关行为和神经科学的研究中，大部分研究者也选用了在校大学生作为被试群体，包括 Deci（1971）关于内在动机最经典的研究中，选用了 24 名在校大学生作为被试群体，并分成两个被试组，进行实验；Murayama 等发表在 PNAS 上的一篇关于动机问题的神经科学研究中，也选用了 28 名在校大学生作为被试群体，并平均分为两组进行实验。以往的学者认为在一些研究中，使用学生作为被试群体得出的结论可以用于预测非学生群体的决策偏好（Telpaz et al. , 2015；Boksem & Smidts，2014）。

第三，选取在校学生作为研究对象，便于控制被试群体的年龄、受教育程度、消费收入情况等外界干扰因素，在被试群体的可得性上来说，也可以在尽可能控制实验预算的情况下便捷地招募到志愿者来参与实验。已有研究表明，高年级本科生或低年级硕士生是最适合经济管理类实验的参与主体，因为上述群体能够很好地理解实验逻辑；同时，他们又不像社会实践者那样具有很强的思维定式，他们容易保持与实验主题行动的一致性（Fehr & Fischbacher，2002）。

因此，出于对研究结果的有效性、一致性、便利性以及实验经费预算的考虑，我们选择了在校大学生作为研究对象。由于认知神经科学实验招募的被试者数目少于传统的行为实验，所以为了更好地获得群体层面的研究结论，应当尽可能控制个体差异因素。在校大学生群体在年龄、收入水平等方面的相似性，可以帮助我们更好地控制个体差异。在具体的招募过程中，也对研究对象的专业、年级以及性别比例进行了平衡和控制。

1.3 研究目的与意义

1.3.1 研究目的

本书从自我决定理论出发，关注个体在完成工作任务的过程中，外部激励对内在动机的影响及其神经机制。希望本书的研究结论对激励理论的完善和发展起到一定的作用，在此基础上，能够为企业管理实践提供有效的建议。下面将分别从理论和现实两个层面对本书的研究目的进行阐述。

从理论层面来看：

（1）在以往行为研究的基础上，从行为和神经科学两个方面来证实研究任务本身是否会带来内在动机的差异，并探究动机的神经机理。

（2）寻找动机强度相应的神经指标，用以定量化测量动机强度，为动机强度的探测提供一种新的研究方法和研究视角。

（3）研究外在物质奖励对内在动机的破坏作用，以及这种作用产生的神经和心理过程，并从大脑层面对破坏作用的存在进行解释。

（4）在对物质激励研究的基础上，探究外在精神激励，包括自主性与非自主性社会比较对内在动机的影响，以及这种影响的神经和心理过程与物质激励有何区别，以探寻到能够合理激发个体内在动机的激励方式。

（5）本书涉及的四项研究是运用神经科学的方法来解决社会科学中经典问题的探索性研究，其扩展了社会科学的研究方法和研究思路，有助于社会科学研究创新平台的发展，为后续的相关理论研究提供了借鉴意义。

从实践层面来看：

与以往对管理中激励问题的研究目的相同，本书最重要的现实目的也是为了加强管理层对企业管理中激励问题的重视，为管理者制定有效的激励政策提供合理的理论依据和实践建议。最终目标是保持企业对员工激励的有效性和激励效果的持续性，提高员工的工作积极性、满意度和忠诚度。本书还关注了管理实践中企业经营者和管理者在激励员工过程中容易忽视的一些问题，因此，本书的另一个目的是促使管理者改变以往的激励态度和观念，对激励工作进行更加全面的考虑，使激励机制符合当前的时代特征、工作特征和员工需求。

1.3.2 研究意义

1.3.2.1 理论意义

在已有研究中，研究者们对激励理论和动机理论分别进行了大量的探索，取得了一系列丰富的理论成果。但现有的研究也存在很多问题，诸如激励往往受到管理学界的关注，而动机问题则更多地受到心理学界的关注。管理学界对动机问题的专门研究还比较少，尤其是在内在动机和外部激励的关系问题上，相关研究更是少之又少，因此，该研究主题未来还有着广阔的发展空间。神经管理学是管理科学与工程中的新兴学科，至今还未出现从神经管理学的角度来对激励和动机问题进行研究。因而，本书的选题在理论上具有旺盛的生命力，在研究方法和研究视角的选择上具有前沿性和交叉性，其理论意义重大。

结合本书的理论背景和拟解决的关键问题，本书的理论意义可以分为以下四个方面：

（1）与现有的关于激励问题的研究相比，本书将动机理论与激励理论这两个不可分割的概念结合起来进行研究，不仅考虑了外部动机的激发，也考虑了内部动机的激发以及这两种动机的相互影响。这种做法将个体动机进行了分类，有助于管理者根据实际情况有的放矢地对不同类型的动机进行激发，为激励理论的研究提供了借鉴意义。

（2）本书不仅关注了激励方式对动机激发的有效性，还关注了激励作用的持续性，从而在理论上推进了人们对于激励效果更深层次的认识，也就是说，在考察激励效果时，不仅要关注激励的有效性，更需要关注激励的持续性，这有助于人们更加全面地理解管理中的激励问题，为激励理论的研究提供了新的研究思路。

（3）研究方法上的创新。在传统的行为实验中，个体的内在动机水平是通过量表测度的。然而，这种方法测度的内在动机指标实质上是个体对自己之前动机水平的回溯和主观评价，在某些情况下，可能与个体真实的内在动机水平存在一定偏差。应用认知神经科学的技术手段来研究个体的内在动机问题，是这一问题在研究方法上的创新，也使认知神经科学在管理学、经济学领域真正有了用武之地。本书借助神经科学的理论和方法，结合管理学、社会心理学以及认知神经科学等多个学科的知识，在神经管理学的研究范围内，从激励理论体系和社会认知神经科学两个层面对激励中个体动机的机理进行解释，使人们对激励机制有了更加深入的认识。因此，本书不仅使结论更加科学、可靠，而且为激励理论和动机理论的研究引入了新的研究方法，具有创新意义。

（4）本书的研究在神经管理学的领域内，将社会认知神经科学的理论和方法应用于研究现代管理环境下的激励动机问题，扩展和丰富了神经管理学的研究，也在一定程度上拓展了神经科学工具的应用范围，促进了认知神经科学和神经管理学的发展。例如，我们将复杂的工作任务进行划分，通过合理地设计可行的实验范式，探究不同阶段的客观神经指标对个体内在动机水平的表征，为神经管理学的相关研究提供了范例。

1.3.2.2 实践意义

本书的实践意义在于为当前时代背景下企业管理中激励政策的制定以及激励方式的选取提供建议，以提高员工的工作效率，提升企业竞争力。具体可分为以下几点：

（1）立足于满足员工内在工作动机的激励方式有助于企业效益的提升。目前的企业管理实践中，对员工的激励普遍采用的是外部物质激励，而对激发内在动机关注得较少。本书对内在动机及其与外部动机之间的关系，以及相应内在机制的研究成果为企业管理的激励工作实践提供了新思路、新方法和新路径。对于企业发展而言，有效的激励措施能够在最大限度节约企业资源的情况下，提高员工满意度、忠诚度和工作积极性，不仅有助于企业在激烈的竞争中脱颖而出，还有助于增加企业激励员工的渠道，节约用人成本。

（2）对动机内在机制的揭示有助于制定合理的激励政策，为提高激励的有效性提供理论依据。对于企业管理者而言，本书关于激励和动机的神经机理、激励中内在动机与外在激励关系和神经机理的研究有利于企业管理者更加深刻地认识激励和动机的本质，更好地解释和理解不同类型动机之间的关系。这对于制定更加合理的激励政策，提高激励的有效性和持续性提供了理论依据，具有重要的参考意义。

（3）对员工内在动机的关注体现了“以人为本”的理念。随着经济社会的发展，人民的基本物质需求逐步得到满足，获取物质报酬不再是员工工作的唯一目标。在发展经济的同时，也要贯彻“以人为本”的科学发展观。而对员工内在动机的关注，也是“以人为本”理念的体现。

（4）在考虑激励的有效性上，也要考虑激励的可持续问题，提升激励效率。本书的研究成果有助于管理者在实践中加深对除物质激励以外的其他激励因素的关注，并能加强其对激励效果持续性的考虑，以改变以往单一的激励模式，使激励措施的制定更加符合员工的实际需求。

综上所述，本书试图在现代管理背景下对内在动机与外在激励的关系及其认知机制进行研究。本书既具有在理论上加深人们对激励问题的认识的作用，又在现实上具有服务于管理实践的价值。

1.4 相关术语介绍

为了便于读者对本书的理解，我们在本节中对激励理论、认知神经科学以及心理学等学科领域涉及的专业术语进行了阐述，具体如下：

（1）激励：指激发和鼓励影响个体行为动机的管理过程。

（2）持续激励：指对员工进行当前任务的动机进行激励的基础上，进一步关注如何使这种激励效果长期稳定的存在，即应立足于激励效果的长期发展。

（3）动机（Motivation）：指能够影响个体行为的动力。

（4）外部动机（Extrinsic Motivation）：指不是由任务本身引起，而是由与任务本身没有联系的外部刺激诱发出来的动机。

（5）内在动机（Intrinsic Motivation）：与外部动机相反，指任务本身能使个体的工作动机得到激发，个体完成任务的目的是指向任务本身而不是来源于外部刺激。

（6）挤出效应（Crowd out Effect）：也称为过度理由效应（Overjustification Effect）或者破坏效应（Underminning Effect），是一种给予人们奖励让他们做自己感兴趣的事，却反而降低其原本做事动机的效应。

（7）脑电信号：指一种毫伏级或微伏级的微弱低频电生理信号，一般通过相关设备在头皮表面记录，由于记录到的信号一般只有数十到数百微伏，因此只有通过百万倍级的放大镜才能被观察到。

（8）事件相关电位（Event - related Potentials，ERPs）：指与一定心理活动、刺激或事件相关联的脑电位的变化。

（9）刺激前负波（Stimulus - preceding Negativity，SPN）：刺激材料出现之前持续的负走向慢波，反映大脑对刺激临近过程中带有期待性质的注意力分配。

（10）反馈相关负波（Feedback - related Negativity，FRN）：反馈结果呈现的阶段性负走向脑电成分，反映大脑对反馈信息的认知加工过程。

（11）错误相关负波（Error - related Negativity，ERN）：个体做出错误行为响应后，所观察到的与任务绩效监控相关的负走向脑电成分。

（12）自我决定：指的是个体在对自己的心理需要和所处的环境信息进行充分认识的基础上，对自己的行动做出选择。

1.5 研究方法

本书四项子研究的研究思路均是根据研究目的，在以往研究的基础上对本书提出的假设进行验证，按照“现实背景与理论背景描述—提出研究问题—提出研究假设—神经管理学实验设计—实验的实施—行为和事件相关电位数据分析—得到数据分析结果—对实验结果进行总结、讨论与解读”的过程，逐步对本书的三大研究问题按顺序进行研究。在研究过程中，结合以往的研究基础、研究的整体需求和研究问题的特征等因素，选取了文献研究和神经科学研究这两种方法，下面我们将对这两种方法进行详细的介绍。

1.5.1 文献研究

通过文献研究方法可以了解当前研究主题的国内外研究现状，并对相关理论成果进行总结之后可以找出现有研究的不足之处和未来研究的发展空间，进而相应地提出研究问题和研究假设。以往研究中所采用的研究方法和对研究结果的解释，也是当前研究可以借鉴的。在本书中，由于研究方法的特殊性，除了以研究主题为导向进行文献资料的全面搜索之外，我们也根据研究方法对相关的文献资料进行了详细的搜索。在后文的文献综述里，我们也对研究主题和研究方法这两个方面的文献进行了综述。

在文献研究中，首先，选取关键词。根据研究主题，我们选取了“内在动机”“外在激励”“奖赏”“挤出效应”“社会比较”等关键词；依据研究方法，选取了“神经管理学”“认知神经科学”“事件相关电位”“反馈相关负波”“错误相关负波”“反馈前负波”“P300”等关键词。其次，将选取到的关键词在文献数据库和互联网搜索引擎上检索。最后，根据不同的主题，将所收集到的文献进行分类、阅读、归纳、整理和总结，以了解当前研究主题和研究方法的国内外现状。文献研究贯穿于本书的选题、研究目的、研究意义、研究实施以及研究结果的解释等方面，是整个研究顺利开展的基石。

1.5.2 认知神经科学实验

企业管理中对员工的激励，本质上是对其工作动机的激发。但是，一般来说动机是个体内在的心理反应，难以被定量化测量，而从大脑层面获取大脑活动信息为动机的测量提供了新的角度和思路，这种方式在某种程度上能客观地反映出动机的强度。这也是神经管理学研究的目的和价值所在，即运用神经科学的工具，对管理学中的经典问题进行研究，定量化测量传统研究方法难以观测到的主观因素。因此，从神经科学层面可以对本书的研究问题进行更加深入的理解和解释，也为该类研究提供了新的研究视角和研究路径。运用认知神经科学方法对激励问题进行研究，具有如下两个方面的优势：

第一，多维度测量数据能提升研究的客观性、可信性。在以往行为研究的基础上，测量大脑认知层面的数据，可以丰富数据资源。运用神经科学研究方法可以观察到个体在任务进行的各个阶段的大脑神经机制，以探测内在信息，使我们更好地理解企业员工的工作状态以及相应的内在机制。从单一的测量方法扩展到多维度的测量，不仅增强了研究结果的客观性和可信性，还解决了以往行为研究在解释员工行为时对背后机制的“猜测”或是“逆向推理”，这更好地解释了企业管理实践中的激励现象。

第二，认知神经科学方法可以弥补传统基于自报告的研究方法的缺陷。传统的以自报告为主的问卷、焦点小组访谈和行为实验等研究方法存在三个方面的缺陷：①自报告方法主要依靠事后回忆，因而无法实时、准确地测量员工在工作过程中的情感和认知变化的动态过程，动机是内隐心理变量，被试者往往无法准确描述自己的感受。②被试者可能刻意隐瞒自己的真实感受。这是由于员工有时候会反感问卷、访谈等形式的询问，或者担心隐私泄露而刻意汇报不真实的数据。③可能存在被试者无意识隐瞒的情况，也就是说，被试者无意隐瞒，但是由于受到社会规范、社会期望以及对调研目的的猜测等影响，做出了符合社会规范或者符合调研结果期望的回答。这些都影响了自报告研究结果的科学性、真实性、可重复性，而认知神经科学的研究方法具有无创、客观的特征，能够有效弥补自报告方法的缺陷。

在神经科学研究中广泛使用的研究工具是功能核磁共振（FMRI）和事件相关电位（ERPs）这两种无创且易操作的设备。FMRI 是通过监测大脑中的含氧血红蛋白和脱氧血红蛋白含量的变化来探测大脑活动情况，具有空间精度较高的特点；ERPs 是以脑电波记录仪为基础而发展起来的一种电生理学技术，具有时间精度较高的特征，两种工具的特点比较如表 1 – 1 所示。

表 1 – 1　事件相关电位与功能核磁共振的特点比较

内容	事件相关电位	功能核磁共振
基本原理	头皮表面神经元放电，时间精确度高（毫秒级），但是只能记录大脑表面电信号，空间精度低	血液中氧合血红蛋白的磁场变化，空间精确度较高，但是时间精度低（秒级）

续表

内容	事件相关电位	功能核磁共振
实验环境	安静环境，实验重复次数多，如果仅是测量EEG，可在任何现场环境中进行	幽闭空间，高磁场中，需平躺，实验重复次数相对较少
普及性	价格几十万元，便于普及，体积小，可便携	价格上千万元，不便普及；体积大，固定不可携带

资料来源：马庆国，王小毅．认知神经科学、神经经济学与神经管理学［J］．管理世界，2006（10）：139－149.

从上述比较中，我们可以看到事件相关电位技术有其特有的优点，既能够满足本书的研究需求，价格也比较低，对实验环境没有特别严格的要求，便于模拟现实的管理环境。因此，在本书的研究中，我们选择了事件相关电位技术作为研究工具，事件相关电位技术的设备及其原始的脑电波如图1－1所示。

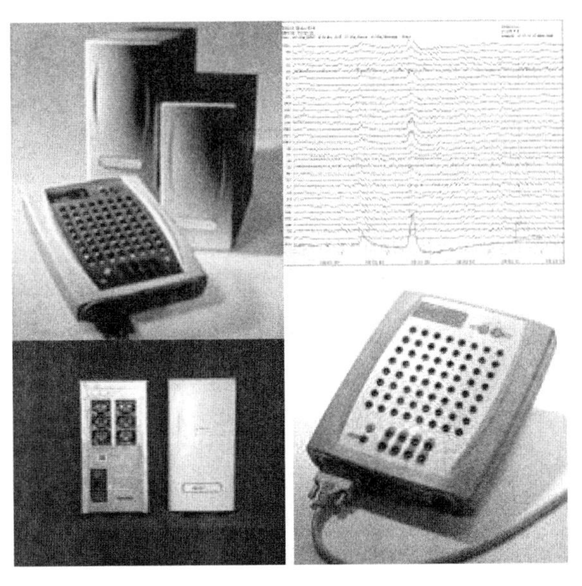

图1－1　脑电记录放大器

资料来源：笔者摄于实验室。

事件相关电位的概念是由Sutton在20世纪中期提出来的（Luck，2005）。在这之前，研究者们在头皮表面放置电极来放大和采集脑电信号，通过分析脑电信号的频谱等信息来对信号特征进行观测。事件相关电位其实是一种新的通过脑电

信号处理方式提取的诱发电位，是指在收集到被试者进行任务时其头皮表面的脑电信号之后，运用一系列离线的降噪处理和移动平均叠加等技术，从脑电信号中提取与特定认知任务相对应的诱发电位。从头皮表面记录到的原始脑电信号一般在 2 ~ 10 微伏，而头皮的自发脑电能达到几十微伏（μV），因此在原始数据中往往很难直接观察到 ERPs 成分，需要通过降噪处理。降噪的原则是基于自发脑电位是无规律变化的，而诱发电位 ERPs 相对于自发脑电具有一定的规律性和时间性，所以可以通过信号叠加的方法，将脑电信号进行多次叠加来消除自发脑电引起的噪声，叠加的次数越多，自发脑电信号就越微弱，以此分离出与刺激相关的 ERPs 成分。对这一类诱发电位的电生理特征的分析和观察可以反映出大脑对特定认知任务的感知和加工过程，有助于深入了解大脑的认知活动。

由于事件相关电位技术的高时间精度和锁时锁相的优势，目前已被广泛应用于认知神经科学的研究中。在认知神经科学与经济管理交叉领域的研究中，其也是一项主流技术。在运用该技术时，主要通过连续测量被试者进行任务时的实时大脑活动，通过离线分析提取关键认知指标，也就是脑电成分。以往的研究在心理加工过程与脑电成分之间的联系积累了大量成果，很多脑电成分表征的认知功能已被广泛认可。本书将在 2.3 节中重点阐述该技术在管理学中的应用，以及在相关激励研究中可能涉及的脑电成分，这里不作赘述。

在本书的子研究中，首先，利用国际 10 ~ 20 系统的 64 导电极帽从头皮表面进行脑电信号的采集；其次，通过如图 1 – 1 所示的放大器将采集到的脑电信号放大、转化为数字信号，并用计算机记录下来；最后，对记录下来的脑电信号进行降噪处理，得到相应的 ERPs 成分。对 ERPs 成分的特征分析主要是从其头皮表面分布的位置、极性、潜伏期及振幅四个方面进行描述。头皮表面分布的位置是指某种 ERPs 成分在大脑头皮表面出现的主要区域，各个不同成分的分布可能是相同的，也可能是不同的。例如，FRN、N2、SPN 成分一般分布在大脑的前额区域，而 P300、LPP 成分一般分布在中央顶区和大脑后部。极性表征的是 ERPs 成分的朝向，有正极性和负极性两种，正极性一般用 P 来表示，波峰朝向为正电压值的方向；而负极性一般用 N 表示，波峰朝向是负电压值的方向。潜伏期是指从任务刺激出现开始到某一特定 ERPs 成分峰值出现的时间间隔，潜伏期的长短通常可以用来评估某种成分对刺激认知加工的快慢。振幅能够反映 ERPs 成分在不同任务条件下反应的强度，反映的是个体对刺激的认知和响应程度，是最重要也是最常用的 ERPs 成分分析指标。

要实施一个 ERPs 实验，具体的步骤包括：①实验申请和伦理委员会审批；②实验设计和素材准备；③刺激程序的编写；④预实验和程序修缮；⑤招募被试群体；⑥正式实验和数据采集；⑦运用 Neuroscan 和 SPSS 等分析软件进行数据分析；⑧对实验材料和数据进行刻盘归档。

从上述对 ERPs 技术的描述中，可以看出 ERPs 是一种无创的电生理设备，具有价格低廉、时间精度高等优点。对于 ERPs 设备的维护和使用也比较方便，有 EEGLAB、Neuroscan 以及 E－prime 等成熟的软件用来收集和分析数据。

2　文献综述

2.1　理论基础

2.1.1　激励的基本含义

在开始对激励问题进行研究之前，我们首先需要从了解其基本含义入手，对激励的概念形成全面的认识。在中文词典中激励解释为鼓动、激发，使之振奋或振作，而在经济管理研究中我们所说的激励来自英文的“激励”一词，源于拉丁词 Moticate，一般为诱引、驱动之意（Porter et al.，2006）。简单来说，在经济管理研究中激励是指激发人的动机的心理过程（单凤儒，2000）。

国内外研究者根据自己的研究经验和理解，提出了他们对激励一词的解释。例如，美国著名管理学家孔茨等（1998）将激励定义为从个体感觉到自己的某种需求，然后引发个体去追求目标，目标未达到时个体会产生紧张感，为了消除这种紧张感，就会引起为了实现目标的行为，行为结果使个体需求被满足，这一系列连锁的反应过程就是激励。我国知名管理学家苏东水（2005）则认为激励是对个体动机的激发，通过外界刺激使个体产生内在前进的动力，向着所期望的目标前进的心理过程，因此，也可以把激励看作是调动积极性的过程。从上述对激励的定义中可以发现，国内外管理学家们对激励的界定都关注和强调了需求和动机在整个过程中的作用。因此，可以说需求和动机是激励中的关键因素，对于需求和动机的研究是研究激励问题的关键，而激励的最终目的都是为了促进其行为并达到特定的目标。

就激励的性质而言，在管理学中，激励是组织在管理活动过程中的一种重要职能。美国管理学家卢瑟提出管理有七大职能，分别是计划、组织、人事、指挥、协调、报告、预算（李军，2006），在这七项职能中，指挥就包括激励。美国管理学家乔治进一步清晰地指出现代管理的职能为计划、组织、激励和控制（刘颂，1998）。因此，针对激励问题的研究，对于管理学发展来说具有重要意义。在本书中，我们关注的是管理者如何更好地完成激励这一项管理职能，也就是如何才能更好地激发员工的工作动机。

2.1.2 激励理论概述

激励问题的出现起源于劳动分工与交易的出现，对该问题的第一次探讨出现在亚当·斯密的《国富论》中，在关于雇工工资的讨论中，斯密意识到雇主与雇工的本质关系是契约关系，这两个当事人之间存在利益冲突，雇主要对雇工进行适当的激励才能使雇工按照雇主的意愿去行动（陈星，2006）。但是激励的思想并没有因此受到管理者的重视，直到 20 世纪 20 年代泰勒提出科学管理的思想，认为要精确研究影响人们的动机，激励理论才开始受到理论界和实践界的关注和重视。激励理论从 20 世纪被提出并发展至今，在理论上经历了一系列的变革与演化，由最初的仅关注单一物质刺激到后来的关注主观因素、精神需求等多样化的刺激，由对激励外在现象的研究到对本质的研究，由激励影响因素不明到逐步对各个影响因素的探讨（吴云，1996）。这些激励理论按照形成时间以及研究关注的重点不同，被分为行为主义激励理论、认知派激励理论以及综合型激励理论三大类（詹秋月，2007）。在本节中，我们将对这三类激励理论分别进行简单介绍。

2.1.2.1 行为主义激励理论

行为主义激励理论产生于 20 世纪 20 年代，是最早形成的激励理论。行为主义激励理论的核心是管理者或者企业雇主通过各种激励措施对个体行为进行诱发或者改造，使其行为朝着管理者期望的方向进行。因此，对于管理者来说，管理的主要任务就是选择合适的激励手段和方式，使被激励者的行为具有标准的反应和定向的控制或改造，以达到管理者的预期目的，其理论基础是心理学中的条件反射理论（郝辽钢和刘健西，2003）。

行为主义激励理论根据其发展历程和理论演化进程，经历了老行为主义激励理论、新行为主义激励理论以及行为修正激励理论三个阶段。老行为主义激励理论的基础是巴甫洛夫的经典条件反射，运用外界刺激作为诱发人的行为的手段。老行为主义的理论观点可以表达为刺激—反应，也就是说，某种特定刺激能够诱发特定的行为。此后，研究者在该理论的基础上引入了主观因素，演化出了新行为主义理论，该理论认为个体的行为是按照尝试—操作—执行这样的过程而逐渐形成的，也就是说，刺激是不能直接诱发行为的，刺激在经过一系列的尝试性操

作之后，才能诱发相应的行为，因而该理论也被称为操作主义行为理论。行为修正激励理论将操作条件反射作为其理论的基础，该理论认为人的行为是为了产生某种结果，达到某种目的的工具，因此称之为工具性条件反射或者操作性条件反射。

在上述行为主义激励理论中，新行为主义理论在一定程度上考虑了主观因素的作用，但其最终目的仍然是促使个体去完成某些特定的动作或行为。因此，其本质还是运用外界的激励手段去激发个体行为的动机，只是在选择激励方式和刺激变量时考虑了员工的主观因素，对不同员工的激励方式有所不同，从物质需求和精神需求两个方面深入分析员工的主观需求，使激励方式更加复杂多样化。这一观点与认知激励理论相似，是认知激励理论发展的基础。

行为修正激励理论是基于操作条件反射发展而来的，与经典的巴甫洛夫条件反射不同，操作条件反射认为行为只是达到目的的工具。在需求产生之后，人们会为了满足这种需求去进行一系列的探索，在这个探索过程中，如果某种行为满足了这种需求，人们就会对这种行为进行学习，并利用这种行为以达到操控环境、满足自身需求的目的。这一类条件反射形成的前提是外界对行为的不断强化，使人们学习到某种特定的行为，已有的反应会因强化作用的增强而增加，也会因强化作用的减弱而减弱。通过长期的正负强化可以有效地对个体行为进行改造和控制，以使个体的行为根据管理者的需求，向着最佳的状态进行。

综上所述，所有的行为主义激励理论都把人的行为看作是神经系统受外界事物刺激而产生反应的产物。虽然当时已经开始研究个体主观因素对激励的影响，但是其本质还是认为特定的外界刺激能够诱发个体的行为。这也是由于当时的管理学、心理学发展不够完善和管理实践经验不足所造成的。

2.1.2.2 认知派激励理论

从对行为主义的论述中可以发现，行为主义虽然经过了三个阶段的发展，但是仍然有其缺陷，因此，研究者们在对行为主义理论，尤其是对新行为主义理论进行批判的基础上，发展出了认知派激励理论。从前文对行为主义激励理论的概述中可以看到，行为主义激励理论简单地把激励过程看成是神经系统对客观刺激的机械反应。随着心理学理论的发展，人们认识到这是不符合人们心理活动客观规律的。因此，认知派激励理论重点关注的是人们需求的内容与结构，研究如何通过激励来有效地影响人们的行为。虽然新行为主义已经考虑到了人的主观因素，但是它仅仅把人的主观因素作为一个中间变量，最终的目的仍然是控制个体行为。认知派激励理论在新行为主义理论的基础上，进一步强调认知过程中内部发生的变化，随着研究的不断深入，衍生出了大批激励理论。一方面，一些学者主要围绕“人追求什么”这一主题进行了大量研究，形成了一系列理论，这些理论都属于内容型激励理论，包括马斯洛需求层次论、赫茨伯格双因素理论、奥尔德弗 ERG 理论以及麦克利兰成就动机理论（韩煜东，2004；李宝元，2001；张维迎，2004）；另一方面，学者们也开始研究人们所追求的目标本身能否影响其行为这一问题，相关研究同样也形成了一系列成熟的理论，包括期望理论、公平理论、目标设定理论等，这些理论统称为过程型激励理论（李宝元，2001；张维迎，2004）。

2.1.2.2.1　内容型激励理论

（1）马斯洛的需求层次理论。如图 2－1 所示，需求层次理论将人所有可能产生的需求归纳为五个层次，分别是生理需求、安全需求、社交需求、尊重需求以及自我实现需求。该理论认为人只有先满足了低级别的需求，上一层次的需求才会起到激励作用（安应民、郝冬梅和吴菁，2004；罗宾斯，2004）。需求层次理论需要具备基本条件：一是人人都有需求，某一层的需求获得满足后，下一层的需求才会出现；二是在多种需求均没有得到满足时，首先要满足最强烈的需求，其他的需求才具有激励作用。也就是说，人的五种需求是从低到高，逐级上升的过程；只有当低一层次的需求基本得到满足之后，人的需求才会向上一层次的需求发展，该层次的需求就是当前个体行为的驱动力，而已经基本获得满足的需求就不再具备对个体的激励作用。

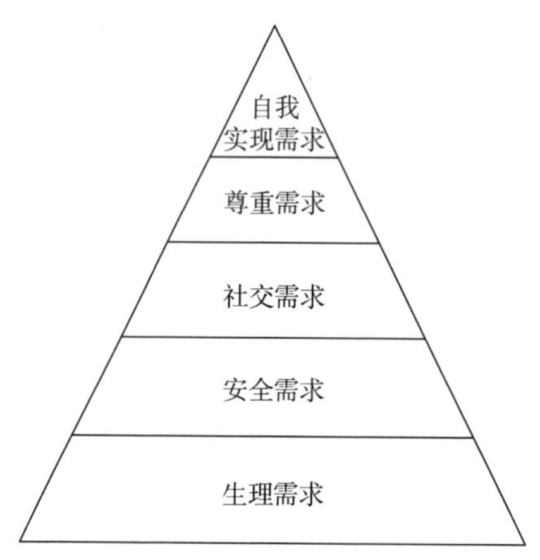

图 2－1　马斯洛的需求层次理论的五个层次

资料来源：笔者整理得到。

将人的五种需求根据其特性和等级，马斯洛又将其分为两级：低级需求和高级需求。其中，生理需求、安全需求和社交需求这三种能够通过外在刺激被满足的需求，被归为低级需求；而尊重需求和自我实现需求这两种只能通过内部因素才能得到满足的需求，被划分为高级需求（罗宾斯，2004）。人的需求可能在同一时期有很多种，但是总有一种会占据支配地位，决定个体的行为，也就是说，各层次的需求之间相互依赖，在有些方面甚至重合，但是，当高层次的需求起主导作用时，个体对低层次的需求也不会消失，只是这种需求对行为的影响已经不起主导作用了。

（2）赫茨伯格双因素理论。赫茨伯格的“激励—保健”双因素理论是基于马斯洛需求层次理论所发展起来的，该理论认为，满意和不满意并不是两个相反的对立面，满意的反面是没有满意，不满意的反面是没有不满意。也就是说，在现实的激励过程中，存在着两个维度的因素，满意与没有满意的情绪是由激励因素引起的，包括学习成长、成就感以及授权等，这一类因素的满足会使员工的工作动力增加，激励员工行为，但是当这一类因素不被满足时，并不会使员工感到不满意，只能是没有满意，不会对其行为产生影响；相对应的，不满意与没有不满意是由保健因素所决定的，包括工作环境、同事关系以及组织管理等，这一类因素的满足只会使员工没有感到不满意，也不会对员工行为起到激励作用，但是这一类因素的不满足，确会使员工感到不满意，并对其行为产生负面影响（罗宾斯，2004）。也就是说，赫茨伯格的双因素理论认为保健因素并不能激发员工的工作动机，只能防止他们在工作过程中产生不满意的负面情绪，因而具有维持员工工作积极性及工作现状的作用，而只有激励因素才能起到激发员工工作积极性的作用（许均平，2007）。

（3）ERG 理论。ERG 理论是由美国耶鲁大学的行为学家、管理学家克雷顿·奥尔德弗提出的，该理论是在对需求层次理论和双因素理论延伸和扩展的基础上，通过更接近实际情况的研究所形成的（龙明先，2009）。奥尔德弗将人的主要需求分为生存需求（Existence）、人际交往需求（Relatedness）和成长发展需求（Growth）三类，这也是 ERG 理论命名的来源，但与马斯洛的观点不同，奥尔德弗认为各个需求层次之间的界限并没有清晰的划分，个体的需求是连续的。此外，他也不认可高层次的需求只有在低层次的需求被基本满足之后才能对个体行为起到激励作用。与需求层次理论不同，ERG 理论还提出了“受挫—回归”的观点，也就是说，当个体在努力满足更高等级的需求时受到挫折，相对低级的需求会有所增加以替代被挫的高层次需求，而不同层次的需求也可以同时对个体起到激励作用。需求层次理论则是认为个体在某一层次需求尚未得到满足之前，他可能会停留在对这一层次的需求上，直到获得满足为止。

从 ERG 理论与马斯洛需求层次理论的比较可以发现，两者的区别在于 ERG 理论更加注重个体的差异性，而需求层次理论则是一种更加普世化的激励理论。

（4）成就动机理论。成就需要理论的提出者是哈佛大学心理学家大卫·麦克利兰，该理论认为人们有三种主要的需要，即成就、权力以及归属，但是这些需要的产生是通过后天学习积累的，并不是先天的本能，因而会受到后天的生活环境、个体经历以及受教育程度等众多因素的影响。这也导致了不同时代、不同社会文化背景下，个体的需要和自我实现的标准也不一样。在成就需要理论中，成就需要是指个体追求优越感、实现目标和争取成功的一种需要；权力需要是指对名誉、影响力的需要，对控制他人且不受他人控制的需要；归属需要是建立亲密的人际关系，被他人所喜爱的需要。

从成就需要理论的具体内容来看，该理论继承了马斯洛需求层次理论中的高级需求部分，而没有对低级需求有所考虑，这也导致了该理论的局限性。因为对于很多人来说，生存等基本需求在未得到满足之前，是具有极大激励作用的，这与环境、文化等外界因素无关。只有在生存需求得到满足之后，成就、权力以及归属需要才会对人的行为产生深远的影响。

2.1.2.2.2　过程型激励理论

与内容型激励理论不同，过程型激励理论着重对动机的产生和行为目标选择的心理过程的研究，试图发现解释激励行为的适应过程；聚焦于激励过程而不是具体的激励内容，具有更广泛的应用性。这里我们主要对公平理论、期望理论以及目标设置理论这三种具有代表性的理论进行阐述。

（1）公平理论。公平理论的提出者是心理学家亚当斯，该理论的主要观点认为个体的被激励程度与自己的绝对报酬数量无关，而是与自己和他人的“报酬/投入”比例的主观比较感知有关，是研究动机与感知关系的一种激励理论。亚当斯认为，员工在收到工作报酬之后，总是会将自己获得的报酬与投入的劳动的比例与他人的进行比较，并据此做出是否得到公平待遇的判断。如果员工觉得受到不公平的待遇，那么会减弱他的工作动机，从而影响其行为表现。这也就是说，工作动机的强度除了受到员工得到的绝对报酬的影响，还受到人与人之间相互比较的影响。这种人与人之间的公平比较包括社会比较和历史比较，员工除了会将自己的报酬投入比与他人的报酬投入比进行比较，还会将别人所获得的报酬投入比与自己在历史上某一类似时期的这个比值进行比较。一般来说，不公平感的产生是由于自己的报酬投入比小于他人的报酬投入比，少数时候员工可能也会因为自己的收支比率过高而不安，会感觉到内疚或感激。总的来说，公平理论的提出是对以往激励理论的补充，以往的激励理论仅仅考虑的是对员工自身的激励程度，并没有考虑到员工之间比较这一因素，这就为更好地理解员工的激励问题提供了一个新的思路，有助于激励理论的发展和有效激励方式的制定。

（2）期望理论。激励期望理论的提出者是心理学家兼行为科学家维克托·弗鲁姆，该理论又被称为“效价—手段—期望”理论。从对该理论的命名可以

发现，该理论更多地关注激励过程中的激励效价以及激励手段，主要通过三个因素来反映需求与目标之间的联系：一是工作能否提供给员工真正需要的东西；二是员工的需求是否和工作绩效联系在一起；三是努力工作是否真的能够提高工作绩效。因此，员工工作积极性的大小是努力工作能够满足需求的可能性（期望值）与这种需求对于他自身来说的价值（效价）的乘积。由此可知，期望理论的主要贡献在于阐明个人努力与工作绩效、工作绩效与奖励、奖励与个人目标满足之间的关系（杜鹏程，2010），该理论的观点是不能以一种普遍的原则来解释所有的个体行为，同时该理论也为我们进行奖励实践、评估奖励政策提供了理论基础。

（3）目标设置理论。20 世纪 60 年代末，管理学家兼心理学家爱德温·洛克提出了目标设置理论，该理论指出由于工作目标会引导员工行为向着与目标有关的方向前进，因此外部刺激对员工工作动机的影响大小就与目标的设置有关。也就是说，目标本身就对员工具有一定的激励作用，员工的努力程度会根据事先设定的目标的难易程度进行调整，使目标对员工的行为产生影响。因此，设置一个有一定难度但可以实现的目标会比设置容易实现的目标更能提高工作绩效。

目标激励的过程是，首先目标将人的需要转化为个体的工作动机，使个体行为朝着努力实现目标的方向前行，其次将最终的行为结果与事先设定的目标进行比较，如果行为结果与既定目标有一定差距，则快速对行为进行相应的调整，以达到最终实现目标的目的。此外，心理学家洛克等人的研究还发现，目标对个体激励效果的强度具有差异性，与目标本身的性质以及周围变量等因素相关，例如，自我效能感和文化等因素都会对目标的激励作用产生影响。一些研究者对目标设置理论做了进一步的研究，对目标设置的影响因素进行了多方面的探索，得出了丰富的研究结论。

从对过程型激励理论的各个分支理论的介绍可以得到，过程型激励理论侧重于研究动机的成因、行为目标的选择依据以及行为的调整与修正。该理论认为，激励对于个体来说，在心理上是一个很长的过程，只有当被激励者接受了激励者给予的激励时，激励过程才真正开始。因此，过程型激励理论在某种程度上弥补了内容型激励理论缺乏对预期目标能否使激励对象得到满足等方面的研究。

2.1.2.3 综合型激励理论

尽管内容型激励理论和过程型激励理论已对激励的内容和过程进行了全面的研究，但是一些行为主义学者认为内容型和过程型激励理论都过于片面，将行为主义激励理论和二者有机地结合起来才是一套完整的激励理论，因此就形成了综合型激励理论。综合型激励理论在整合和概括了内容型激励理论和过程型激励理论的基础上，对这两类理论进行了发展，衍生出了波特—劳勒模型、勒温的场动力论等新理论（李仕明、唐小我和曾勇，2001）。

2.1.2.3.1　波特—劳勒模型

波特—劳勒模型是美国行为科学家爱德华·劳勒和莱曼·波特提出的一种综合型激励理论，是当时非常有影响的激励理论。该理论的观点认为即使为员工设置了激励目标也采取了各种激励措施，员工的行动和努力也不一定会按照管理者期望的方向发展，员工的满意度也不一定会得到提高。良好的激励效果往往取决于奖励内容、组织分工、奖惩制度、管理水平、目标行动的设置、绩效考核的公正性以及员工的心理预期等各种因素（斯蒂芬，1997）。

波特—劳勒模型如图2－2所示，从图中可以看到，在这个模式中，波特与劳勒认为激励是由外部刺激条件、个体内部感知、个体的行为表现以及个体行为结果这四个方面相互作用的统一过程。人们对工作任务的努力程度取决于该任务给予的奖励价值以及个体对奖励的期望值，也就是说，激励价值越高，个体期望值越高，员工完成任务所付出的努力程度也越大。同时，工作绩效的好坏既依赖于个人的努力程度，也依赖于环境、能力以及个体对自身任务的了解程度。在获得满足方面，一般认为，有了满足才有绩效，而该模型则强调，先有绩效才能获得满足，绩效是奖励的前提，对绩效与奖励的满足程度反过来又会对后续的激励产生影响。从图中还可以发现，一个人在做出了成绩后，会得到两类奖励：一种是外在奖励，包括工资、升职、安全感等；另一种是内在奖励，包括赞扬、自信心、尊重等。最终的满意程度受到个体感知到的公平程度的调节，也就是说，一个人将自己所得到的报酬投入比同他人的报酬投入比作比较，当他认为相符合时，就会产生公平感，因此感到满足，并激励他以后更好地努力工作；如果他认为自己得到的报酬不符合公平感知，即使他得到的报酬已经足够丰厚了，也不会使他感到满足，从而影响他以后在工作中的努力程度。

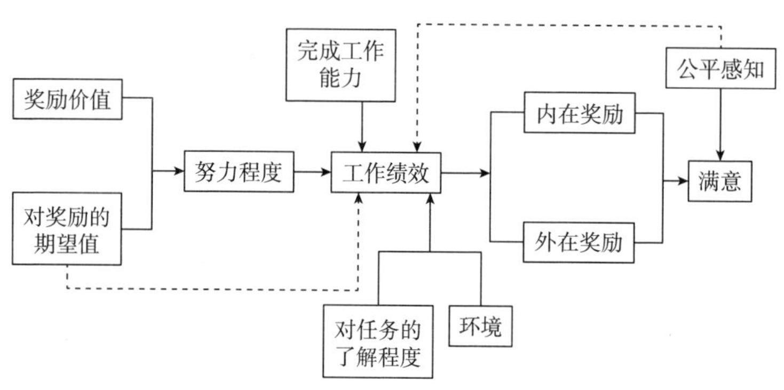

图2－2　波特—劳勒综合激励模型

资料来源：斯蒂芬·罗宾斯．组织行为学［M］．北京：中国人民大学出版社，1997：9；王丛香．组织行为学［M］．郑州：郑州大学出版社，2003.

从以上对波特—劳勒模型的解释中，也可以发现该理论具有以下特点：

（1）奖励以及个人对奖励的期望值影响个体是否努力及其努力程度。

（2）实际的工作绩效取决于员工的工作能力、努力程度以及对任务的了解程度，并且会受到公平和对奖励期望值的影响。

（3）绩效是奖励的前提，在达到某种工作绩效之后才能获得精神和物质两个方面的奖励。

（4）奖惩是否会产生满意以及满意的程度取决于被奖励者认为所获得报酬的公平性，如果他认为奖励是公平的，就会感到满意，否则就会不满意。

2.1.2.3.2　勒温的场动力论

心理学家勒温也是综合型激励理论的倡导者，他借用物理学中场论的观念提出了激励的场动力理论。但是与物理学中的场不同，动力场理论中的场主要是指人的心理和行为场，只是把物理学中的场论作为一种分析和处理心理学问题的方法。因此，勒温也将动力场理论用公式来表示：B = f（P × E） = f（L × S）。

在该公式中，B 代表个人行为的方向和向量；f 代表的是函数关系；P 代表的是个人的内部动力；E 代表环境的刺激；L 代表生活；S 代表空间。从这个公式中可以看出，个体的行为是个人和他所处的环境相互作用的结果，取决于个体的生活和空间，包括个人及其心理环境。外部刺激能否起到激励作用取决于内部动力的大小，两者的乘积才能决定个体行为的方向。生活空间就是个体行为发生的心理场，人与其周围的环境可以被认为是共同作用的动力整体，其中任何一部分的变化都可能引起其他部分的变化。此外，勒温认为研究一种心理规律最值得关注的是其心理活动的过程，需要研究的是个体对某个心理事件的主观感知而不仅仅是事件本身，应对个体行为进行研究而不是对行为结果进行研究。这种对心理学规律研究的倾向性是勒温动力场理论的主要特点之一。综上所述，勒温提出的动力场理论具有动力观、系统观、整体观、整合倾向、心理取向、建构法以及数学表达等特点（刘宏宇，1998）。

我们不仅可以从理论上发现综合型激励理论的价值，也可以在管理实践中发现，员工对工作的动机强度，是许多复杂因素综合作用的结果，包括员工的价值观等个体特征、公平等社会环境以及个体的心理环境等。

2.2 动机相关研究

2.2.1 动机的定义及分类

动机（Motivation），既是一个心理学的概念，也是一个管理学中的概念。在心理学中，学者们一般认为动机涉及行为的发端、方向、强度和持续性（孙煜明，1993；张庆凤，2013）。在管理学中，动机是一个概括性的术语，是指激发维持个体进行某项活动的心理倾向或动力，目的是使该活动朝向某一既定的目标进行（黄希庭，1982；任国防和张庆林，2004）。根据动机的定义，对个人而言，动机是驱使个体按照目标方向前进的内在压力；对企业而言，动机诱导员工去按照管理者希望的方向行动。也就是说，在管理学中，动机被认为是个体花费时间、精力或者努力去完成某一目标或者满足需求的过程。综上所述，不论是在心理学中还是管理学中，动机都是指能够影响人们行为的动力。

动机根据不同的分类原则，可以被分为多种类型。由于本书研究的是管理激励理论中动机的激发问题，因此主要关注动机的来源。根据动机的不同来源，可以分为外在动机和内在动机两种。外在动机是指个体参加一项活动或工作任务的目的是为了得到任务本身之外的某些结果，如奖励报酬、个体成就感等；而内在动机是指个体行为主要由任务本身的某些特性所诱发并维持（Remedios，Ritchie & Lieberman，2005）。通俗来说，不需要任务本身之外的外力作用推动的动机称为内在动机，而需要外力推动的动机称为外在动机。

在心理学及管理学中，对内在动机和外在动机的相关研究有很多。外在动机是由外力推动而产生的，而推动外在动机的外力包括物质激励和精神激励两种。阿瑟（1996）将内在动机分为三种，分别是个体对于活动本身的兴趣、完成活动的乐趣以及任务对人能力的挑战。Anlabile 等（1994）的研究中编写了工作偏好问卷，其中确定了内在动机和外在动机的各五种重要因素，前者包括自我决定、胜任、任务卷入度、好奇心和乐趣；后者包括竞争的关注、评价的关注、承认的关注、报酬及其他有形回报的关注和对他人指令的关注。由此可知，内在动机的强度由个体对任务本身的喜好、挑战性以及乐趣等决定，而外在动机的强度由比较、评价等无形的精神奖励和有形的物质报酬奖励两个方面决定。因而，在本书对内外动机的关系研究中，我们将研究无形的精神奖励和有形的物质奖励两类因素引起的外在动机对内在动机的影响作用。

2.2.2 动机理论综述

管理学和心理学领域，学者对动机理论已经进行了大量的研究。大致来说，对动机理论的研究经历了三个重要的阶段：本能理论阶段、驱力理论阶段和认知理论阶段。本能理论阶段主要关注人类本能行为带来的力量；驱力理论阶段则强调体内平衡和需要满足对行为动机的影响作用。而到了20世纪70年代认知心理学的发展使动机的研究达到了一个新阶段——认知理论阶段，认知理论认为是人类认知对人类行为动机具有调节和支配作用（暴占光和张向葵，2005；张爱卿，1999）。下面我们将对这三种主要的动机理论进行阐述。

2.2.2.1 动机本能理论

动机本能理论的基本观点是，个体行为不受理性支配，主要是受人体内在生物模式驱动。基于此，本能理论将个体所有行为的动力都指向本能，认为个体的所有行为都是生来就有的。本能的概念最早由生物进化论的创始者达尔文（C. Daywin）提出，而动机本能理论是由英国心理学家麦克杜格尔（1908，1921）提出的，他认为本能是人类一切思想和行为的基本源泉和动力，是人类所有行为形成和个性发展的基础，也是个体行为的驱动力。

心理学家发现，在个体的认知过程中，相比于其他刺激，人们会优先注意某些刺激，并据此诱发出相应的情绪，这是由于本能使人们对一些特定的刺激比其他刺激更加敏感。因而，本能是一个动态发展的过程，在后天的学习活动中，本能也会因为受到外界的影响而发生一些变化。但是，无论后天学习对本能如何改变，其本质是不变的。甚至某些复杂的社会行为，例如爱情等，也被认为是若干本能以某一对象为中心而结合形成的。也就是说，本能论的支持者认为，个体的所有行为都能用本能来对其进行解释，都可以溯源到本能上，每种不同的行为都有相对应的本能。但是，事实上，对行为进行这样的解释是没有意义的，本能理论也因此受到很多研究者的质疑。

在对个体行为动机的研究中，本能并不是研究者所关注的重点，大多数研究者强调的是动机能够激发出的潜能。事实上，本能对人类的社会行为动机并没有起到主导作用，仅仅对自然动机起主导作用，也就是说，本能不具有社会性的特征。因此，本能理论只对自然动机具有解释作用，而对社会动机不具有解释作用，对于我们研究广泛而复杂的社会行为而言，本能理论遭到了严重的挑战，这也是很多学者对本能理论质疑的原因。本能理论没有完全了解人类行为的动机本质，且过分强调先天和生物因素，忽略了后天的学习效应和理性因素。

2.2.2.2 动机驱动理论

随着行为主义理论的发展，到了20世纪30年代左右逐渐形成了动机驱动理论。驱动理论比本能理论的进步在于看到了个体行为内在动力的作用。霍尔（G. S. Hall）是最先提出驱力理论的心理学家，而使驱力理论被广为关注的是心理学家赫尔（C. L. Hull）。

赫尔的驱力理论认为，在个体需求没有得到满足时，个体内部便会产生一种内在的驱动力，这种内在驱动会引起个体做出行为反应以使需求得到满足。例如，当个体产生升职的需求时，就会产生内驱力促使他采取努力工作等一系列行为措施，在这种需求得到满足后，相应的内驱力则会消失。这种理论观点认为，当有机体的需求没有得到满足时，就会产生驱使个体去纠正或者改善这些没有得到满足的需求（马斯洛，1987）。这种驱动力概念首次将内在驱动力，也就是内在动机与外部刺激联系在一起，这为动机理论的发展做出了突出贡献。另一位在驱动理论方面做出突出贡献的心理学家是坎农，坎农的观点认为，个体行为的动力来自在有机体内部失去平衡后，个体期望通过某种行为恢复到平衡状态，由此才产生了行为的驱动力（马艳云，2006）。

2.2.2.3 动机认知理论

随着动机理论的发展，在驱动理论之后心理学家提出了动机认知理论。认知理论的观点是，个体对环境中事物的感知以及与所从事行为相关的认知会影响个体一切有目的的活动，以此来解释动机的产生、变化和消失的原因。心理学家对认知理论做了大量的研究，也据此提出了很多相关的动机理论，在众多理论中，影响较大的有认知失调理论和归因理论两种。

（1）认知失调理论。认知失调理论是费斯廷格（Festinger）在勒温的激励场动力理论的基础上提出的。认知失调理论是指个体都有一种寻求平衡的倾向，如果人们认识到自己不同时期的态度或者态度与自身行为之间存在矛盾，就会感到紧张与不适，就会驱使个体去恢复平衡（Leon Festinger，1999）。

在费斯廷格开展的一项实验室研究中，被试者被要求在一个小时内连续进行一项绕线工作，该工作非常枯燥乏味，但是在被试者完成任务时，实验人员会告知被试者对等候在门外的另一位被试者说，“刚刚所进行的任务非常有趣”，而实际上，在门外等候的被试者是由实验人员伪装的。作为撒谎的报酬，被试者可以得到1美元或者20美元的随机报酬。在这个过程结束之后，被试者需要回答一份关于他们对绕线工作评价的问卷。有趣的是，实验结果发现，由于撒谎而得到20美元的被试者对工作的评价比得到1美元的被试者对工作的评价要低。费斯廷格对这一结果的解释是，被试者对他人说的工作有趣与实际的工作乏味是不一致的，这造成了认知失调。为了使这种认知协调得以恢复，个体需要采取一定的对应措施。因此，在该研究中得到20美元的被试者由于获得了高报酬，已经具有了认知失调的理由，而得到1美元的被试者所得报酬与说谎行为之间不相

称，没有足够的理由来使心理恢复平衡，这就要寻找别的方法，因此改变对工作的评价就成了他最终的选择，把两种认知因素一致化了，也就恢复了认知平衡（Festinger，1962）。这也就是说，个体都会为自己的行为找到某种看似合理的理由以达到认知上的平衡，这种对认知平衡的追求是其行为的动力。

（2）归因理论。归因理论创始人是美国社会心理学家海德（Heider F.），该理论是指对自己或者他人行为的原因进行解释的一种心理过程，是属于社会心理现象。研究发现，对行为的归因会对以后类似的行为动机产生影响，因而发展出动机的归因理论（张爱卿，2003）。根据不同的分类方法可以将人的归因进行分类，海德认为，人的归因倾向可以分为外向归因和内向归因两种：前者外向归因是指在个体行为发生之后，将结果产生的原因归结为运气以及工作本身难度不大等外界环境因素；后者内向归因是指将行为结果产生的原因归结为自身相关的内部因素。例如，员工可以将任务的失败归因为自身的失误或者运气不好两种不同的原因，但是对失败原因的不同归因会影响在后续任务中的表现，归因为外界原因不会使员工在下次任务中更加出色，而归结为自身原因可能会使员工在下次任务中更加努力，以取得更好的结果（韩仁生，2004）。

在海德提出归因理论之后，很多心理学家都对该理论进行了研究，发展出了大量的相关理论。其中，心理学家韦纳（Weiner B.）提出了成败归因理论，该理论认为，不同的归因会使个体期望产生不同的改变，其相关的情感反应也会不同，这就对后续的行为动机产生了影响。国内学者郭振芳等（2007）在对归因理论的综述中，对韦纳的成败归因理论做了总结整理，他们认为努力、能力、运气以及任务难度四种因素会影响个体行为的成败，可以把这四种因素在控制点、稳定性以及控制性三个维度上的特点进行描述（见表2-1）。因此，成败一般取决于控制点、稳定性以及控制性这三个维度。

表2-1　四种因素在三个维度上的特征

因素	控制点	稳定性	控制性
能力	内部	稳定	不可控
努力	内部	不稳定	可控
运气	外部	不稳定	不可控
任务难度	外部	稳定	不可控

资料来源：笔者整理得到。

2.2.3 内在动机简介

通过对上述动机理论的叙述，可以看到动机理论从本能理论到认知理论，经过了几十年的发展，心理学家和管理学家对动机理论的认识在不断地加深。但直到20世纪50年代，大量关于动机的研究是关注如何通过外部刺激强化个体动机的，也就是说，这些研究实际上关心的只是对外部动机的研究。本书2.1.2节中阐述的激励理论也都是关注于探讨如何激发个体的外部动机。布鲁纳（Bruner，1960）针对学生学习的问题首次强调了“内部动机”的作用，他认为内在动机才是推动学习的真正动力。而直到70年代开始，Deci等（1971）关于内外动机关系的开创性研究以及据此提出自我决定理论之后，内在动机的概念才被更广大的研究者所熟知。

2.2.3.1 内在动机的界定

内在动机的理论雏形最早在20世纪初由Woodworth（1918）提出，他认为个体感知和行为能被好奇心所驱动，就像一种内在的自我奖励，使人们具有主动性和积极性，此后，对内在动机的研究从不同的视角逐步展开。目前已经形成了聚焦于内容和行为的两种关于内在动机内涵的解释。

对于内在动机的定义，部分学者从内在动机的构成要素和个体行为归因两个角度提出了自己的理解。从内在动机的构成要素角度出发，McGregor（1961）的Y理论以及McClelland（1976）的成就动机理论认为，内在动机体现为个体在具有一定挑战性的活动中对成功的追求。此后，研究者相继提出了自主、胜任、归属、自我决定、嵌入、好奇以及兴趣等一系列与内在动机相关的核心要素（White，1959；Amabile et al.，1994；Deci & Ryan，1985a）。从个体行为归因的角度出发，内在动机被定义为如果个体从事一项活动或者工作是基于自身意愿的，那么诱发这一行为的动机就属于内在动机的范畴；也就是说，如果个体的行为是自发的、自愿的，则可以认为产生这种行为的动机是内在动机。在工作场景中，内在动机是指员工从事一项工作任务不是出于获得报酬，而是对工作本身的强烈兴趣。有学者将工作中的内在动机理解为员工出于兴趣而关注工作任务并努力提升绩效的过程（Izard，1977）。Hackman和Okiham（1975）的研究提出，内在动机反映的是员工通过自我激励而达到高效的工作状态，如果员工的工作是由内在动机驱使的，那么在工作的过程中他们会感受到积极的情感体验，最终实现工作绩效的提升，并形成一种良性的、持久的作用。

2.2.3.2 内外动机关系研究

近年来，外在动机和内在动机能够共同对个体的行为产生影响的客观事实已被国内外学术界普遍接受，但是对内外动机关系的研究大部分集中在心理学领域，经济管理学领域的研究仍然较多地关注外部动机，如 Gibbons（1998）认为外在刺激是提高个体工作动机和努力程度的最佳方式，Lazear（2000）等的研究也论述了这一点。但是，心理学家通过一系列事实研究，逐渐对外部动机诱发的激励效果的有效性和持续性提出了质疑。在心理学上，他们关注的是个体内在动机的维持，认为内在动机才是保持激励持续性的有效方式，外部激励仅在激励的当时对行为有着促进作用，在激励持续一段时间或者被撤销之后，不但不能对个体行为起到激励作用，甚至还可能破坏原有的工作内在动机，起到负面作用（Kruglanski，1978）。心理学界的研究者同样开展了大量的现场实验来证实外在动机和内在动机之间有时候确实存在着冲突，如 Boggiano 和 Ruble 在 1979 年、Weinberg 在 1978 年等的研究。

内在动机与外在动机是一对相辅相成的概念，两者相互影响、相互促进。因此在未来的研究中，尤其是在经济管理领域中，有必要打通不同学科之间的隔阂，将内在动机与外在动机进行联合研究，以促进动机理论的发展，并更好地指导管理实践。

对于内外动机关系的研究，始于美国心理学家 Deci（1971），此后，他对此进行了一系列深入的研究，并根据研究成果提出了动机的自我决定理论，受到了心理学界的广泛关注。自我决定理论的核心是对内在动机与外在动机的划分，这两种动机是所有行为产生的原因。认知评价理论是自我决定理论的延伸，认为内在动机会受到外部因素的影响，这种影响是通过自我决定感和胜任力作用的，当外部刺激增加了自我决定感和胜任力时，内在动机会得到加强（杜鹏程，2010）。

Deci（1971）的研究实施了三个实验来试图回答外部激励对个体内在动机的影响。在第一个实验中，随机招募了 24 名在校大学生来参加实验，将他们平均分成两组，每个被试者均参与了一个三阶段的实验室实验，实验任务是独立完成一个拼七巧板的游戏。在实验的三个阶段，两组被试执行的任务均相同，唯一不同之处在于实验的第二阶段，其中一组被试者会得到绩效报酬，称为奖赏组，而另一组被试者不会得到报酬，称为控制组。实验的第一阶段和第三阶段，两组被试者也均不会得到答对的奖励。在每个阶段的实验结束之后，研究者会借故离开 8 分钟，被试者可以自行在这段时间内做任何事情。事实上，在这 8 分钟内，实验人员一直在观察被试者的活动，并且记录其在这段时间内花费在实验任务上的时间总量，将这个时间总量作为被试者对拼七巧板任务的内在动机强度的指标。他们的实验结果发现，奖赏组与控制组被试者最后一个阶段花在任务上的时间呈现出显著性差异，奖赏组被试者在自由活动阶段花费在实验任务上的时间比控制组明显减少。也就是说，如果个体参加的任务具有较强的内在动机，在任务中间如果被给予外部奖励，在奖励撤销之后，个体参加该任务的内在动机就会减弱。

后续的两个实验也同样采用了三阶段的设计，并观察被试者在自由活动阶段进行任务的时间，但是在实验的第二阶段对奖赏组的激励由金钱奖励换成了口头表扬和另一种物质激励。这三个实验的研究结果发现，物质激励均对任务的内在动机具有破坏作用，而口头表扬对内在动机产生了加强作用。

在此后的研究中，研究者也将外部奖赏分为无形的口头奖赏和有形的物质奖赏两类来进行研究。大部分的研究都发现，口头奖励会使内在动机得到增加而物质奖励使内在动机下降（Deci et al.，1999）。基于这些研究结论，Deci 和 Ryan 提出了认知评估理论来对这些现象进行解释，该理论认为胜任力和自我决定感是个体的心理需求，而内在动机就是由于这些需求而引发的。外部奖励对内在动机的影响作用受到激励过程中胜任力与自我决定感变化情况的影响。如果外部激励使个体的胜任力与自我决定感增强，那么内在动机也会随之加强；反之，内在动机会减弱。一般来说，当外部奖励带有信息意义时，胜任力和自我决定感会增强，内在动机也加强；当外部刺激带有控制意义时，胜任力和自我决定感会降低，内在动机也随之下降（Deci et al.，1999；恽广岚，2006）。口头奖赏通常具有明显的信息意义，即当个体受到口头表扬时，个体会认为这是对他能力的认可，从而增强个体胜任感的感知，进而增强其内在动机。而物质奖励通常带有明显的控制意义，他人通过物质奖励来对个体的行为进行控制，但当物质奖励被撤销时，个体的胜任感感知会下降，从而导致内在动机降低。

那么，当口头奖赏也具有控制意义时，个体的内在动机会产生什么样的变化呢？Pittman 等的研究中运用了一个 15 分钟的重复几何模型的任务，来探索带有控制意义的口头表扬和不带控制意义的口头表扬分别对内在动机的影响有何差异（Pittman et al.，1980）。他们的研究结果显示，与没有口头表扬的控制组相比，纯粹的口头表扬增加了内在动机而带有控制性的口头表扬削弱了内在动机。这一项研究成果很好地证实了 Deci 等的观点。

然而，一些研究者也指出口头奖赏有时会带有一定的控制意义，人们的有些行为表现也有可能是为了得到表扬，因此，研究者认为口头奖赏对内在动机的作用到底是加强还是削弱，这些是难以预测的。可以说，口头奖赏对个体带来的是更显著的信息意义还是控制意义，并没有明确的定论，这取决于表扬发生的具体情景。而有形的物质奖赏与口头奖赏不同，一般会被明确地认为带有显著的控制意义，在物质奖赏的驱动下，个体会去参与某些任务或者行为，当物质奖赏被撤销时，个体可能就不会表现出这些行为。因此，可以发现，由于物质奖赏通常都带有明显的控制意义而使内在动机减弱，而精神激励，视其具体的环境变化不同，在某些环境中会表现出控制意义，而在另一些环境中则表现出信息意义。

2.2.3.3 内在动机的测量

对于内在动机的测量，以往研究者常用的方法是自报告的量表调查法和行为测量法。

（1）量表调查法：目前有两种比较主流的内在动机测量量表，即美国著名心理学家 Amabile 开发的工作偏好量表（Work Preference Inventory，WPI）和自我决定理论的提出者 Ryan 开发的内在动机量表（Intrinsic Motivation Inventory，IMI）。WPI 主要测量的是个体的动机，包括内在动机和外在动机。内在动机的测量主要包括自我决定（对选择和自主性的偏好）、胜任力（自我控制倾向和对挑战的偏好）、任务融入（对任务的专注和沉浸程度）、好奇心（对复杂事物的偏好）、兴趣（享受过程并获得乐趣）五个维度（Amabile et al.，1994；Amabile & Teresa，1985）。IMI 问项主要关注于乐趣和享受程度（Ryan & Richard，1982）。这种方法的优势在于成本比较低，可以成为实验研究的辅助。缺点在于个体依赖于事后的自我报告对内在动机水平进行描述，容易受到个体本身、外部环境以及社会文化等多种因素的影响，可能会存在测量误差，也难以实现实时测量任务过程中的动机水平。

（2）行为测量法：常用的行为测量法是自由选择法（Free - choice），这种方法被较多地应用于对内在动机的实验室研究中。自由选择法的原理是通过测量外在激励撤销时，被试者仍然愿意持续开展某项活动的意愿，一般是计算持续时间。这种计算方法的逻辑是，如果被试者在完全自由的状态中，还是继续进行实验任务，说明被试者对该任务具有内在动机，自由选择阶段持续进行任务的时间越强，说明被试者对该任务的内在动机强度也越高（Deci，1971）。这种操作方法与内在动机的内涵是一致的，也就是说当没有外在激励时，人们被内在动机驱动去从事某件事情（Deci & Ryan，1985a）。在具体的实验中，一般是主试者假装宣布当前实验已经结束，但是有事需要离开一段时间（一般是 8 分钟左右）。这时被试者处于独处状态，他/她是完全自由的，可以选择继续进行实验中的任务，也可以看杂志或者做其他事情，甚至是 Deci 所说的做“白日梦”。事实上，在这自由的 8 分钟内，主试者一直在观察被试者，计算其进行实验任务的时间长度。这种方法的认可度很高，由 Cameron 和 Pierce（1994）开展的一项元分析研究发现，目前关于奖励对内在动机影响的研究中，有超过 64% 的研究使用了自由选择法来计算内在动机。但该方法仍然无法测量个体在任务执行过程中的内在动机变化。

以上两种方法虽然被较为广泛地应用，也具有自身的优势，但是其局限性也很明显。对内在动机的实时测量和客观量化，仍然是研究中的一个难点（Camerer，2010）。随着认知神经科学理论的发展和无创神经科学技术的进步，已经有研究通过认知神经指标来客观、实时地测量个体在开展任务或者活动过程中的内在动机强度，我们将在 2.3.3 节中进行集中介绍。下面介绍内在动机的相关理论。

2.2.3.4 内在动机的影响因素研究

自内在动机的概念被提出之后，学术界对于内在动机开展了一系列的研究，除了关注内在动机的现象之外，大量的研究者也关注内在动机的影响因素。总体来看，目前关于内在动机影响因素的研究集中于个体特征、个体基本心理需要等内部因素以及工作环境、工作特征等外部因素。

（1）内部因素对内在动机的影响研究。目前的研究中，内部因素主要涉及性格、年龄、自我效能感等个体特征以及自主、胜任和归属等基本心理需要两个方面。在个体特征方面，Furnham（1999）的研究探讨了内在动机与性格之间的关系，性格外向的人具有更强的内在动机，而神经质人格的人具有更强的外在动机，这是由于外向的人更容易被工作内容吸引，而神经质人格的人更关注工作带来的保健因素。此外，个体的自主决定倾向是指个体更容易感知到行为是自主的，这也是一种性格特质。Deci 和 Ryan（2000）的研究发现，自我决定倾向与内在动机显著相关，这是由于自我决定倾向高的个体更渴望拥有选择和自主权。

有关年龄对内在动机影响的研究中，目前的研究尚未达成共识。部分研究提出，年龄的增长会降低工作的主动性及学习知识的兴趣（Warr & Fay，2001），也会影响到成就动机（Kanfer & Ackerman，2004），从而使内在动机减弱。而另一些研究则认为，年龄的增长使员工会更少关注外部的激励，而更容易受到工作本身带来的内在激励因素的影响（Ilke，Segers & Bartram，2011）。

在个体自我效能感对内在动机影响的研究中，大多数研究都发现了自我效能感对内在动机的积极作用，可以通过内在动机的提升影响个体行为（Bandura & Cervone，1983）。例如，冯旭等（2009）的研究发现，自我效能感高的员工在工作中会更加积极主动，往往对自己的工作能力充满信心，也表现出更强的内在动机。这是由于自我效能感较高的个体对自己的能力有信心，渴望学习新的知识，敢于接受挑战，能够以积极的心态去应对工作或任务中的不确定性。遇到挫折或困难时，会积极寻求解决方案，而不是焦虑和放弃。

在基本心理需要对内在动机影响的研究中，以往的研究基本上得出了一致的结论，即对个体基本心理需要的满足可以加强内在动机（Deci & Ryan，2000），而基本心理需要的挫败则会削弱内在动机（Verbruggen，De Cooman & Vansteenkiste，2015）。根据自我决定理论，基本心理需要可以分为自主、胜任、归属三个方面。现有的研究大多是基于自主这一需要来展开的。

自主心理需要对内在动机的影响包括自主需要的满足和挫败两个方面。自主需要的满足能够提高内在动机。例如，在关于学习的研究中发现，自主支持能明显增强学生学习的内在动机（Griffin，2016），父母的自主支持也能提升孩子学习的内在动机（Froiland，2011）。在对运动员的研究中也发现，感知到来自教练的自主支持能够增强运动员的内在动机（Banack，Sabiston & Bloom，2011）。一项元分析的研究结果也表明，提供选择可以增强内在动机、努力、任务绩效和胜任感（Patall，Cooper & Robinson，2008）。

相反，自主需要的挫败，例如组织中的监视、命令以及物质奖励等带有控制意义的因素，就会削弱个体的内在动机。也就是说，当个体在工作中遭受自主需要挫败时，工作投入和内在动机均会随之降低（Deci & Ryan，2000）。例如，Bartholomew 等（2014）基于 357 名体育教师的实证研究表明，自主需要挫败与内在工作动机呈负相关。此外，工作压力也会导致自主需要挫败，进而产生工作倦怠，降低工作投入等。

（2）外部因素对内在动机的影响研究。外部因素包括工作环境和工作特征等因素，也会对个体的内在动机水平产生影响。在对工作环境影响员工内在动机强度的研究中发现，如果管理者能从员工的视角考虑，使员工可以在一定范围内选择自己的工作内容和工作方式，而不是直接下达工作命令，那么能很好地满足员工的自主、胜任和归属的基本心理需要，并在工作中表现出较高的内在动机（Chirkov et al.，2003）。Hardr 和 Reeve（2009）的研究也表明，当管理者的管理风格转变为自主性支持时，员工的主观能动性和工作投入度都会大幅提升。此外，组织支持也会增加员工对组织和工作的积极情绪（Linda，2002），从而减少工作控制和工作压力的负面效应（Vallerand，1997），以此来提高员工的内在动机水平。

在工作特征对内在动机影响的研究中，相关研究可以分为工作整体的特征和具体的任务特征两个层面。工作的整体特征包括工作自主性、工作完整性、技能多样性、工作重要性、工作反馈五个核心维度，当工作能够满足或者接近满足这五个核心维度时，员工会体会到工作的意义和重要性，从而实现内在工作动机的提升（杨红明和刘耀中，2012；Gagné，2014）。从具体的任务特征来看，任务的完整性和反馈性、技能的多样性，以及任务的重要性等特征（Deci & Ryan，2000）也能激发个体的内在工作动机。这是由于任务本身的特征很好地满足了员工的自主、胜任和归属的基本心理需要（Gagné，2014）。

2.2.4 动机的相关理论

目前与内在动机相关的研究，除了关注影响因素之外，还致力于通过各种理论来揭示相关现象的内在机制，如自我决定理论、心流理论、成就目标理论、自我效能理论等。其中，由美国心理学家 Deci 等基于内在动机和外在动机关系提出的自我决定理论是与本书重点探究的内在和外在动机之间的关系最为契合的。因此，本小节将首先详细介绍自我决定理论、自我决定理论与内在和外在动机之间的关系以及自我决定理论的应用等，其次对心流理论、成就目标理论、自我效能理论进行简单介绍。

2.2.4.1 自我决定理论

自我决定理论是在对内外动机关系的研究基础上发展而来的。从上一小节对内外动机的关系研究中可以发现，具有信息意义的奖赏会加强内在动机，而具有控制意义的奖赏会削弱内在动机，这也就是说，个体对于行为的选择倾向于自我意愿，这也是自我决定理论的核心。

自我决定理论以个体的内在动机（Intrinsie Motivation）概念为基础，在内在动机的驱使下，个体努力完成任务、迎接挑战，并把外部经验与自我决定感进行整合，目的是为了从这种努力中体会到满足感与胜任感（Deci & Ryan，2010）。当人们被内在动机驱动时，他们在活动过程中将会感觉到强烈的兴趣和适应感，甚至忘掉时间和自我。Deci 等因此认为内在动机表达并且代表了机体内部的成长过程（严标宾、郑雪和邱林，2003）。自我决定感不仅能够体现出个体的能力，更能体现个体的心理需求（Deci & Ryan，1985）。每个人在心理上都有一种固有的自我决定倾向，因此，人们往往期待从事自己感兴趣的任务，进行有利于个人发展的活动，从而实现自我决定，这种自我决定感关注的是行为是否为自发的或者由个体自身决定的，强调的是个体在这个过程中的主观能动作用（暴占光和张向葵，2005）。

但是，主观上的自我决定倾向并不会在个体行为中主动起作用，社会环境会对其具有一定的促进或者阻碍作用，当个体得到社会环境的支持时，自我决定倾向就能够促进其行为的进行，而个体受到社会环境的阻碍时，则也会对其行为起相反的负面作用。一般来说，在社会环境中，对自我决定的先天倾向具有影响作用的是自主性（Autonomy）、关系（Relatedness）和能力（Competence）这三种人类普遍存在的基本心理需求（Deci & Ryan，2010）。当这三种需求基本被满足之后，内在动机更有可能被激活，个体行为才能向着积极良好的方向发展，个体才能高效地执行各项任务；而当不能满足人们的自主性、能力和关系需要时，则可能抑制诱发个体内在动机（Deci & Ryan，1985b，2010）。

除了国外心理学家关注自我决定理论之外，国内研究者也对该理论做了一些研究。例如，刘海燕等（2003）对自我决定理论做了比较详细的综述，介绍了自我决定理论的含义、相关分支理论，并对自我决定理论进行了总结，认为自我决定理论是在对个体需求和相关社会环境具有充分认识的基础上进行的经验选择，

是个体对自主选择行为的追求，这就构成了人类行为的内在动机。

综上所述，自我决定理论详细阐述了个体内在动机产生和维持的方式。该理论弥补了动机理论中长期以来对内在动机研究的忽视和缺失，完善了动机理论。在自我决定理论的基础上，学界也发展出了一系列子理论，完善了自我决定理论的系统。下面将主要介绍基本心理需要理论、认知评价理论、有机整合理论、因果定向理论、目标内容理论这五个子理论。

（1）基本心理需要理论。基本心理需要理论是自我决定理论中其他子理论成立的基础。基本心理需要理论认为，人类在不断进化的过程中，存在着先天的本能发展需要，不是通过后天才形成的。研究者通过一系列相关的研究和归纳，得出了三种基本的心理需要——自主性（Autonomy）、能力（Competence）、关系（Relatedness）（Deci & Ryan，2010）。基本心理需要理论认为，当自主性、能力和关系需要在特定的环境中被满足之后，个体的内在动机会随之增强，能够有效促进个体开展或执行一项任务，产生良好的绩效；而当这些基本心理需要没有被满足时，个体的动机水平和主观幸福感就会降低（Deci & Ryan，2000；Ryan & Frederick，1997）。

自主性是指个体拥有自主选择的权力，能够按照自己的意愿开展各项活动，是一种自我决定的基本需要。自我决定理论也是基于此来命名的。能力，也可以称为胜任需要，是指人们具备能够恰如其分地完成任务的能力，并在开展某项任务中感受到自己是能够胜任的，是有能力做好相应任务的，从而获得满足感和成就感。关系，也可以称为归属需要，是指人们需要周围环境或其他人给予帮助、尊重和关怀，使个体有融入感和归属感的心理依赖。

（2）认知评价理论。认知评价理论关注的是内在动机的前置变量，尤其是社会环境中的外部因素对内在动机的影响。Deci 和 Ryan（2002）的研究提出，社会环境中的外部因素通过个体对其的基本认知评价来影响个体的行为。当个体体验到自己的行为是可控或者感受到胜任感时，内在动机就会加强。该理论认为，内在动机是普遍存在的一种个体内在的、积极的倾向，能够促使人们依靠内在的驱动力去从事自身感兴趣的事情，获得自我提升，对人们的行为和发展有着深刻的影响。

根据外部因素对胜任感和自主感的不同作用，认知评价理论将外部的社会性因素（如报酬、赞赏等）分为信息性因素和控制性因素两类。信息性因素是指社会性因素给个体带来的是积极的信息反馈，个体根据这种信息拥有自信和胜任感，或者依据这些信息改进行为，帮助个体提升对事件的控制程度，最终实现内在动机的增强。控制性因素则相反，会使个体感觉到自己的行为是受到他人的迫使、控制或者严格限定的，也就是说，个体不是自愿地去开展活动或完成任务，这会削弱个体的内在动机。常见的控制性因素有威胁性质的惩罚（Deci & Cascio, 1972）、竞争（Reinboth, Duda & Ntoumanis, 2004）、严格的完成期限（Amabile, Dejong & Lepper, 1976）等。

（3）有机整合理论。有机整合理论将个体内在动机的产生视为一个由无动机到外在动机再到内在动机的连续内化过程，这种内化过程被视为是一种有益于人类发展的自然倾向。通过内化过程，个体会自发地将社会准则、价值观等融入自我理念，最终实现将外在动机内化为内在动机，起到与内在动机相同的作用（Deci & Ryan, 2000）。但是个体的外在动机到内在动机的内化能够达到什么程度，还是要取决于自我决定、胜任和归属这三种基本心理需要是否得到满足（Deci & Ryan, 2002）。根据内化程度的不同，可以分为外在调节、内摄调节、认同调节和整合调节（Deci & Ryan, 2000）。也就是说，有机整合理论与其他理论的不同之处在于，以往的理论将动机进行二元划分，而有机整合理论将动机视为连续的过程。

（4）因果定向理论。因果定向理论由 Deci（1982）首次提出，该理论关注的是理解个体行为产生的原因，并且认为不同个体之间的动机倾向存在个性化差异，通过对这种动机倾向的研究，能够更好地理解个体行为的内在原因。动机倾向可以分为自主定向（Autonomy Orientation）、控制定向（Control Orientation）和非本人定向（Impersonal Orientation）。自主定向关注的是自我选择的诉求，高自主定向的个体会寻求自我选择和自我决定的机会，并基于自身的目标和兴趣来开展任务或活动，而不是受限或者受控于外界奖励等外部因素（Deci & Ryan, 1985a）。控制定向关注的是外部的环境因素，高控制定向的个体倾向于完成"应该"做的事，他们的行为会受到最后期限、他人监督、外部奖励以及社会地位等因素的影响（Deci & Ryan, 1985a）。非本人定向的个体往往认为结果与自身的努力无关，认为自己无法胜任，将结果归结为运气等。高非本人定向的个体往往会盲目追随他人，缺乏自我决定能力（Deci & Ryan, 1985a）。

（5）目标内容理论。目标内容理论将个体追求的目标划分为内在目标和外在目标两种。例如，与自主、胜任和归属三种基本心理需要一致的目标，是个体的内在目标，内在目标包括兴趣、自我健康维护等。研究发现，内在目标的达成有助于个体基本心理需要的满足，从而提升幸福感和内在动机。与外部奖励、社会称赞等相一致的需求就是外在目标，外在目标包括获得财富、提升权力、提高社会地位等。外在目标倾向于提供一种来自外部的控制和操纵，因此无法满足个体的基本心理需要，会使幸福感降低（Kasser & Ryan, 1993, 1996; Kim, Kasser & Lee, 2003; Vansteenkiste et al., 2006）。

综上所述，这五项自我决定的子理论分别从个体的基本心理需要、认知评价、有机整合、因果定向、目标内容的不同维度探讨了个体的内在动机问题，是自我决定理论的有机组成部分。

2.2.4.2 自我决定理论与个体的内在动机研究

自我决定理论认为，个体的动机水平会对个体的认知、情感和行为产生重要影响，个体的动机可以分为内在动机和外在动机两类。内在动机指的是个体从事某项活动是基于自身的兴趣和爱好。相反的，外在动机指的是个体从事一项活动不是出于自身的主观意愿，而是受外力所驱动的。也就是说，内在动机的自我决定水平明显高于外在动机，两者在自我决定水平上存在显著差异。

对某项任务有较高的内在动机水平会使个体从兴趣出发去从事该活动，并发现执行任务所带来的乐趣，产生满意度等积极的心理状态，从而提高个体对于任务的注意力水平等，这有助于维持任务的持续性、提升个体的工作绩效。相反，外在动机并不能带来以上正面的影响（岑延远，2012；李伟和梅继霞，2012；林桦，2008；张剑等，2010）。

2.2.4.3 基于自我决定理论的管理学与心理学相关实证研究

自我决定理论受到管理学和心理学领域的学者的广泛关注，并开展了大量的研究，获得了一系列的研究成果。现有的研究关注的是内在动机的前因变量，如外部激励。外部激励一直以来都是研究者关注的重点之一。以往的研究发现，员工倾向于将外部的绩效奖励当作控制性因素。例如，Eden（1975）在针对以色列集体农场的工人工作动机的一项研究发现，外在奖励与内在动机之间存在显著的负相关。此后，Shirom（1999）等的研究发现，绩效工资计划使从事枯燥重复工作的蓝领工人幸福感显著降低。后续的研究还发现，绩效工资尤其会降低非营利性组织中员工的内在动机，这种现象在引入绩效工资又撤销时更加明显，会降低个体工作自主性和积极性，显著减弱内在动机（John & Deckop，2000）。

此外，针对自我决定理论中的三个基本心理需要，也有研究关注外部因素对基本心理需要满足的影响，从而影响内在动机的机制。例如，一些研究关注自主性支持对内在动机的影响。自主性支持指的是管理者给予员工足够的自由，提供有益的信息、选择的权力，在不断的反馈与互动的过程中鼓励员工自己调整行为，但是并不是完全放任。以往的研究发现，自主性支持会使员工产生更好的工作满意度，更加积极的工作态度，并且提升对领导的认同度（Deci，1980）。自主性支持对员工内在动机的正面作用在集体主义和个体主义的文化背景下都是成立的（Chirkov et al.，2003）。研究还发现自主性支持可以有效预测员工自主、胜任和归属三项基本心理需要，并在此基础上进一步有效预测工作的绩效结果与满意度（Deci et al.，2001）。此外，领导风格等因素也会通过影响自主性进而对内在动机产生影响。例如，变革型的领导风格比交易型领导风格更能使员工在工作过程中拥有更大的自由度，能更好地满足员工的自主心理需求，强化内在工作，提升工作满意度（Bono & Judge，2003；Shamir et al.，1998）。

同时，研究者也关注影响内在动机结果变量的研究。以往的研究表明，内在动机会对工作绩效结果、个体幸福感、组织承诺等产生积极正面的影响。例如，研究者在对美国西点军校过去长达 14 年中 1 万多名学员的动机数据和毕业结果数据进行分析研究发现，内在动机较强的个体的毕业可能性远高于平均水平，并且内在动机是唯一关键的因素（Wrzesniewski et al.，2014）。

结合以往的研究，Deci 等（2005）建立了依托于自我决定理论的自主工作动机模型。该模型中探讨的前因变量包含社会环境因素（工作内容和情境：挑战、选择、合理度、反馈度；工作氛围：管理者的自主性支持）和个体差异因素（自主因果定向）；结果变量包括绩效（复杂度、创意、归属感）、心理幸福感、组织信任和承诺、工作满意度。

2.2.4.4 心流理论

心流理论（Flow Theory）可以用于解释内在动机产生的原因，该理论最初由知名学者 Csikszentmihalyi 提出。Csikszentmihalyi 等（1992）对攀岩爱好者、国际象棋选手、运动员、艺术家等人群进行深度访谈，让他们描述自己从事相关活动过程中最享受的状态以及产生这种状态的源泉。Csikszentmihalyi 发现，大多数的被采访者提到的核心要素是适度的挑战，这种挑战能够在个体能力范围内最大限度地挖掘个体的潜能。他将“流”定义为个体完全沉浸在一项活动中的状态。心流理论强调的是能力与挑战之间的匹配性，根据匹配程度划分，如果挑战难度过高，超过了个体本身能力的范畴，个体就会丧失胜任感，进入焦虑状态；如果挑战难度过低，个体自身的能力远远超出了任务要求，那么个体就会进入无聊状态；只有当挑战与能力相匹配时，才能最大限度激发个体的内在动机，这时，个体会全情投入，非常享受，行为会自发地形成一股整体的“流”，甚至不需要意识的调节和干预。

工作场景中的“流”描述的则是员工不关注物质奖励，充分沉浸、卷入到工作中的理想状态。然而，在实际的工作环境中，员工完成一项任务的原因往往是多样的，不仅仅只是出于内在动机，例如，员工也会考虑物质报酬、公平等因素。总体而言，心流理论能够描述内在动机被激发出来的心理体验，也关注于解释在何种条件下会激发出这种状态，但是，相比于休闲类活动的内在动机，心流理论对日常工作场所中员工内在动机的解释效果并不好。

2.2.4.5 成就目标理论

20 世纪 80 年代，Dweck 及其同事通过在校园情景中对学生成就动机的研究，提出了成就目标理论（Achievement Goal Theory）。该理论认为，成就目标的设定将对个体的内在动机强度产生非常重要的影响，其包括掌握目标（Mastery Goal）和绩效目标（Performance Goal）两种，这两种目标导向决定了个体的内在动机水平。成就目标理论的特点在于充分考虑到个体之间的差异，探究了不同个体目标设定的差异对个体内在动机的影响。

掌握目标强调自身努力的重要性，有利于个体内在动机的激发。如果个体设定的是掌握目标，他更多的是关注在学习过程中努力提升自身能力水平、发展自我。在这种情况下，个体会倾向于挑战高难度的任务，在完成任务过程中全身心投入、充分发挥主观能动性，最终获得自身能力的发展。当面对失败时，大多是内部归因，主动去克服困难。

绩效目标强调的是结果的重要性，更多与外在动机相关联，有可能会降低内在动机强度。如果个体设定的是绩效目标，他更多关注结果本身，通过与他人比较和进行社会评价来了解结果（Dweck，1986）。当面对失败和困难时，容易外部归因，将其归结为不可控因素，因此产生无助感甚至情绪低落，从而降低内在动机强度（Harackiewicz，Elliot & Andrew，1993）。

2.2.4.6 自我效能理论

1977 年美国著名心理学家 Bandura 首次提出了自我效能感（Self - efficacy）的概念。自我效能感被定义为个体评估自己具备完成某项工作或任务的自信程度。从该定义可以看出，自我效能感不是个体自身的能力、特质，也不是技能，而是对特定任务、特定工作的主观感受。也就是说，个体面对不同领域的不同工作任务时会产生不同的自我效能感。对自我效能感的描述可以从水平、强度和延展性三个维度进行。水平是指个体觉得自己能够完成的任务的难度水平，影响的是个体对不同难度的任务的选择；强度是指个体对自己能够完成某项任务的确信程度，影响的是个体对自己能够完成任务、达到目标的信心；延展性指的是个体自我效能感的影响领域广度，影响的是个体认为自己能完成任务的数量和范围。

个体的自我效能感通过影响个体的内在动机强度来影响行为（Bandura & Cervone，1983），这是由于个体的自我效能感会影响个体在完成任务的过程中付出的努力程度、面对挑战的心态和情绪，这些都会对内在动机产生影响。一般来说，高自我效能感的个体由于对自己的能力充满信心，所以勇于接受新的挑战、学习新的知识、掌握新的技能，他们在面对一项工作任务时往往会表现得非常积极主动，即便在完成工作任务的过程中受到挫折或者遇到困难，也会积极寻求解决方案，而不是陷入焦虑的负情绪中。在工作场所情景中，具有较高自我效能感的员工会在工作过程中积极主动，对自己能够胜任工作充满信心，由此产生较强的内在动机。

2.2.4.7 对内在动机现有理论的简要评述

综上所述，四项理论均聚焦于探究内在动机及其影响因素，但是研究视角各不相同。也就是说，四项研究在研究内容的方向上是一致的，只是研究的视角不同。在这四项理论中，成就目标理论、自我效能理论和自我决定理论都属于动机认知理论学派，通过2.2.1节对现有动机理论的梳理，也可以了解到这一学派是当前动机问题研究的主流（暴占光和张向葵，2005）。

从应用范围来看，心流理论对于娱乐、竞技、休闲活动过程中的内在动机具有较好的解释作用，但是对于工作场所的内在动机解释力较弱。成就目标理论则对激发工作或学习状态下的个体内在动机有较好的解释作用。此外，成就目标理论还关注个体差异，强调了目标设定对个体的重要性。

在自我效能理论和自我决定理论这两项理论中，自我效能感和胜任感这两个概念之间具有一定的相通之处，都关注了个体对完成某项任务的信心。然而，自我决定理论除了关注胜任之外，还关注了自主性和归属两种心理需要，更加全面地解释了个体对不同的任务表现出不同的内在动机水平的原因。也就是说，自我决定理论对个体的基本心理需要进行了较为全面的总结与概括，建立起基本心理需要、内在动机和个体行为之间的关系，解释力更强。这也是本书的四项研究将自我决定理论作为基础理论的原因。

2.3 管理学中基于脑电信号分析的研究

2.3.1 神经管理学简介

国内学者马庆国和王小毅（2006a）在《管理工程学报》上发表的论文中，第一次提出神经管理学的概念。他们在其他学者提出的神经经济学、神经营销学和决策神经科学概念的基础上，提出了神经管理学，认为神经管理学是神经科学、认知神经科学、心理学和管理学交叉产生的新兴学科，该学科运用神经科学和其他自然科学技术来研究经济管理问题，通过在实验室条件下模拟现实的经济管理环境，研究人们面对这些经济管理问题并做出相应行为决策时的大脑活动，以探究人类的决策行为以及其他与管理相关的社会行为。也就是说，神经管理学是一门研究经济管理活动中大脑活动规律的学科，通过大脑活动的相关指标来解释经济管理活动中的决策过程、经典行为，并预测行为可能产生的结果，从而为优化经济管理决策提供新的支撑。

进一步地，由于人是大多数管理学分支所涉及的管理对象，而管理活动本身也是人的活动、人的决策，这就不可避免地会和大脑活动相关联。因此，几乎所有的管理学分支，都可以与认知神经科学产生交叉融合，运用认知神经科学的方法来开展研究。基于此，马庆国和王小毅（2006b）发表于国内管理学权威期刊《管理世界》的论文中提出了神经管理学的分支学科，包括神经决策学、神经营销学、行为神经科学、神经工业工程学、神经金融学、神经病态行为管理学等重要分支。

近年来，随着神经管理学的发展及其研究成果的涌现，越来越多的研究者关注到这一交叉学科，并开始运用认知神经科学的理论与方法来研究管理学的相关问题。神经科学对管理学理论和实践发展的作用得到越来越多的认可。例如，Frontiers 出版集团会定期以某一研究领域或研究课题（Research Topic）作为前沿研究主题，以促进对学术前沿和热点问题的讨论与合作，推动全球科学进步。2016 年，Frontiers 以“神经科学技术在神经管理学与神经营销学中的应用”作为前沿研究主题，并指出“神经管理学是在神经经济学之后出现的重要学科分支，通过认知神经科学的方法和技术来研究经济管理类的议题，着重于探索在人们面对经济和管理问题时的大脑活动和心理过程”。2020 年，Frontiers 出版集团再次以“神经管理学和神经营销学”作为研究议题，征集相关稿件。UTD 24 种商学院顶尖期刊之一的 *Journal of Marketing Research* 也组织过一期专刊，以聚焦神经科学方法在营销学中的应用。

事实上，神经管理学就是运用神经科学的技术来对原有的经典管理问题进行研究。在管理科学中，信息的来源本来就包括各个层面，如行业层面、企业层面、生产过程层面以及个体行为层面等。通过神经科学的工具测量大脑活动来获得信息的方法为管理问题的研究提供了新的信息来源，使所有与人有关的管理科学的研究产生了新的发展空间。因此，研究者预测行为者和决策者的脑电信息将为管理科学的很多相关领域带来巨大的变化。此外，与人的主观因素有关的信息长期以来一直存在着测量困难的问题，而这恰恰是管理科学研究的发展基础。神经科学对大脑活动的研究，可以使很多主观因素的变量在大脑活动结果上得到因果性的映射，因此可以通过对大脑活动的记录和分析来定量化测量影响个体行为的主观因素所起的作用，这将对管理科学的定量化研究起到极大的推动作用。

自 2006 年神经管理学被提出以来，研究者在神经管理学的各个分支学科中也运用了神经科学的方法对管理问题做了一些相应的研究，取得了新进展。例如，Ma 等（2008）运用事件相关电位技术对品牌延伸问题进行了研究，他们采用了 20 个知名的饮料品牌，并将这些品牌下出售的产品分别延伸到饮料和非饮料两个产品类别中。研究结果发现，P300 成分在饮料和非饮料两个类别上有很大的差异，结合以往品牌延伸和 P300 的相关理论研究，研究者对此给出的解释是品牌延伸对于个体来说是一个分类的过程，类内延伸往往会比类外延伸更容易被消费者接受，这种分类过程可以表现在 P300 成分的差异上。该项研究的结果为品牌延伸的评估提供了新的方式，促进了品牌延伸理论的发展，因此该研究被消费者行为学报（JCB）上关于神经营销学的综述性文章列为神经营销领域的五项重要研究之一（Garcia & Saad，2008）。

基于此，国内外众多高校的商学院、管理学院和经济学院均开始建设认知神经科学与管理学交叉的专业实验室。例如，哈佛大学商学院、麻省理工学院斯隆管理学院、加州理工学院、宾夕法尼亚大学沃顿商学院、加州大学伯克利分校哈斯商学院、欧洲工商管理学院、加拿大多伦多大学 Rotman 商学院、瑞士苏黎世大学经济系等，已经设立专门的研究中心和实验室，致力于该跨学科领域的研究（见表 2－2）。

表 2－2　国际上建立神经科学相关专业研究实验室的商学院

大学	代表人物	研究主题	研究方向
宾夕法尼亚大学沃顿商学院	Michael Platt、Gideon Nave	神经决策学	风险决策、社会决策
哈佛大学商学院	Francesca Gino	神经决策学	道德决策
哥伦比亚大学哥伦比亚商学院	Eric Johnson	神经决策学	风险决策、跨期决策
斯坦福大学商学院	Baba Shiv	神经营销学	消费者偏好
欧洲工商管理学院（INSEAD）	Hike Plassmann	神经营销学	消费者自我控制
加州大学伯克利分校 Haas 商学院	Ming Hsu	神经营销学、神经决策学	品牌认知、社会偏好
加州大学洛杉矶分校 Anderson 商学院	Craig Fox	神经决策学	风险决策
南加州大学 Marshall 商学院	Cary Frydman	神经金融学	金融投资行为
牛津大学 Said 商学院	Thomas C. Powell	神经战略学	组织战略
澳洲国立大学商学院	Shirtey Gregor	神经信息系统	人机交互、专家系统
天普大学 Fox 商学院	Angelika Dimoka	神经信息系统、神经决策学	网络信任、在线市场互动
伊拉斯莫斯大学 Rotterdam 商学院	Ale Smidts	神经营销学、神经决策学	品牌、社会影响
乔治·梅森大学	Raja Parasuraman	神经工业工程	脑力负荷、认知控制

资料来源：笔者整理得到。

在国内高校的经济管理学院和商学院中，自 2006 年浙江大学依托管理学院成立了国内第一家神经管理学实验室之后，上海外国语大学、浙江工业大学、宁波大学、中国计量大学、燕山大学、南开大学、浙江工商大学、广东工业大学等均设立了专业的神经科学和经济管理交叉领域的实验室，并开展研究工作。

管理学的国际主流期刊 *Management Science*、*Journal of Marketing Research*、*Journal of Consumer Research*、*MIS Quarterly*、*Organizational Research Methods* 和 *Leadership Quarterly* 等发表的神经科学驱动管理决策的研究论文呈现快速增长。*Science*、*Nature*、*Nature Neuroscience*、*Journal of Marketing Research*、*MIS Quarterly*、*Game and Economics Behavior* 和 *Current Opinion in Behavioral Sciences* 等一流学术期刊都出版了与消费决策、信息系统、博弈行为等相关的主题专刊（见表 2－3）。在学术专著方面，自 2004 年纽约大学的 Paul Glimcher 教授出版第一部著作《决策、不确定与大脑：神经经济学的科学》以来，学术界陆续出版了约 20 部相关著作，包括神经信息系统基础（Fundamentals of NeuroIS）、神经营销学（Neuromarketing）、神经领导科学（Neuroleadership）、网络的神经设计（Neuro Web Design）、神经工效学（Neuroergonomics）、神经设计（Neuro Design）、神经经济学（Neuroeconomics）、神经创业学（Neuroentrepreneurship）、神经社会学（Neurosociology）、神经工程学（Neuroengineering）等，其中约 2/3 是在 2016 年及以后出版的，出版趋势显著加快。

表 2－3　国际学术期刊中管理决策相关专刊的主题列表

年份	杂志	主题
2005	*Games and Economics Behavior*	神经经济学
2010	*MIS Quarterly*	信任与神经科学
2010	*Journal of Economic Psychology*	神经决策学
2010	*Science*	决策与神经科学
2012	*Journal of Consumer Psychology*	神经生理学对品牌的洞见
2012	*Leadership Quarterly*	领导力的生物学基础
2014	*Journal of Management Information Systems*	神经科学在信息系统领域的应用
2014	*Nature Neuroscience*	聚焦决策
2015	*Current Opinion in Behavioral Science*	神经经济学
2016	*Journal of Marketing Research*	神经科学与营销
2017	*Journal of Business Ethics*	商业伦理和神经科学
2018	*European Journal of Marketing Research*	神经科学与消费决策
2019	*Organizational Research Methods*	神经科学在组织研究中的应用

资料来源：笔者整理得到。

此外，国内外每年均召开该领域的重要学术会议，例如，美国神经经济学学会组织每年召开的神经经济学国际会议，由 Association for Neuro Psycho Economics（ANPE）主办的“神经心理经济学会议”，在奥地利的格蒙登和维也纳等地召开的神经信息系统（NeuroIS）的年度国际论坛等。在国内，从 2008 年开始，浙江大学神经管理学实验室每两年在杭州召开神经管理学与神经经济学国际会议，迄今已经成功召开了六届，已成为我国有较大国际影响力的专业学术会议。2016 年，由国内神经管理学提出者国际欧亚科学院马庆国教授发起，在中国“管理科学与工程学会”下成立二级组织“神经管理与神经工程研究会”。2018 年，中国技术经济学会下的二级组织“神经经济管理专业委员会”成立，两个学术组织团结百余所高校、研究机构、企业，共 600 余人参加有关学术活动。在 2017 年 9 月，由国家自然科学基金委管理科学部、生命科学部、信息科学部与政策局联合主办，浙江工业大学承办、由申请人担任共同主席的“神经管理学的理论、方法与应用”双清论坛在杭州召开，来自中国科学院、中国工程院、清华大学、北京大学、浙江大学、德国波恩大学和美国纽约城市大学等国内外 30 余所高校和研究机构共 49 位神经管理领域的专家学者参加。

综上所述，虽然神经管理学被提出至今才十余年，但是相关研究蓬勃发展，越来越多的学术期刊和学者开始关注神经管理学这一领域，尝试应用认知神经科学的技术研究管理学问题，并取得了一些重要的研究结论。该学科将自然科学和经济管理科学有机结合，广义上讲也是自然科学和社会科学的交汇，这不仅对管理科学领域的研究产生了重要的影响，也为企业实践和管理理论的发展做出了重要的贡献。

2.3.2 神经管理学相关的脑电成分

根据前文所述，发现在激励理论的研究中，除了要考虑外界的因素，个体的主观因素也会对激励效果产生重要的影响，因此，把心理学和管理学的相关理论研究结合起来才能综合地考虑到激励研究的各个方面。但是，相对于对外界因素的研究，对个体主观因素的研究有着难以定量化、影响因素众多等难点。

此外，认知神经科学中对大脑活动情况的研究成果可以为个体主观因素的研究提供新的研究方法和研究思路。在 2.2.3.4 节也提到，已经有研究者开始运用认知神经科学的工具——功能性核磁共振成像设备来研究内外动机的关系问题，该技术方法为难以定量化测量的主观因素提供了新的解决思路，被广泛应用于脑功能的研究，现已发展得较为成熟，也在心理学、认知神经科学等领域取得了较大的成就（魏景汉和罗跃嘉，2010）。其优点可以概括为时间分辨率高、可以实时测量无行为反应的认知加工过程、无创伤和无侵入性、所需设备较为简单等

（魏景汉和罗跃嘉，2010；赵仑，2010）。在这里所叙述的 ERPs 成分中，最重要的 ERPs 成分有 N2、ERN、FRN、SPN 和 P300。

2.3.2.1 N2 成分

在事件相关电位中对 N2 成分的研究显示，N2 成分是一个峰值潜伏期一般出现在 200 ~ 350 毫秒的负走向波，其主要大脑分布区域为中央前额及其联合区域（Bland & Schaefer，2011；Nagy，Potts & Loveland，2003；Yuan et al.，2007）。N2 成分是事件相关电位中被研究得比较多的一种成分，能够反映个体对外界事物早期的认知加工。目前，虽然关注 N2 成分的 ERPs 研究非常多，研究视角也很广泛，但是在涉及社会认知问题的相关研究中，研究者比较一致地认为 N2 成分是一种体现个体对事物认知冲突监测的 ERPs 指标。

在社会认知神经科学中，研究 N2 成分比较经典的 ERPs 实验范式是 Go/Nogo 范式。在该范式的实验设计中，一般把刺激分为靶刺激和非靶刺激两类。例如，在 Eimer（1993）开展的一个研究中，就采用了 Go/Nogo 范式对 N2 成分进行了研究。在实验中，被试者被告知实验中会随机出现两个不同的字母，他们的任务是对某个指定的字母做按键反应而对另一个字母不做任何反应。研究结果发现，不需要做按键反应的字母比需要做按键反应的字母诱发出更大的 N2 振幅，N2 成分在前额区达到最大振幅。Eimer 对这个结果的解释是，由于研究者给被试者的任务是对某个特定字母按键，被试者期待的是靶刺激（需要按键的字母）的出现，当实际出现的是非靶刺激时，与他期待的目标不同，就会造成认知上的失匹配，因此诱发了一个更大的 N2 振幅。此后，其他相关研究也都在类似的 Go/Nogo 范式中发现了非靶刺激所诱发的 N2 振幅会大于靶刺激所诱发的 N2 振幅（Bruin & Wijers，2002）。N2 的这种性质就可以用来区分个体所期待出现的刺激和不期待出现的刺激。

在 Go/Nogo 范式之外，其他的一些研究范式也发现了 N2 与认知冲突监测相关。在 Grasso 等（2009）关于面孔的一项研究中，他们发现与其他孩子的面孔和成人的面孔相比，母亲对自己孩子的面孔会诱发出更小的 N2 振幅，实验结果如图 2 - 3 所示。在这项研究中，被试者没有被要求对任何面孔做按键反应，只需要对各种不同类型的面孔进行观察，包括自己的孩子、熟悉的孩子、不熟悉的孩子、熟悉的成人以及不熟悉的成人。这个实验结果说明，由于母亲对自己的孩子有特殊的感情，虽然实验者并没有要求母亲对实验中所呈现的照片做反应，但是母亲还是会更加期待自己孩子的照片出现，当出现的不是自己孩子的照片时，就会有一个冲突，这种冲突诱发了 N2 振幅的增大，而自己孩子的照片则会诱发一个振幅较小的 N2 成分。这说明了 N2 是反映认知冲突监测的 ERPs 成分。在另一个任务为 21 点游戏的 ERPs 实验研究中，研究者同样发现高冲突的刺激会比低冲突的刺激诱发出一个更大的 N2 振幅，这也证实了 N2 成分与认知冲突的处理相关（Yang et al.，2007）。也就是说，在高冲突的情景下，被试者做决策的难度增加，使被试者不希望出现高冲突的情景，而期待出现低冲突的情景，若出现的是高冲突的情景，则会诱发认知冲突。

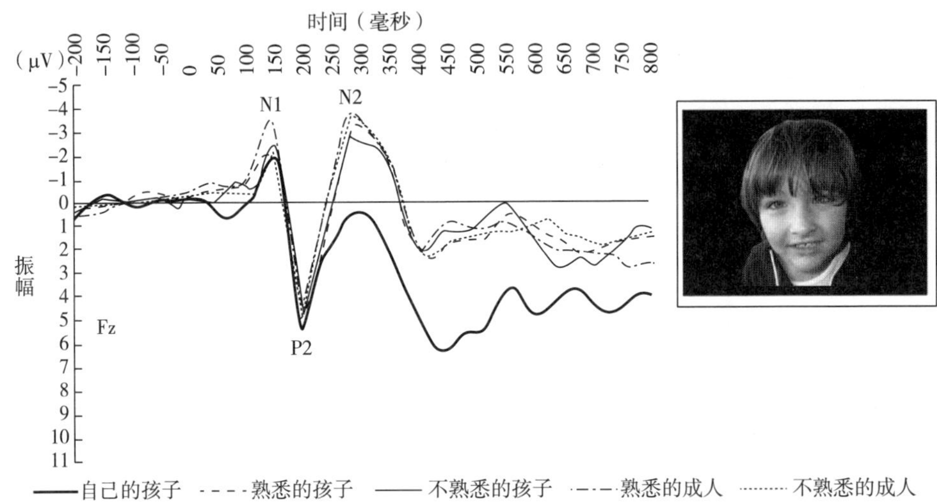

图 2-3 关于面孔的 ERPs 研究中的 N2 波形

资料来源：Grasso D. J.，Moser J. S.，Dozier M.，et al. ERPs Correlates of Attention Allocation in Mothers Processing Faces of Their Children［J］. Biological Psychology，2009，81（2）：95-102.

我国学者 Ma 等（2007）在品牌延伸的 ERPs 实验中也给出了 N2 反映冲突水平的证据。在实验中，实验者要求每个被试者决策自己是否能接受某种知名饮料品牌延伸到另一种新的产品，例如，对可口可乐生产电视机或者农夫山泉生产牛奶进行决策。实验结果表明，被试者越容易接受延伸后的产品（如可口可乐牌电视机比农夫山泉牌牛奶更不易被接受，感知冲突更大），N2 成分的波幅就越大。这表明，N2 成分可以作为体现刺激接受程度的 ERPs 指标，并且其振幅随着感知冲突的大小发生同方向的变化。

综上所述，N2 成分是认知研究中一个被研究的比较成熟的、能反映个体认知冲突和感知冲突监测的 ERPs 成分，其对冲突水平的变化非常敏感，可以较为理想的监测冲突，并表征被试者对刺激的期待程度。

2.3.2.2 ERN 成分

错误相关负波（Error-related Negativity，ERN）是社会认知神经科学中与个体行为相关的、重要的 ERPs 成分，该成分只产生在决策执行的瞬间，在一些研

究中也被称为错误负波（Error Negativity，Ne）。ERN 成分最大值一般出现在大脑前额区域，也就是 Fz 和 FCz 点相对应的脑区（Falkenstein et al.，1991；Gehring et al.，1993），其是在时间压力下完成决策之后的 50～100 毫秒以后出现的负向偏转 ERPs 成分，在社会认知科学研究中往往能够反映大脑内部的冲突监测（Conflict Monitoring）与认知控制（Cognitive Control）（Falkenstein et al.，1991；Falkenstein et al.，2000）。这一 ERPs 成分最早由 Falkenstein 等（1990）在研究中发现，当时被命名为 Ne。在 Gehring 等（1993）的研究中也发现了这一成分，在实验中被试者被告知需要参与一个在规定时间内进行按键反应的实验任务，由于要求的反应速度过快，被试者会在实验中犯错，但是在错误发生之后又能马上意识到在刚刚的反应中犯了错误。在处理数据中，研究者将错误的反应试次（Trial）与正确的反应试次的波形相减，发现了大脑中央区被明显地激活，Gehring 等将大脑中央区的这个成分命名为 ERN。

此后，研究者对 ERN 进行了进一步的研究，对 ERN 进行偶极子源定位发现，其产生于前扣带回（Anterior Cingulate Cortex，ACC）（Van Schie，Mars，Coles & Bekkering，2004）（见图 2－4）。功能性核磁共振（FMRI）的相关研究也证实了大脑 ACC 区域对错误行为有反应（Ridderinkhof et al.，2004）。Carter 等（1998）的研究对大脑 ACC 区域的功能进行了考察，他们的研究结果证实这一大脑区在错误发生时会激活。Debener S. 等（2005）的研究中同时记录了被试者在完成任务时的 EEG 和 FMRI 信号，他们的研究更有力地说明了 ERN 来源于大脑的 ACC 区域，他们在研究中发现 ERN 成分与错误发生之后的行为调整有关，同时也在 FMRI 的结果中发现了 ACC 区域被激活。除此之外，Niki 和 Watanabe（1979）开展的动物实验的研究证据也进一步证实了 ERN 来源于前扣带回，他们发现当猴子接收到负反馈时，错误识别单元会在前扣带回激活。颅内记录电极的研究也发现了 ACC 背侧出现了类似 ERN 的电位，这一研究结果进一步证实了 ERN 来源于 ACC（Brázdil et al.，2002）。

自 ERN 成分被发现以来，除了对其大脑来源进行研究，也对该成分的认知意义做了大量研究，期望对其产生的原因和机理做出合理的解释。研究者对 ERN 的认知意义发展出了很多理论，其中研究者比较认可的有错误监测理论、冲突监控理论以及强化学习理论。下面我们将对这三种理论进行介绍。

第一，错误监测理论，又被称为失匹配理论（Mismatch Theory），这也是目前对 ERN 的解释中最为常用的理论。失匹配理论认为错误相关负波（ERN）是个体察觉到原本应该做出的正确反应和实际操作中出现的错误反应之间的心理差异，并且在以后的任务中会尽量防止这种错误再次发生（Yeung，Botvinick & Cohen，2004；刘玉丽和张智君，2009；朱湘如和刘昌，2005）。错误相关负波的这

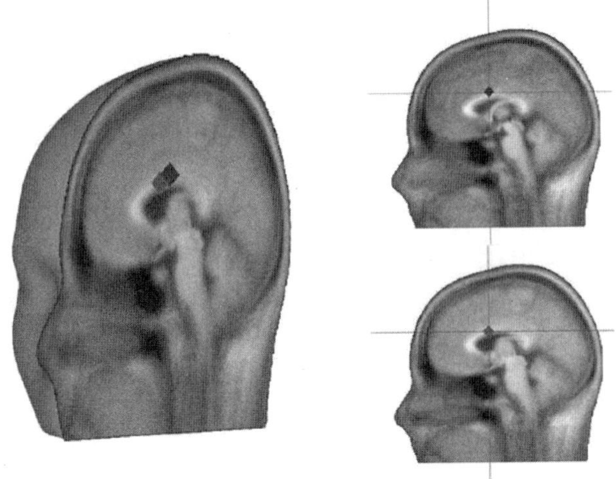

图 2-4 ERN 进行偶极子源定位的结果

资料来源：Van Schie H. T.，Mars R. B.，Coles M. G.，et al. Modulation of Activity in Medial Frontal and Motor Cortices during Error Observation［J］. Nature Neuroscience，2004，7（5）：549-554.

一特征，使这种成分的出现有助于决策者在任务执行中及时调整策略，以保证在未来的决策中减少错误的发生甚至避免错误的发生。Bernstein、Scheffers 和 Coles（1995）发现，除错误的行为反应之外，刺激的表征与实际反应的相似性不同也会诱发不同的 ERN 振幅，也就是说当刺激表征与实际反应不相似时，会诱发更大的 ERN 波幅。Debener 等（2005）在研究中对被试者执行每个试次后的 ERN 振幅进行考察，研究结果显示，发现错误后反应时的延长与 ERN 的振幅相关，反应时延长越长，ERPs 的振幅越大，在以后的试次中反应时延时会更长，但是完成任务的准确率会上升。这些研究都证实了 ERN 反映的是对错误的监测，是由期望的正确结果和实际错误结果之间的比较而产生的。

第二，冲突监测理论。该理论由 Botvinick 等（2001）提出。与错误监测理论类似，冲突监测理论也认为错误相关负波有利于调节个体在错误决策之后的决策行为。错误监测理论和冲突监测理论的不同之处在于冲突监测理论认为除了错误的行为反应能够诱发 ERN 成分之外，如果正确反应中存在冲突也会诱发相应的 ERN 成分。冲突监测理论对 ERN 产生的心理过程做出了如下推理：在时间压力下的快速反应中，个体没有足够的时间对当前刺激进行充分的分析和了解，其反应属于冲动型的反应，甚至当这种错误已经发生时，大脑对该行为的评估可能还是正确的，从而诱发出相应的正确表征的大脑激活反应，这就与先前的错误反应相冲突，而 ERN 成分的出现正是对这类冲突的反映（刘春雷和张庆林，

2009)。在社会认知神经科学的研究中，也有一些相关研究的结果为冲突监测理论提供了证明。例如，Carter 等（1998）让被试者在 FMRI 设备下完成一项任务，任务要求被试者对特定组合的字母做出按键反应，而对其他的字母组合不做出按键反应，混淆的字母组合有可能是两个字母与靶刺激中的字母完全不同，也有可能只有其中一个字母与靶刺激中的一个字母相同。在完成任务的同时记录其大脑活动情况，在对大脑活动的数据进行分析后发现，大脑 ACC 区域的激活除了发生在错误按键行为之后，也会发生在正确按键行为之后。研究者对此的解释是，ACC 区域的激活不仅可以表征错误的行为与实际正确行为之间的差异，还可以表征当前刺激的冲突监测水平。由于 ERN 成分是大脑 ACC 区域在事件相关电位技术中相应活动的表征，这也说明了 ERN 成分可能与冲突监测有关。Suchand 等（2007）在他们的研究中发现，正确的行为反应和错误的行为反应都引发了 ERN 成分，因此研究者认为 ERN 成分不仅反映了错误的加工过程，还反映了对行为结果的评估功能。

第三，强化学习理论。该理论对 ERN 解释具有较强的影响力（Holroyd & Coles，2002；Nieuwenhuis et al.，2004）。其认为 ERN 是由中脑多巴胺系统产生的，基底神经节会对正在进行的事件进行评估，并对该事件是否能成功进行预测，预测结果会导致中脑多巴胺系统神经元活动相位发生相应变化。基地神经节也会将当前的预测结果用于对未来活动中下一个试次结果的预测，通过对奖赏和惩罚的学习能够更加准确地预测后续试次的结果。ERN 的强化学习理论进一步提出，在这个学习过程中，作为学习结果的信号，多巴胺被传至内侧额叶，额叶运用该信号对相关的行为做出调整，多巴胺信号对于 ACC 的作用决定了事件相关电位中 ERN 的振幅，也就是说，当对事件的预期结果是好的时候，多巴胺相位的降低解除了对 ACC 的抑制，因而诱发了更大的 ERN 振幅；而当事件的预期结果是坏的时候，多巴胺相位的增加抑制了大脑 ACC 的活动，会诱发较小的 ERN 振幅。研究者希望通过一系列实验研究，以证实强化学习理论这一假设。Holroyd 等（2002）利用概率学习任务研究了 ERN 振幅与强化学习之间的关系。他们的研究结果发现，在被试者还没有完全掌握任务规律的初始阶段，负性反馈结果能够稳定地诱发比正性反馈结果更大的 FRN 振幅，而执行任务时的 ERN 振幅在两种反馈结果之间无显著差异。有趣的是，在实验后期，当被试者对任务规律有所了解之后，实验结果出现了相反的变化，正负反馈结果的 FRN 振幅无显著的差异，而按键时刻的 ERN 振幅在正确反应和错误反应之间具有明显的差异。研究者据此认为多巴鞍的活动诱发了 ERN 和 FRN 成分，这两种成分反映了大脑发现错误、学习信息以及调整行为的动态过程。

综上所述，ERN 是个体在按键反应时，由于大脑对按键结果有事先的预期而产生的大脑活动。错误监测理论、冲突监测理论以及强化学习理论都对其做出了合理的论证。在本书的研究中，由于不存在任务的学习效应，所以我们将主要从错误监测理论和冲突监测理论两个方面来对 ERN 的认知意义进行探讨。

2.3.2.3　FRN 成分

反馈相关负波（Feedback – related Negativity，FRN）也是一种在 ERPs 中比较常见的成分，该成分一般在结果反馈出现后的 250 ~ 300 毫秒达到最大值，是被试者在结果反馈阶段观察到错误或者出现负性的反馈时，在大脑前额叶区域出现的一个负极性的 ERPs 波形（Jia et al.，2007；Peng & Hong，2008；李鹏和李红，2008；易菲和姚树桥，2011）。与 ERN 一样，FRN 也源自大脑的 ACC 区域，其主要分布在大脑的前额区。FRN 理论是在 ERN 理论的基础上发展起来的，由 Miltner 等（1997）首次在研究中提出了该成分，他们在实验中让被试者做一个时间估计任务，实验结果发现，当被试者对时间的估计错误时，在结果反馈阶段大脑前额叶区域就会出现一个负向偏转的 ERPs 成分，Miltner 等将该成分命名为错误相关负波，认为这个波形反映的是错误信息的呈现。

自 FRN 成分被发现以来，研究者就开始探索 FRN 的产生机理，目前对 FRN 认知意义的解释主要有强化学习理论（Reinforcement Learning Theory）和情绪动机理论（Affiactive Motivation Theory）两种。强化学习理论由 Holroyd 等（2002）在研究中提出，与 ERN 的强化学习理论类似，基底神经节的多巴胺将强化学习信号传输至前扣带回时诱发了 FRN 成分，不同的反馈结果影响了多巴胺神经元的相位，使 FRN 的振幅也产生了相应的变化。正性的反馈结果使多巴胺增加，从而抑制前扣带回的活动，由此诱发出的 FRN 振幅就比较小；反之，出现负性的反馈结果不会使中脑多巴胺神经细胞的电活动增加，而 ACC 的活动较强，从而诱发了较大的 FRN 振幅电压值。大脑系统据此对正确反应和错误反应有一个提前的预警，然后根据反馈结果对预期进行调整，从而调整接下来试次中的决策行为，这反映了大脑活动对决策行为的一个动态学习过程。FRN 的强化学习理论被提出后，得到了一些实验研究的证实，但是，也有一些研究结果对强化学习理论提出了质疑，这是因为强化学习理论所隐含的假设前提是 FRN 的诱发依赖于个体的决策行为。在 Yeung 等（2005）的研究中，研究人员告知被试者，他们在实验中不需要进行任何任务，只需观察计算机随机给出的一组赌博结果，但是实验结果还是发现计算机给出的输钱结果诱发了比赢钱结果更大的 FRN 振幅。基于这些疑问，有的研究者提出了其他的理论来解释 FRN 的产生机理。

情绪动机理论是一种对 FRN 进行解释的重要理论，也是受到更多研究者认可的理论。情绪动机理论认为 FRN 成分的波幅大小反映了大脑感知到的个体对当前反馈结果的情感与动机的强度。Gehring 等（2002）首次提出了 FRN 的情感

动机理论，在他们的实验中，被试者的任务是进行一个赌博，在每一轮赌局开始前给被试者5和25两个选项，如果被试者选择5，他有可能得到的反馈结果是“得到5块钱或者损失5块钱”；类似的，假如被试者选择的是25，反馈结果就有可能是“得到25块钱或者损失25块钱”。在实验前告知被试者，他最后能够获得的实验报酬与实验过程中每一轮赌局实际反馈的损失和收益相关，实验中赢得越多，他们最后能够拿到的实验报酬也越多。在被试者做出选择之后，电脑会随机给出反馈结果。该研究结果发现，在结果反馈阶段，输掉当前赌局的反馈结果会比赢得赌局的反馈结果在265毫秒左右诱发更大的FRN波幅。笔者认为这是一个有别于错误相关负波的新波形，反映了个体对刺激的情感和动机（见图2-5）。

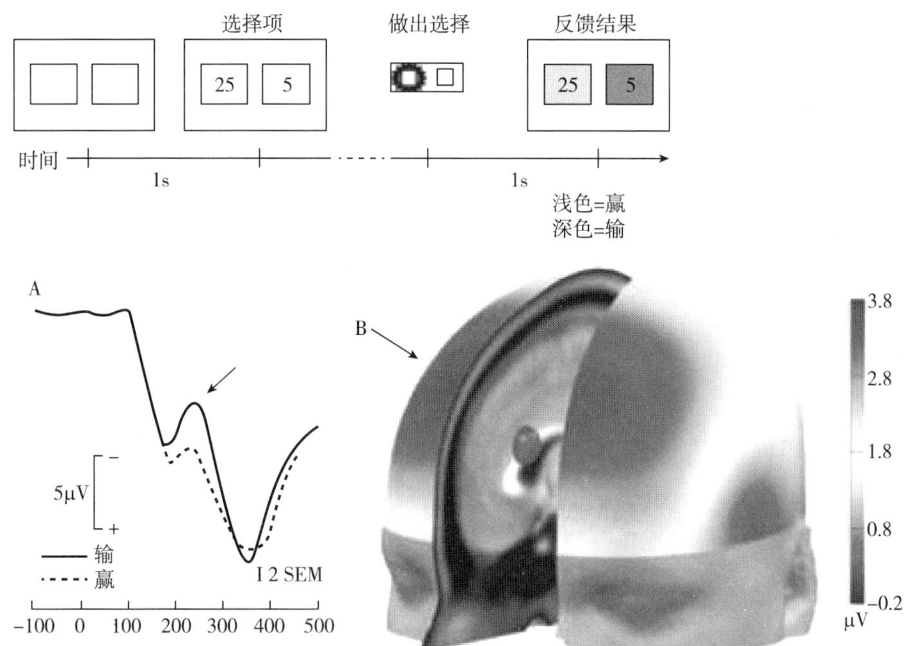

图2-5　Gehring W. J. 和 Willoughby A. R. 的赌局研究中的ERPs结果

资料来源：Gehring W. J., Willoughby A. R.. The Medial Frontal Cortex and the Rapid Processing of Monetary Gains and Losses [J]. Science, 2002, 295 (5563): 2279-2282.

此后的一些研究给出了FRN对刺激的情感和动机的反应更加直接深入的证据。Yu等（2006）的一个研究中，实验人员告知被试者在实验任务进行时，观察自己赌博任务的输赢以及他人赌博任务的输赢，这一研究结果发现，无论是观察自己的输赢还是他人的输赢，均诱发了显著的 FRN 成分，但是观察自己的赌博任务结果时诱发的 FRN 振幅明显大于观察他人赌博结果时的 FRN 振幅。在该研究中，在观察他人输赢结果时，被试者自己不需要执行任务，但是在这种情形下，也诱发了 FRN 振幅，这说明了 FRN 的诱发不一定与强化学习有直接的关系。此外，自己的输赢结果比他人的输赢结果所诱发的 FRN 振幅更大，这正好给出了 FRN 的情感动机理论一个很直接的证据，自己的输赢结果比他人的输赢结果包含了更强烈的情绪，因而诱发的 FRN 振幅会更大。Fukushima 等（2009）的研究进一步证明了这一点，在他们的研究中，比较了朋友的输赢结果和自己的输赢结果所诱发的 FRN 振幅，并将 FRN 振幅与问卷自报告的共情特征做了相关分析。在这个研究中实验者让被试者在自己完成赌博游戏任务的同时，也观察朋友完成赌博任务的结果，研究结果发现，观察自己和观察朋友的赌博结果都诱发了非常明显的 FRN 成分。在实验结束后让被试者填写共情特质问卷，把问卷结果与 FRN 振幅进行相关分析发现，在问卷中自报告共情程度越强的被试者，其 FRN 的振幅越高。该研究很好地说明了情感在 FRN 的产生方面起到了重要的作用。此后，Ma 等（2011）的另一项研究进一步证明了 FRN 在情感和动机方面的作用，他们的研究分为两个实验，在第一个实验中参与赌博任务的除了有被试者自己，还有被试者的朋友以及另一个陌生人，实验结果发现，被试者观察自己的输赢结果的 FRN 振幅显著大于观察朋友和陌生人的输赢结果，而对于朋友和陌生人的输赢结果所诱发的 FRN 振幅，却无显著差异。有趣的是，在他们的下一个实验中，被试者自己不参与赌博任务，仅仅是观察朋友和陌生人的输赢结果，这种情况下，观察朋友的输赢所诱发的 FRN 振幅显著大于观察陌生人输赢结果诱发的 FRN 振幅。这个实验结果显示，被试者自己是否参与实验任务，会影响到个体对他人结果的大脑神经反应，这更加说明了 FRN 振幅受到被试者情感和动机的影响，并能够敏锐地反映这种情感和动机的变化（见图 2－6）。

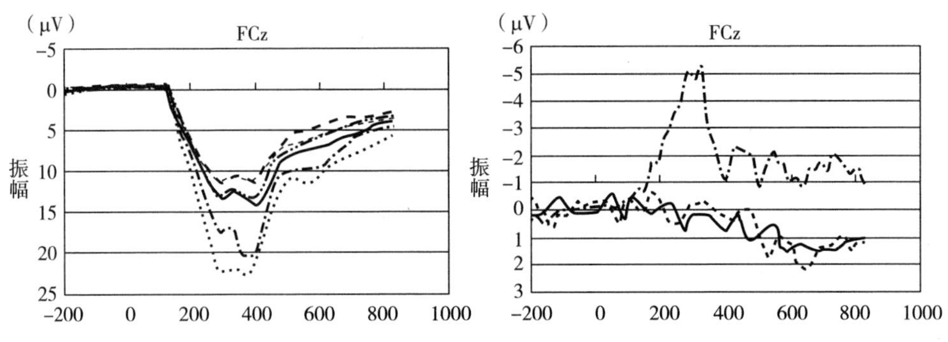

图 2－6　Ma 等共情研究的 ERPs 结果

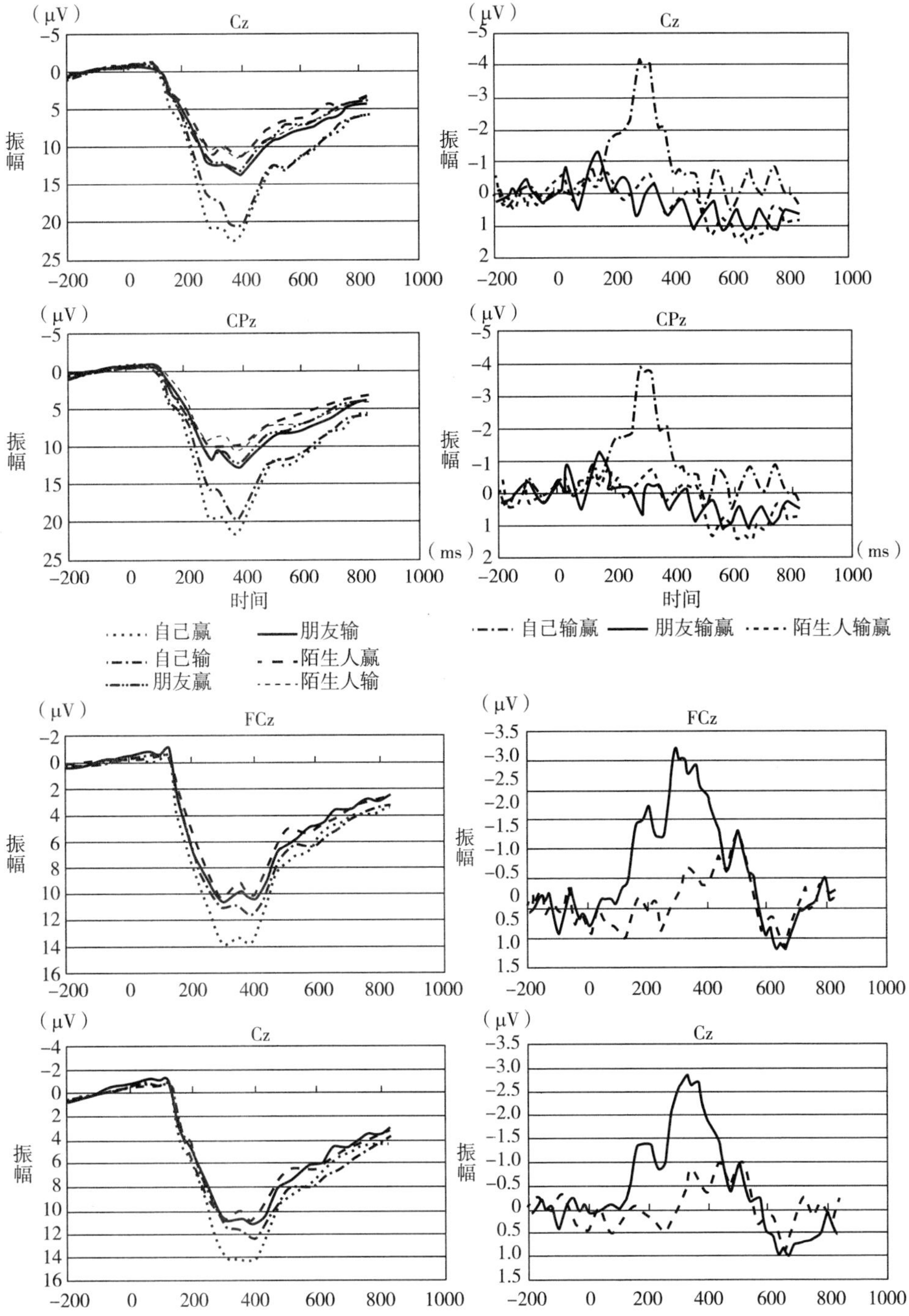

图 2-6 Ma 等共情研究的 ERPs 结果（续）

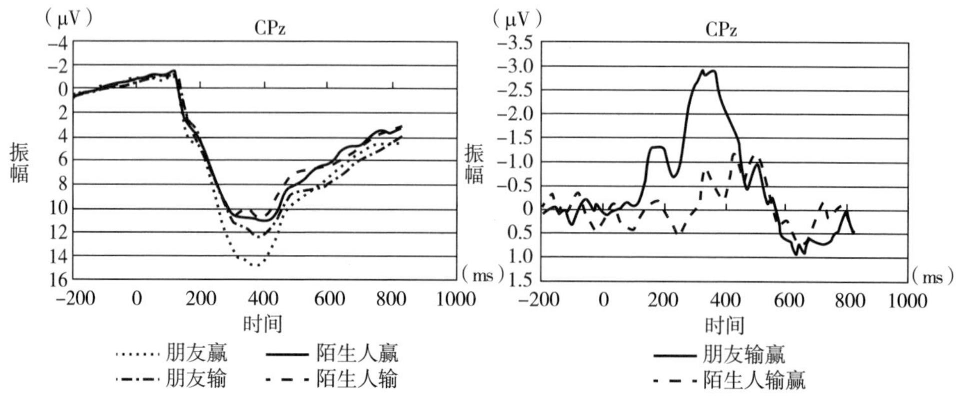

图 2-6 Ma 等共情研究的 ERPs 结果（续）

资料来源：Ma Q. G., Shen Q., Xu Q., et al. Empathic Responses to Others' Gains and Losses: An Electrophysiological Investigation [J]. Neuroimage, 2011, 54 (3): 2472-2480.

FRN 成分的情感动机理论说明了 FRN 反映的是个体对反馈结果的主观价值评估而不是客观价值评估（Gehringj, 2002; Yeung et al., 2005）。Luo 等（2011）开展的研究直接证明了 FRN 是对主观价值评估的反应，他们基于 Near-miss 效应来研究 FRN 振幅变化与损失发生后被试者情感波动之间的关系。研究者在实验中发现，当反馈结果是 Near-miss 时，反馈结果所诱发的 FRN 振幅处于 Full-miss 和赢的结果之间。这说明被试者对于 Near-miss 和 Full-miss 的主观价值评估是有差异的，对 Near-miss 的价值评估大于 Full-miss。事实上，从客观的角度来看，Near-miss 结果和 Fulll-miss 结果本质上是相同的，都没有赢得当前这一轮。这就说明 FRN 不仅反映的是对结果好坏的粗略分类和评估过程，也反映了主观情感的影响。

Oliveira 等（2007）又对 FRN 的解释提出了新的理论假说——预期违反假说。预期违反假说认为大脑 ACC 区域的职能不是监测错误而是监测违反预期的事件，相应地，来源于 ACC 的 FRN 成分也应该是由于被试者实际得到的反馈与预期的不一致（不相匹配）所诱发的。也就是说，即使是正性的反馈结果，如果与预期不一致也会诱发较大的 FRN 振幅。但是大部分的实验结果仍然显示一般都是在负反馈的时候会诱发更大的 FRN 振幅，Oliveira 等对此的解释是由于被试者的过度自信倾向所造成的。Oliveira 等（2007）设计了两个实验来对预期违反假说进行验证，在第一个实验中，被试者需要对一个移动的光点进行按键反应，按键结束之后评估自己的结果，并按键作答，在这些完成后才会出现之前按键的反馈结果；在第二个实验中，实验者给予被试者同样的任务，但是在反馈结果出现之前没有让被试者对自己的结果进行估计，电脑直接给出了反馈结果。研究结果证实，只有发现自己的实际成绩与预测值存在偏离时才会诱发 FRN 成分，而与被试者实际的成绩好坏无关。FRN 的这一假说，与冲突监测理论对 ERN 的解释类似，在大脑区域上面，ERN 和 FRN 又属于同源，都来源于前扣带回。

可以看出，以上提到的文献基本都关注于 FRN 是否会对结果的效价敏感，但是对于反馈结果来说，除了效价之外还有幅度，也就是输赢的大小。Hajcak 等（2006）在研究中要求被试者参加一个赌博任务，在该任务中，被试者可能得到五种反馈结果，分别是 +25、-25、+5、-5 和 0，结果发现，FRN 振幅的差异仅体现在结果的输赢上，对输赢的大小不敏感（Hajcak et al.，2006）。孙世月和罗跃嘉（2008）在他们的实验中也发现了类似的效应，FRN 只对结果效价敏感，对结果幅度或预期强度水平都不敏感。这些实验结果都说明 FRN 反映的是对结果“好坏”的一个评价，而对“好坏”到什么程度却不能做出反应。

综上所述，FRN 与 ERN 同源，均来源于大脑 ACC 区域的一个负向偏移的 ERPs 成分，主要反映的是个体在主观上对反馈结果价值的评估，以反映被试者对刺激的情感和动机，但是 FRN 对结果好坏的程度不能做出评估。

2.3.2.4　SPN 成分

ERPs 成分刺激前负波（Stimulus - preceding Negativity，SPN）是出现在刺激呈现前 200 ~ 600 毫秒的负走向慢波，与对刺激的预期引起的注意力有关，最早是 Brunia 和 Damen（1988）在时间估算任务中发现的。估算时间任务是指让被试者在看到某项刺激材料之后在固定时间按键（如在 3 秒时），按键之后，等待一段时间（如 1 秒或 2 秒）之后再给出反馈结果，越接近这个固定的时间（如 3 秒），表现就越好。此后，大量的研究也发现了在被试者等待结果反馈前会出现典型的 SPN 成分（Brunia et al.，2012；Brunia & Van Boxtel，2004；Ma et al.，2017）。

为了进一步确认 SPN 的认知意义，加深对 SPN 的理解。Chwilla 和 Brunia（1991）的研究探究了注意力资源分配对 SPN 的影响。他们在时间估算任务中设置了三种不同情况的反馈，即真反馈、假反馈和无反馈。结果发现，只有真反馈能够诱发明显的 SPN 成分，这就证明了对有价值的信息投入注意力，是诱发 SPN 的关键要素（Chwilla & Brunig，1991a）。此后，他们又进一步探究了信息的可辨识性和算数的难易度对 SPN 振幅的影响，结果发现，这两种因数对 SPN 并无显著影响，而是与动机更加相关（Chwilla & Brunia，1991b）。在 SPN 被发现后的一段时间内，研究者开展了大量的相关研究，Boxtel 和 Böcker（2004）在《生理心理学》杂志上发表的论文总结了四种可以观察到的 SPN 成分，即任务完成情况的反馈信息、即将面对的任务的提示性信息、任务执行的目标或靶刺激材料以及带有情感、动机性的刺激材料。

综上所述，运用到本书关注的内在动机问题上，如果对任务的内在动机强，会使个体对结果更加重视，在等待结果的阶段，有可能分配更多的注意力。因此，SPN 成分能够反映刺激材料的动机性，让我们在反馈之前就能了解到个体的内在动机水平。

2.3.2.5 P300 成分

P300 又被称为晚期正电位，是在事件相关电位研究中一个非常重要且备受关注的脑电成分，被广泛用于研究人脑的认知功能。在社会认知神经科学相关的研究中 P300 一般出现在 FRN 成分之后，潜伏期在 300 ~ 600 毫秒（Sutton, Braren, Zubin & John, 1965）。P300 成分的脑区分布比较广泛，从前额到大脑后部都有可能产生 P300 成分（Bartholow & Amodio, 2009）。但是，P300 振幅在大脑前额区域和大脑后部区域是不同的，很多研究都证实了大脑后部的振幅会比前额的振幅更大（Bruin & Wijers, 2002; Nieuwenhuis et al., 2005; Polezzi et al., 2010），因此，在统计分析中，一般对 P300 分析都选取大脑后部的电极点位。在认知神经科学中，Sutton 等（1965）通过一个声调识别任务首次发现了 P300 成分。自发现 P300 成分以来，国内外众多学者对其认知意义和特征进行了大量研究，这些研究成果综合起来可以得出 P300 与人类的感知、注意、记忆、理解、思维及智能等高级认知加工功能和心理活动相关（欧小凡等，2010）。具体来说，就是 P300 成分的振幅和潜伏期等会受到被试者实验过程中的精神状态、实验任务、刺激显著性、注意力集中程度等因素的影响（Hansenne, 2000），因此，研究者可以通过定量观测 P300 的振幅和潜伏期的长短来研究被试者对刺激的认知加工过程和心理活动。

在社会认知神经科学中，很多研究都发现 P300 反映了注意力资源的分配情况。Donchin 等（1986）的研究以及其他一系列研究结果也都证实了 P300 成分与刺激加工过程中的注意力资源分配有关。研究者运用双任务模式来探索 P300 与注意力资源分配之间的关系，大量双任务实验范式的研究结果均证实了 P300 的振幅会受到注意力资源分配多少的影响。在双任务模式中，当干扰任务的执行要求较低时，完成该任务就不需要占用过多的注意力，实验任务就能分配到较多的注意力，由此诱发出一个较大的 P300 振幅，其潜伏期也会更短；相反的，当干扰任务的执行要求较高时，干扰任务会占据较多的注意力资源，实验任务占用的注意力资源就减少，其诱发的 P300 振幅也较小，潜伏期较长（Kok, 2001; Polich, 1987）。

在本书中，所涉及的研究均属于单一刺激的决策任务，在以往类似的单一刺激决策任务中，也发现了 P300 振幅与注意力资源分配的关系。例如，在 Leng 和

Zhou（2010）的一项研究中，被试者除了要参与到一个赌博任务中，还要被动地看自己的一个朋友以及另一个陌生人在同一赌博任务中的输赢结果。研究结果发现，在自己朋友进行赌博任务时，与朋友收益有关的反馈结果所诱发的P300振幅更大，而在陌生人进行赌博任务时，与陌生人收益相关的反馈结果所诱发的P300振幅更小，该文笔者对此做出的解释是，由于被试者对朋友有更加强烈的共情，因此被试者更加关注朋友的输赢反馈结果从而付出了更多的注意力。在研究外在物质激励对内在动机剥夺的实验中，研究者采用的是停表任务，研究表明停表成功的反馈结果会比停表失败的反馈结果诱发出更大的P300振幅，在对反馈结果效价评估的过程中，被试者更乐于看到停表成功的结果（Ma et al.，2014）。在结果反馈阶段，P300常常伴随着FRN一起出现。在一项研究中，设计了一系列乘法和加法的计算任务，每一道题给出了最长10秒的作答时间，相比加法，完成乘法运算需要实验参与者付出更多的努力。研究发现，尽管加法和乘法任务的正确率都在80%以上，但人们更急于了解自己在乘法任务中的表现，人们也更为珍视付出努力之后获得的胜利果实，乘法任务的正性反馈诱发的FRN和P300振幅更大，人们主观上对乘法任务得出的正面结果给予了更多的注意力分配（Wang et al.，2017）。这就很好地说明了对于有较强情感的刺激，被试者会对该刺激分配更多的注意力资源，由此诱发出更大的P300振幅。Itagaki和Katayama（2008）的研究以及Fukushima和Hiraki（2006，2009）的研究都发现了P300这一认知现象，即由于个体一般会对与自己相关的刺激产生较为强烈的感情，因而与被试者相关的刺激会诱发出更大的P300振幅。

综上所述，不同任务诱发的P300成分以及不同实验阶段出现的P300成分能够反映不同的认知意义，而P300振幅的大小，也受到众多因素的调节。但是，本书所涉及的研究主要关注的是任务反馈阶段的P300，该阶段的P300振幅反映的是被试者对反馈结果注意力资源的分配，受到情绪和动机的调节。

2.3.3 内在动机问题的认知神经科学研究

前人对动机的研究既有实验室研究也有现场研究，动机理论的发展正是依托于这些研究成果。进入21世纪以来，科学技术得到了极大的发展，为自然科学技术在其他学科领域中广泛应用提供了硬件条件，学科之间的交叉研究成为一个新兴的研究热点，在经济管理领域也不例外。随着神经科学技术和相关理论，尤其是无创认知神经科学技术的发展，过去10余年间，神经科学与管理科学、经济学等学科的交叉领域不断出现，先后出现了神经经济学（Camerer，Loewenstein & Prelec，2005；Glimcher & Rustichini，2004；Loewenstein，Rick & Cohen，2008）、神经营销学（Neuromarketing）（Carmichael，2004；Morin，2011）、神经管理学

（Neuromanagement）（马庆国和王小毅，2006a，2006b）以及决策神经科学（Decision Newoscience）（Ariely & Berns，2010；Fugate，2007）等交叉学科，众多研究者为这些交叉学科领域做了很多突出贡献。

关于激励理论中动机的研究是经济管理中一个备受关注的话题，因此，也有研究者开始运用神经科学的技术来对该领域的问题进行研究，但是由于该领域的研究尚处于萌芽阶段，相关研究比较少。在动机的内外关系研究中，最具代表性的是日本学者 Maramaya（2010）发表在 PNAS 上的一项研究。由于神经科学的研究往往需要大量的叠加次数，因此在 Maramaya 等的研究中，选取了一个简单便于重复，并有一定趣味性和挑战性的秒表按键任务，采用功能性核磁共振技术来进行实验。该实验包含两种秒表按键任务，一种是具有强内在动机的 5 秒按键任务，被试者按键后秒表停止，他们的任务是尽量将秒表停止在接近 5 秒的位置，如果停止在 4.97～5.03 秒则为赢得这一轮；另一种是弱内在动机的停止按键任务，被试者仅需在秒表自动停止之后按键进入下一轮，反馈结果无输赢之分。实验人员招募了 28 名在校大学生，将其平均分成奖赏组和控制组，每组 14 人。两个被试组的被试者均需要进行两个阶段的实验任务，每个阶段需要进行 60 次 5 秒按键任务和 30 次停止按键任务。奖赏组被试者和控制组被试者之间的区别在于每个阶段的报酬方式，对于奖赏组被试者来说，在实验的第一阶段，他们的报酬与其绩效有关，实验过程中 5 秒按键任务正确次数越多，收益越高，而实验的第二阶段是固定报酬，与其在实验中的表现无关；控制组被试者在两个阶段的实验中均是固定报酬。此外，在每个阶段的实验中，都设置了自由选择阶段，每个阶段的任务结束之后，将被试者从核磁共振室中带入一个休息间，告知他实验人员需要为下一个阶段的实验做准备，他可以在休息间中休息或者练习刚刚的两个实验任务（见图 2－7）。

研究者收集了自愿选择阶段的行为以及完成任务过程中的大脑脑区活动情况。对行为数据的分析发现，奖赏组在第一阶段和第二阶段的自由选择阶段完成任务的次数均少于控制组，而对于停止按键任务，则没有表现出组间的差异（见图 2－7C）。而对于功能性核磁共振数据的分析则发现，在任务执行过程中，大脑的纹状体被激活了，在第一阶段，奖赏组的纹状体激活程度强于控制组；在第二阶段，则出现了相反的结果，奖赏组的纹状体激活程度比控制组弱（见图 2－8）。为了进一步说明大脑激活情况与行为数据之间的关系，研究者也将行为数据和大脑层面的神经指标做了相关分析，结果发现，奖赏组自愿选择阶段完成任务的次数与大脑激活情况具有显著的负相关性（见图 2－9）。这说明了外部动机对内在动机的破坏作用不仅表现在行为上，也表现在大脑活动上，并且两者得到的结果是一致的。

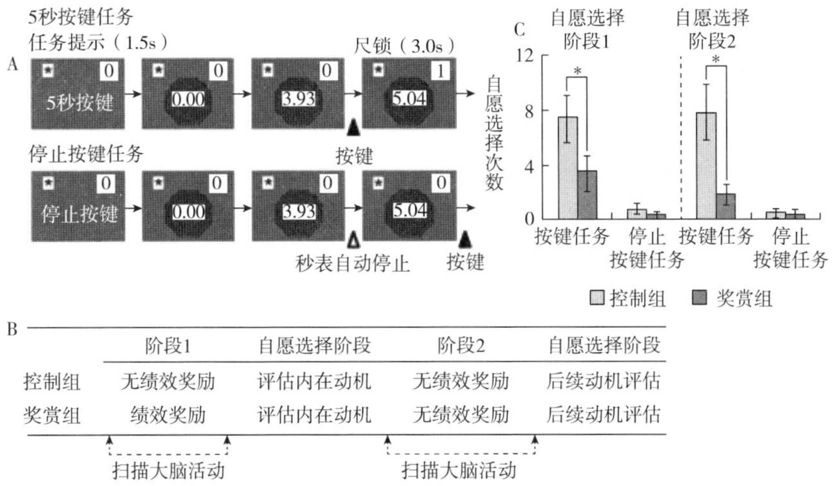

	阶段1	自愿选择阶段	阶段2	自愿选择阶段
控制组	无绩效奖励	评估内在动机	无绩效奖励	后续动机评估
奖赏组	绩效奖励	评估内在动机	无绩效奖励	后续动机评估

图 2-7　秒表按键任务实验范式、实验设计以及行为结果

资料来源：Murayama K.，Matsumoto M.，Izuma K.，et al. Neural Basis of the Undermining Effect of Monetary Reward on Intrinsic Motivation［J］. Proceedings of the National Academy of Sciences，2010，107（49）：20911－20916.

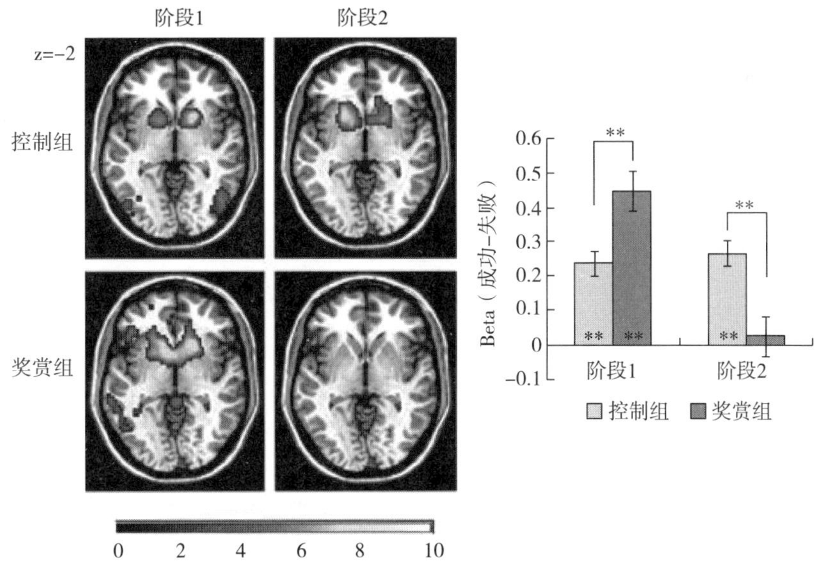

图 2-8　功能性核磁共振数据结果分析——大脑纹状体激活情况

资料来源：Murayama K.，Matsumoto M.，Izuma K.，et al. Neural Basis of the Undermining Effect of Monetary Reward on Intrinsic Motivation［J］. Proceedings of the National Academy of Sciences，2010，107（49）：20911－20916.

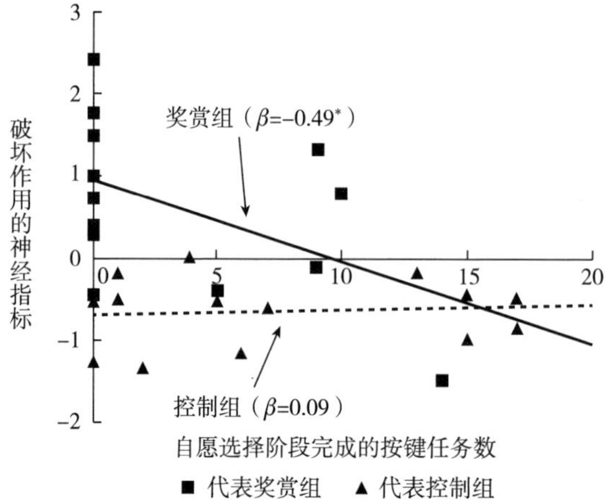

图 2-9 行为数据和功能性核磁共振数据的相关性分析

资料来源：Murayama K., Matsumoto M., Izuma K., et al. Neural Basis of the Undermining Effect of Monetary Reward on Intrinsic Motivation [J]. Proceedings of the National Academy of Sciences, 2010, 107 (49): 20911-20916.

知名行为经济学家 Camerer（2010）随后撰文对该研究做出了评价，高度赞扬了该研究的工作。Camerer 认为由于众多客观原因，动机的强度往往难以被定量化测量，Murayama 等的研究为动机的定量化测量提供了一个很好的视角和工具，而内外动机的关系问题也是经济管理中一个非常重要的研究点，是对实践有很大指导意义的课题。Murayama 等的研究对于理解外部动机对内在动机的破坏作用有很大的帮助，并且在未来的研究中，可以继续使用神经科学的方法技术，对该主题的内容进行深入研究，如研究性别、年龄等之间的差异问题。

Murayama 等的开创性研究为内外动机的研究打开了新的思路和新的研究视角，对于未来研究内外动机的关系具有很大的启示作用。但是，认知神经科学技术仅仅是一种可以帮助我们更好地理解个体行为背后的大脑认知机制的有效研究工具。掌握该技术虽然有一定的门槛，但真正的难点在于找到合适的研究问题和研究方案。因此，Murayama 等这一开创性研究的意义在于指出了在任务执行中，对反馈结果加工的大脑活动可以客观地反映个体的内在动机水平，这为后续的研究提供了新思路、新视角和新路径。

因此，在 Murayama 等的研究基础上，一些研究者进行了更加深入的研究。例如，Allbrecht 等（2014）也运用 FMRI 技术研究了外部因素的口头鼓励对内在动机的影响。实验采取了实验组和控制组的组间设计，每个组都要进行三个阶段的固定报酬任务，每个阶段被试者都需要完成多次实验任务。实验组和控制组的不同之处在于实验组的被试者在第二阶段每次获胜时，可以获得口头奖励这一正性反馈信息。最终的研究结果发现，口头奖励可以加强个体的内在动机水平，甚至会有持续加强作用，反映在实验组被试在第二阶段和第三阶段纹状体激活程度的加强（Albrecht et al.，2014）。DePasque 等（2015）同样应用 FMRI 技术研究了动机性访谈对个体内在动机的影响问题。该实验划分为两个阶段，在两个阶段的中间，加入了动机性访谈阶段。动机性访谈由美国心理学家 Miller（1983）提出，可以通过探索和解决个体在任务执行过程中的矛盾，最终增加其内在动机（Miller & Rollnick，2012）。研究结果发现，动机性访谈之后，个体在第二阶段的实验过程中，内在动机明显增强，也反映在大脑纹状体激活程度的增强上。这些研究都进一步证明了任务执行结果反馈阶段的大脑纹状体激活程度可以客观地反映个体的动机强度。

FMRI 技术具有较高的空间精度，能够反映与认知加工相关的脑区。但是，FMRI 技术的时间精度比较低，通常只能研究耗时在两秒以上的认知加工过程。与 FMRI 技术相比，ERPs 技术具有较高的时间精度，可以达到毫秒级。人类的动机形成是一个非常复杂的过程，任务结果的反馈阶段只是其中的一个重要阶段。通过 ERPs 技术的研究，可以在时间进程上表征个体内在动机水平的变化过程，更加全面地研究个体的内在动机问题。

综合而言，事件相关电位技术应用于内在动机研究，为学者开辟了一个新的视角，而这些研究所提炼的认知神经指标，为内在动机的量化和变化提供了科学的衡量标准和证据。

3 理论框架以及研究构思

本章主要关注本书研究的理论框架，并基于该理论框架对四项子研究进行构思，最后对四项子研究进行总结。

3.1 研究的理论框架

根据第二章文献综述部分对激励理论、动机理论的综述可知，对激励理论和动机的研究都经历了从行为到认知的发展阶段。但是在对激励的研究中，大多数管理学者的研究仍然单纯地把激励当作是对动机激发的过程，而未考虑不同的激励方式对不同类型动机的激发作用以及不同类型的动机之间的相互影响关系。而在心理学对动机的研究中，很多学者根据不同的分类原则将动机进行了分类，例如，根据动机的来源，将动机分为内在动机与外在动机两种，这种分类方式已经得到了很多研究者的认可，并通过相关的研究证实了存在两种不同类型的动机，心理学中对这两种动机的关系进行了很多研究，取得了一些非常有意义的研究成果。例如，美国心理学家 Deci 等（1971）招募在校大学生作为被试者，通过三个实验对内在动机与外在激励的关系进行了研究，他们的结果发现，金钱激励对被试者的内在动机有减弱作用而口头表扬等无形的精神激励对内在动机有加强作用。之后的很多研究也都证实了这一点，也就是说，在动机中，内在动机和外在动机是不同的两种动机，并且两者之间会相互影响。

然而，从对激励理论的综述中，我们可以看到，在激励理论的相关研究中，并没有把动机分成内在动机和外在动机两类进行研究。而事实上，作为社会性的人对动机的理解并不是这么简单。因而，我们认为在对动机的研究中，需要全面考虑内在和外在两个方面的因素。因此，本书在以往经典激励过程的基础上，提出了本书的理论模型（见图 3－1）。我们将动机分成内在动机和外在动机两个维

度，内在动机是任务本身具有的，会受到个体本身的特征、工作特征以及社会环境特征等因素的影响；而外在动机是外力驱使的，会被有形的物质激励和无形的精神激励所激发；同时，内在动机和外在动机之间又会相互影响。本书关注的是内外动机的影响关系以及不同类型的外部激励所诱发的外在动机对内在动机的不同影响。

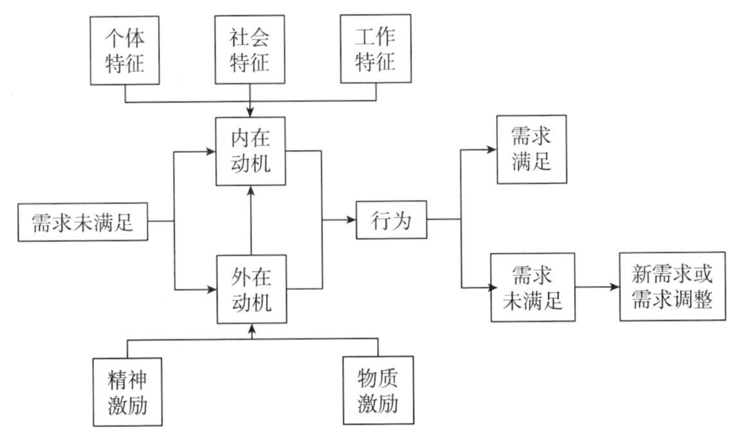

图 3－1　本书的理论模型

资料来源：笔者整理得到。

在理论层面，虽然用于解释内在动机的理论很多，例如，心流理论、成就目标理论等。但是，在对内在动机和外在动机关系的研究中，现有的研究大多基于自我决定理论来开展。自我决定理论相比于心流理论等其他动机理论，也更加适用于对工作场景中的内在动机的研究。因此，本书拟基于自我决定理论，在激励理论的框架下对外在动机和内在动机的关系进行研究，并对研究结果进行解释。

在研究方法的选择上，本书选取了认知神经科学技术中具有高时间精度的事件相关电位技术。事件相关电位技术是一种当外界的特定刺激对感觉系统或脑的某一部位起作用时，在相应脑区所引起的电位变化。它为打开大脑功能这一“黑箱”提供了一种较为客观且简便可行的方法，其对于脑电信息的记录可以精确到毫秒级，具有时间分辨率高的特点，有助于从时间维度上把握刺激在时间进程上的变化（Luck，2005）。

综上所述，本书基于社会认知神经科学，采用事件相关电位技术来研究激励理论中内外动机的关系及其脑电特征。主要从两个方面入手：一是运用事件相关电位技术研究不同类型任务的内在动机强度及其脑电成分表征；二是在回答第一个问题的基础上，进一步通过一种强内在动机的任务，并结合事件相关电位技术来考察不同类型的外部激励所诱发的外在动机对内在影响以及两者不同的神经机理。

3.2 研究构思设计：四项子研究

3.2.1 研究一的构思设计

3.2.1.1 设置研究一的理由及目的

研究一是本书的第一项研究，其设置目的是在前人的研究基础上对研究问题进行扩展，并进行更加深入的研究，并且为后续研究奠定基础。具体可以分为以下两点：

（1）与已有的行为结果做比较，寻找内在动机相应的神经科学指标。前人对于激励中动机问题的研究取得了大量成果，他们认为动机是对个体主观的一种心理状态，从大脑层面对动机进行实时、客观的测量，能够更加直接地反映出个体的动机水平，理解个体动机是如何被激发的，并揭示动机产生的内在机制。在以往研究中，由于技术水平所限等原因并未考虑在大脑层面探寻动机的神经科学指标。为了弥补这一空白，在以往的研究基础上，我们运用事件相关电位技术对动机的神经机理进行研究，考察动机在大脑神经水平上的表征，以证实在当前的激励背景下，不同的任务确实会给个体带来不同的动机水平。

（2）实现对动机强度的定量化测量，为后续研究内在动机的影响因素做铺垫。本书的研究主题是从大脑层面研究激励中外在动机与内在动机的相互影响，以往的相关研究数量很少，在神经科学层面的研究更是少之又少，无法从文献中得到是否存在某种大脑活动指标可以客观、准确地反映动机的强度。此外，由于动机具有主观性，对动机的定量化测量一直是动机理论研究中的难点问题，通过在大脑水平上对动机的强度进行测量是可能实现动机定量化测量的一种行之有效的方法。因此，要有一个独立的研究来找寻可以反映动机强度的神经科学指标，以实现动机的定量化测量。这样后续的研究才能比较外在激励赋予前后的内在动机的变化情况。研究一的另一个研究目的就是为后续的研究二、研究三和研究四奠定研究基础。

3.2.1.2 研究一的方法选择

根据研究一的研究目的，该研究采用的研究方法需要满足两个条件：一是能

够有效地反映出个体对某项任务的动机强度；二是能够观察到与动机强度相关的神经机制。

该研究是为后续对内在动机影响因素的研究做铺垫，由于动机强度难以量化，因此该研究拟采用决策神经科学的研究方法来提取大脑活动强度，以作为动机强度的客观指标。在常用的社会认知神经科学方法中，事件相关电位技术能够反映个体对某种事物的认知加工过程，也能够在大脑层面反映出个体的心理活动，并可以对活动的强度进行定量化的测量和分析，因而运用该技术来研究动机强度的心理过程是一种较为合理的研究方法。此外，由于 ERPs 设备有很高的时间精度，能够有效地记录完成任务瞬间以及任务结果反馈瞬间的大脑活动，并且具有无损伤、易于操作等特征，因此，研究一选择 ERPs 方法进行研究。

3.2.1.3　研究一的主要内容

根据研究一的研究目的，可以将研究内容分为以下几个方面：

（1）研究不同有趣程度的任务给个体带来的内在动机的强度是否不同。

（2）如果内在动机强度有所不同，那么在大脑水平上是如何表现出来的。

（3）通过 ERPs 实验为内在动机的强度找到神经科学指标，实现动机强度的定量化测量，为后续的研究做铺垫。

3.2.2　研究二的构思设计

3.2.2.1　设置研究二的理由及目的

研究二是本书的核心内容之一，概括来说，该研究的目的是运用事件相关电位技术从大脑层面来探索物质激励对内在动机的影响作用。具体分为以下几个方面：

（1）已有研究存在误区，认为要激发个体的工作动机，就是给予其物质激励，但是很少关注物质激励对任务本身原有动机的影响，尤其是在物质激励被撤销之后。本研究探索的是物质激励是否会对原有内在动机产生影响。如前文所述，以往关于激励的研究都指出激励是对个体动机的激发，当激励被撤销时，被激发的行为将不再持续。但很少有研究关注，当激励被撤销时，会对任务本身所具有的内在动机产生什么影响。有一些相关研究甚至认为，激励被撤销之后，个体的动机水平会回到激励前的水平。已有社会心理学方面的研究通过对儿童行为的研究指出，在外在的物质奖励被撤销之后，个体对有趣任务的内在动机甚至会下降。因此，本研究的目的之一就是在一般群体内研究外在激励是否会影响到任务本身的内在动机，以及会产生什么样的影响。

（2）已有关于内在动机与外在激励关系的研究通常以行为层面的结果来作为动机的强度指标，而这一类指标对动机强度的反应并不敏锐，对于某些任务，甚至不能反映出动机的强度，也无法真正地测量任务进行过程中的动机强度。如文献综述中所述，在社会心理学研究中，往往以完成任务之后被试者对自身动机强度的自报告或者在任务完成之后自愿参加任务的时间来作为动机的强度指标。但是用这两种方式测量出来的动机强度的准确性和敏感性遭到了质疑，在很多研究背景和实验任务中也不适用。因此，我们考虑用一种对动机变化更加敏感和准确的方法来研究该问题。本研究中采取认知神经科学中的 ERPs 技术，用大脑活动的生理指标来观察动机强度，使观测相对客观、灵敏，并实现对任务进行过程中的动机强度的实时测量。

（3）已有关于物质激励对内在动机影响作用的研究仅仅停留在行为层面，因而其认知机理尚不明确，本研究的最后一个目的就是研究内在动机受到外在激励影响的神经机理。要深入研究问题，除了研究其行为层面的表现外，也需要对其内在的神经机理进行研究，这有助于深入理解问题和发展相关理论，也有助于为研究问题提供新的视角。因此，在本研究中，研究激励问题中动机变化的神经科学对激励中动机问题的认识和深入了解有积极的作用，有助于揭示外部动机影响内在动机的神经机制，也有助于激励理论的发展以及新的激励理论在管理实践中的应用。

3.2.2.2　研究二的方法选择

根据研究目的，本研究需要选择神经科学中的工具来测量大脑活动的生理指标。如研究一的方法选择，ERPs 设备与其他神经科学设备相比，有其优越性，能满足本研究的需要，并且使用方便，因此，本研究选用事件相关电位法来对大脑的活动进行探索。

3.2.2.3　研究二的主要内容

根据研究二的研究目的，可以将研究内容分为以下两个方面：

（1）外在的金钱激励对内在动机存在什么样的影响。

（2）金钱激励对内在动机的影响在大脑水平上是如何表现出来的，其神经机理又是什么。

3.2.3　研究三的构思设计

3.2.3.1　设置研究三的理由及目的

研究三是本书的另一块核心内容，其研究目的是运用社会认知神经科学的方法来探索精神激励，例如，社会比较对内在动机的影响作用。具体分为以下两个方面：

（1）已有研究重点关注的是物质激励对个体工作动机的激发，对精神激励的关注较少，精神激励影响内在动机的相关研究更是少之又少，因此，本研究的

开展填补了这一空白。激励形式单一是企业管理中的一个激励误区。在理论研究中，也存在这个问题，即片面关注何种物质激励方式可以有效地激发个体的动机。但随着现代社会的发展，物质需求供不应求已经不是人们的主要矛盾。人们逐渐开始更多地关注物质以外的其他需求，这就需要激励方式也随之改变。奖励可以分为物质奖励和精神奖励，所以除了物质激励之外，我们也需要考虑精神激励是否会对内在动机产生影响，其又会产生什么样的影响，相应的内在机制又是什么。本研究的开展正是对这些问题的回答。

（2）与研究二类似，本研究的另一个目的就是研究内在动机受到外在精神激励影响时的神经机制。本书在精神激励对内在动机影响的研究中，运用神经科学的方法对其进行定量化探测，以从现象深入到本质来对问题进行研究。此外，在研究二物质激励对内在动机神经机理研究的基础上，研究精神激励对内在动机神经机理的影响过程，从而在大脑层面上比较两种激励方式对内在动机的影响是否存在不同的神经机理和心理过程。

3.2.3.2 研究三的方法选择

研究三也采用 ERPs（事件相关电位技术），选择该方法的理由与研究二类似，这里不再赘述。

3.2.3.3 研究三的主要内容

根据研究目的，可以将其主要内容分为以下两个方面：

（1）研究除了物质激励之外，精神激励对内在动机存在什么样的影响。

（2）精神激励影响内在动机的神经机制。

3.2.4 研究四的构思设计

3.2.4.1 设置研究四的理由及目的

研究四的研究目的是在上述研究的基础上，进一步验证研究三的结果以及对研究三的结果进行解释。运用社会认知神经科学的方法来探索自主性社会比较所带来的精神激励对内在动机的影响作用。具体分为以下两个方面：

（1）已有对精神激励影响内在动机的相关研究较少，本研究在研究三基础上，从不同的决策阶段探究了自主性社会比较对内在动机的影响。在日常生活中，人们常常参与到社会比较之中，通过比较彼此的能力、成果等，来更好地评价自己。社会比较虽常见，但其表现形式不同。在特定环境中，社会比较是显性的、客观存在的。如在工作场景中，员工的工资不仅取决于他们的工作绩效，也可能取决于相对绩效。在其他情况下，社会比较可能是隐性的、自发的。如本研究的双人联机任务，一方面，被试者可自由选择是否查看对方的任务表现；另一方面，在没有被告知的情况下，被试者自身的任务表现也可随时被对方获得。因此，本研究更加符合真实的管理场景。

（2）本研究的另一个目的是研究内在动机在不同决策阶段的神经机制。本研究在对外部物质和精神激励影响内在动机的研究中，运用神经科学的方法对决策结果反馈阶段的大脑活动进行定量化测量，进一步探究决策进行中以及决策结果反馈前的大脑神经活动，以期了解决策全过程中外部因素影响内在动机的机制。

3.2.4.2 研究四的方法选择

研究四也采用事件相关电位技术，选择该方法的理由与前三项研究类似，这里不再赘述。

3.2.4.3 研究四的主要内容

根据研究目的，可以将其主要内容分为以下两个方面：

（1）在更加符合实际的管理场景中，研究自主性社会比较对内在动机存在什么样的影响。

（2）在不同的决策阶段，研究外部激励影响内在动机的神经机制。

4 动机强度的脑电信号表征

4.1 研究目的

在对激励问题的研究中，大部分的激励理论都关注于如何运用外部刺激去激发个体的整体工作动机，使个体的行为按照管理者期望的方向转变。但是，在心理学和行为学的研究中，研究者将动机分为内在动机和外在动机两种。在实际工作中，除了外在激励能够使个体产生工作的外在动机外，工作任务本身和个体本身的特征也会影响个体工作的内在动机，并且这种内在动机会受到外部激励的影响。由于内在动机相对于外在动机更加难以观察与量化，因此研究该问题也存在一定困难，以往的研究对此的关注也不多。尤其是在管理学领域，研究者和管理者常常会忽视内在动机。本书拟运用社会认知神经科学的方法，通过观测大脑活动来研究工作任务本身的特征对工作内在动机的影响及其背后的神经机制。具体有以下三个研究目的：

一是根据前人研究个体内在动机强度的方式，研究在行为层面上，同一被试者对不同类型的工作任务所表现出来的动机差异。在社会心理学中，研究者对内在动机强度的判断标准是强制完成任务之后，个体在自由等待状态下，自愿完成该任务的次数或者时间长度（Freechoice 的次数或者时间）（Deci et al.，1999；Deci & Ryan，1980）。这一类的研究一般采用行为实验的方式进行。类似的，本研究也在强制完成实验任务之后设置了 5 分钟的等待时间，在这段时间内，实验参与者可自行决定继续进行某项实验任务或者选择等待休息，我们从行为角度来观察不同任务类型的内在动机强度。

二是除了从行为层面上观察个体对不同类型任务的内在动机差异之外，本书也关注动机的神经机制，以寻找能够表现动机强度的脑电指标。因此在研究中，在被试者完成实验任务的同时记录其头皮表面的神经元放电活动。如 2.3 节所述，根据以往的神经科学研究，可以通过大脑头皮表面的放电活动来观察被试者对某种事物的情绪、注意力程度以及认知情况等。因此，我们观察了任务提示阶段、任务执行阶段以及结果反馈阶段的脑电数据，以在大脑层面上观测到动机强度的神经指标。

三是为后面的研究做铺垫。后续研究将关注物质及精神激励对任务本身带来的内在动机的影响。因此要选取一种有效的任务，并且个体对这种任务的内在动机比较高，如果任务本身给个体带来的内在动机不强，那就很难研究外界因素对其的影响。此外，由于后续神经科学研究的设备受限，无法在每个阶段的实验结束之后收集自由选择（Free Choice）阶段的行为数据，因此本研究寻找到的表现动机强度的神经指标，也将是后面两个相关研究中观测动机强度的研究指标，以实现动机强度的定量化测量。

4.2　研究假设

从第二章的文献综述可以发现，在管理学、心理学和社会认知科学中，现有的关于激励和动机的研究大多数都采用现场研究、行为研究、理论研究或者案例研究的方法进行。采用的研究指标也没有涉及大脑层面的数据指标。因此，该研究将行为科学相关研究和社会认知神经科学的方法结合起来，将假设分为行为层面的假设和神经层面的假设两部分。

4.2.1　行为层面的假设

4.2.1.1　按键正确率结果的假设

在研究一的实验中设置两种不同类型的任务，“5 秒按键”任务和“停止按键”任务。5 秒按键任务要求被试者按键使秒表尽量停止在靠近 5 秒的位置，并且设置了正确的按键区间。如前文所述，任务本身带来的内在动机取决于个体对于活动本身的兴趣、完成活动的乐趣以及任务对人能力的挑战。因此，我们在设置正确按键区间时，以大部分被试者按键正确率在 50% 左右为标准。在预实验中，我们招募了 20 名在校大学生，每人完成 30 次 5 秒按键任务。通过统计分析，选定正确按键区间为 4.93 ~5.07。因此，在后面的正式实验中，被试者对 5 秒按键任务的正确率也应该接近 50%，从而得到如下假设：

H1：对于 5 秒按键任务，被试者整体的按键正确率均值接近 50%。

4.2.1.2 自愿选择阶段结果的假设

以往关于内在动机的研究多是采用行为研究的方法来进行的。Deci 等（1999）对内在动机与外在奖励关系的相关研究进行了元分析，他们统计了 128 个该主题的研究，在这些研究中关于内在动机强度的指标可以分为两种：一种是自愿选择阶段被试者完成任务的时间或者次数；另一种是被试者在任务结束之后自报告对任务感兴趣的程度。他们分析了这些论文对物质奖励是否会破坏内在动机的研究结果发现，自愿完成任务程度和自报告两种指标方式均可以观察到外在物质激励对内在动机有明显的破坏作用。但是，Cameron 和 Pierce（1994）对该主题的研究却仅发现只有自愿完成任务的程度这种内在动机的表征方式，才能观察到物质激励对内在动机的破坏作用。这说明在对内在动机与外在激励关系的研究中，研究者们普遍采取的是自愿选择和自报告两种方式来表征内在动机强度，这两种方式，尤其是自愿选择这种方式能够有效地从行为层面来表征内在动机的强度，是一个较为稳定有效的指标。

在本研究的设计中，我们采用自愿选择阶段被试者完成任务的意愿来作为行为层面内在动机的表征指标。由于本研究的两种任务具有不同的挑战性和趣味性，因此两种任务能给被试者带来不同强度的内在动机。根据以往类似研究的结果，我们得出如下假设：

H2：在自愿选择阶段，由于 5 秒按键任务本身具有较强的内在动机，被试者自愿选择 5 秒按键任务的次数会多于停止按键任务。

4.2.2 脑电层面的假设

本研究在被试者完成任务的同时，通过脑电设备记录被试者在完成任务时大脑神经元的放电活动，以探索内在动机的神经表征。虽然自愿选择阶段完成任务的意愿在行为实验中能够很好地表征内在动机，但是对于某些特定的任务或者实验场景，难以设置自愿选择阶段。此外，这种测量方式的灵敏性和准确性也有所欠缺。而通过测量大脑活动，在神经层面寻找内在动机的表征是解决这一问题的途径之一，在执行任务的同时，就能探测到内在动机的强度，而不需要到任务结束之后重新通过另一实验去探测，这样的结果更加准确可靠。大脑活动对外界刺激的敏感性也使这一测量方式能够准确探测到动机强度的微弱变化。

4.2.2.1 任务提示阶段的假设

在神经科学的研究中，往往在正式实验任务开始前就会设置任务或者实验情景提示阶段，并观察被试者在该阶段的大脑活动情况，这是一种探测被试者对该任务或者实验情景的态度的方法。例如，Randall 等（2011）的研究中，在原有的 Go/Nogo 范式的基础上增加了刺激出现之前的刺激提示阶段，以提示接下来出现的刺激是需要按键的靶刺激或者是不需要按键的非靶刺激，非靶刺激的提示比靶刺激的提示诱发了更大的N2振幅（见图4-1）。在其他类似研究中，也得到了相同的实验结论（Smith et al.，2007）。

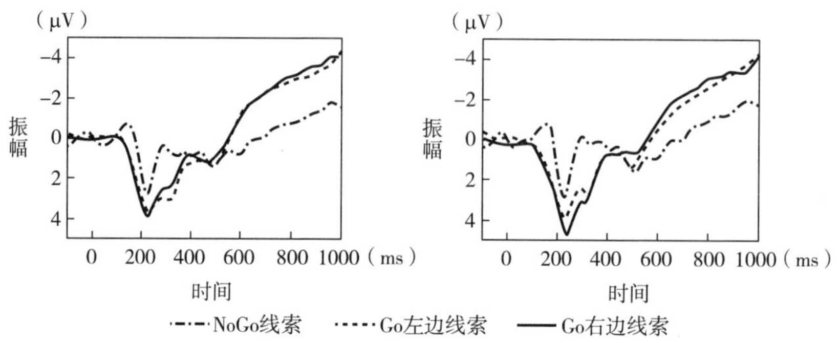

图4-1 刺激提示阶段ERPs波形

资料来源：Randall W. M.，Smith J. L. Conflict and Inhibition in the Cued-Go/NoGo Task［J］. Clinical Neurophysiology，2011，122（12）：2400-2407.

在2.3.2.1节中，我们讨论了N2成分的认知意义是反映了对认知冲突的监测，对于个体所期待的刺激会诱发较小的N2振幅。在上一段中所述的Cue-Target范式中，在刺激提示阶段，对刺激的提示也诱发了类似的N2反应。这说明刺激的提示同刺激本身一样，也会使个体产生认知冲突。在本研究中，由于包含了两种不同的任务，我们在实际任务开始前设置了任务的提示阶段，并且收集了被试者在看到任务提示时的大脑活动情况。我们希望通过这一阶段的大脑活动来观察被试者对两种不同任务的态度。根据上述研究综述和本研究的设计，我们得到如下假设：

H3：在任务提示阶段，由于5秒按键任务能给被试者带来更强的内在动机，被试者在任务提示阶段更期待看到的是5秒按键任务的提示，因此，停止按键任务会比5秒按键任务诱发更大的负波N2振幅。

4.2.2.2　任务执行阶段的假设

在第二章中，我们已经对ERN的认知意义进行了讨论，其主要涉及错误监测与冲突监测两个方面。以往的很多研究都对任务进行过程中，决策瞬间的ERPs成分进行了分析，探索其认知意义。例如，在Hewig等（2007）的一个研究中，实验人员让被试者与电脑玩家共同参与一个21点扑克牌游戏（Blackjack Gamble Task），该游戏的规则是所有玩家都可以无限制地向系统要牌，如果手中所有牌的点数之和在21点之下，点数高者胜出，如果牌的点数之和超过21点则为输。行为研究发现手中已有牌的点数越接近21点，被试者越倾向于不继续要牌。运用反应锁时的方法对要牌时刻的脑电成分进行分析，结果发现在做出继续要牌这一决策时，手中已有的牌点数之和大于17点时比手中牌点数小于17点时会诱发更大的ERN振幅。研究人员因此对ERN振幅大小和要牌的冒险程度做了相关分析，结果发现两者之间存在明显的正相关，这一研究证明了ERN振幅能够反映冲突监测，即冒险程度越大，要牌这一决策行为的认知冲突就越大，ERN振幅越大。在另一个关于投资与不投资决策的实验中，Yu等（2009）运用事件相关电位技术记录了被试者在做投资决策时的大脑活动。在实验中，被试者的任务是进行一个投资与否的决策任务，投资金额有大小之分，投资结果是获得投资额相应的收益或者损失投资额，被试者也可以选择放弃投资，则无损益。研究结果发现，在任务决策阶段，做出投资的决策比做出不投资的决策诱发了一个更大的ERN振幅，而进一步地，数额大的投资决策比数额小的投资决策诱发了一个更大的ERN振幅。基于此结果，Yu等提出了风险预警假说，该理论是在冲突监测理论的基础上发展起来的，其认为ERN成分的作用是对未来风险进行预警，让被试者对未来可能收益或者损失做好准备。但是，实际上，风险预警假说和冲突监测理论没有本质区别，如上述21点游戏中，也是高风险情景下的要牌决策会比低风险情景下的要牌决策诱发更大的ERN振幅。决策风险增大，决策所带来的认知冲突也会相应地增大，因此，我们认为ERN振幅的大小能够反映不同程度的风险所带来的认知冲突大小的不同。

在本研究的设计中，我们需要对两种不同的任务做出按键反应，对于停止按键任务，被试者只需要在秒表停止时做出按键，决策结果无对错之分，只是单纯的按键行为。在5秒按键任务中，被试者被要求使秒表尽量停在5秒处，停在某一特定的范围之内可以算作赢得这一试次。因此，在按键阶段，对于没有正误之分的按键行为，ERN振幅会比较小，而对于有正误之分的决策行为，由于担心错误结果的发生以及对错误结果风险的预警，会产生认知冲突，因而诱发较大的ERN振幅，因此，对于任务执行阶段的脑电结果，我们做出如下假设：

H4：在任务执行阶段，被试者执行5秒按键任务会付出更多的认知努力，表现在按键时刻的ERN振幅增大。

4.2.2.3 任务结果反馈阶段的假设

在决策过程中，决策完成之后，下一个阶段就是决策结果的反馈阶段。Kahneman和Tversky（1982）的研究发现，有具体决策行为的负性结果比没有具体决策行为的负性结果会诱发更强的负性情绪。Landman（1987）的另一个研究扩展了Kahneman等的研究，他发现在出现正性的反馈结果时，具体决策行为导致的结果也会比没有具体决策行为导致的结果诱发更强烈的正性情绪。在本研究中，我们给被试者设置了两种不同的任务：第一种任务是有具体决策任务和明显对错之分的 5 秒按键任务；第二种任务是没有对错之分的，只需要在刺激呈现完成之后被动按键的停止按键任务。这两种任务的反馈结果明显会诱发出不同的情绪，从而诱发不同的大脑活动。因此，我们得出如下假设：

H5：在按键结果的反馈阶段，不同任务的结果反馈会诱发不同的大脑活动，被试者会对 5 秒按键任务的结果更加关注，对该任务的反馈结果更加在意。

对于反馈阶段的认知神经科学研究，FRN 能够反映被试者对反馈结果的情感和动机，是个体对反馈结果的主观价值评估，很多研究也都证实了 FRN 这一认知意义。以往的功能性核磁共振数据发现前扣带回的激活对反馈结果敏感，相对于正性反馈结果，负性反馈结果会诱发更明显的前扣带回区域激活（Knutson & Cooper，2005），而在 ERPs 上就表现为更大的 FRN 波幅。Hajcak 等（2006）的事件相关电位研究也发现了 FRN 可以反映对反馈结果好坏的评估。在他们的研究中，包含了两个实验，在第一个研究中，和以往研究类似，设置了不同数值大小的输赢结果，该研究的结果也与之前的研究结果类似，即输的结果比赢的结果诱发了更大的 FRN 振幅，而 FRN 振幅对输赢的大小不敏感；在第二个研究中，实验者在研究一的基础上增加了 0 收益的选项，也就是没有输赢之分，研究结果显示，0 收益的反馈结果与输的反馈结果一样，诱发了比赢的反馈结果更大的 FRN 振幅。这就说明在任务反馈阶段，差的反馈结果会比好的反馈结果诱发更大的 FRN 振幅，而没有收益损失之分的反馈结果也会诱发较大的 FRN 振幅。因此，在本研究一中，我们对假设 5 做出如下子假设：

H5a：5 秒按键任务比停止按键任务会诱发更小的 FRN 振幅，且 5 秒按键任务中输的结果会比赢的结果诱发更大的 FRN 振幅。

在社会认知神经科学中，决策反馈阶段出现 FRN 成分之后，往往会在 300 毫秒以后再出现一个 P300 成分。FRN 和 P300 是决策结果反馈阶段两个主要的 ERPs 成分。与 FRN 类似，P300 也可以反映结果反馈阶段的结果好坏程度。例如，在 Wu 等（2009）的研究中，他们发现 P300 与反馈结果的评估和奖赏过程相关，且正性的反馈结果比负性的反馈结果能够诱发更大的 P300 振幅。在 2.3.4 节中，我们阐述了 P300 与注意力资源的分配相关，人们对于有强烈情感的刺激会给予更多的注意力。Ma 等（2011）的研究也发现了这一现象，被试者对自己的反馈结果诱发了最大的 P300 振幅，对朋友的反馈结果次之，而对陌生人的反馈结果诱发了最小的 P300 振幅。基于以上关于 P300 的研究，在本研究中，我们对反馈阶段的 P300 成分做出如下子假设：

H5b：5 秒按键任务比停止按键任务会诱发更大的 P300 振幅，且 5 秒按键任务中赢的结果比输的结果能够诱发更大的 P300 振幅。

4.3 研究方法

4.3.1 实验被试者

通过对认知神经科学领域 SCI 和 SSCI 期刊上发表的论文进行梳理可以发现，除了将研究对象锁定为特殊群体（如病人、幼儿）的研究外，绝大多数神经科学相关研究一般要求被试群体年龄在 18 ~ 40 岁，且在已发表的论文中，除了研究特殊群体的研究外，大多数神经科学实验均招募在校学生作为被试群体（Picton et al.，2000）。此外，在以往关于内在动机相关的行为和神经科学研究中，很多研究者也选用了在校大学生作为被试群体。因此，为了便于和以往的研究做比较，参考以往的研究成果来解释本研究的结果，并且与认知神经科学研究的学术惯例以及内在动机实验研究的传统保持一致，本研究通过浙江大学校内网 BBS 论坛共招募在校大学生 16 名，其中男女各 8 名。被试者年龄在 18 ~ 25 岁（均值：23.23；标准差：1.78），按照脑电数据收集的要求，所有被试者均自报告为右利手（即非左撇子），视力或矫正视力正常（包括佩戴合适度数的眼镜），没有神经与精神疾病史。实验过程通过浙江大学神经管理学实验室伦理委员会核准。在实验开始前每位志愿者都需要了解 ERPs 实验流程，然后签署浙江大学神经管理学实验室的 ERPs 实验知情同意书，表明其认识到实验的无害性，自愿参加实验。

4.3.2 实验材料

本研究设计了两种不同的任务，第一种任务是“5 秒按键”，也就是说，被试者按键之后，秒表会停止计时，但是要求被试者使秒表尽量停在接近 5 秒的位置。如果秒表停止时间在 4.93 ~ 5.07 秒，也算是赢得了这一轮。赢得区间是根据实验前的预实验设定的，在这个区间内，被试者按键的正确率大约为 50%。第二种任务是“停止按键”，被试者只需要在秒表自动停止后进行按键，按键后秒表会消失。在任务一和任务二按键之后，都会有一个反馈阶段给出秒表停止的具体时间。实验范式如图 4 - 2 所示。

该实验包括 60 次的 5 秒按键任务和 30 次的停止按键任务。正式实验开始前，被试者会进行 10 次的预实验来熟悉实验流程。实验结束后，给被试者拆除头上记录脑电的电极帽，在被试者回到休息间后告知被试者需要去找零钱支付被试费，他可以自行休息或者在另一台电脑上自愿进行上述两个实验任务，每次任务开始前都会让被试者选择他想进行的任务，再开始他所选择的任务，每次任务结束之后，都会回到选择界面。5分钟后，实验人员回到实验室，支付给被试者这一次实验的报酬，并结束整个实验。这个过程中，记录了被试者在5分钟之内自愿完成任务的次数，作为在行为层面上，他们对任务内在动机强度的判断指标。

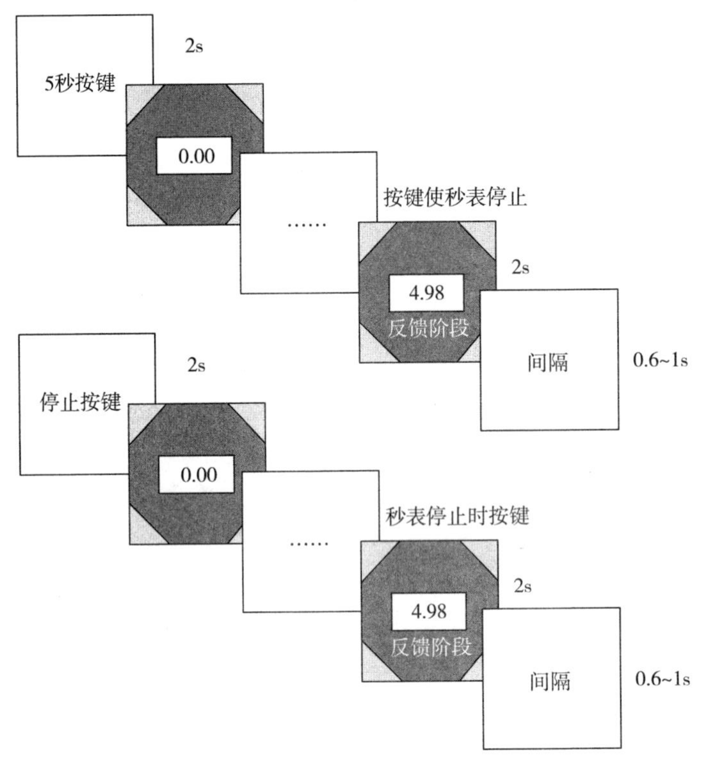

图4－2　研究一的实验范式

资料来源：笔者整理得到。

4.3.3　实验过程

实验前一周通过浙江大学内网BBS论坛发帖招募被试者，公开说明该实验符合国际脑电实验的标准，是无毒无害的。该实验已经通过伦理委员会的审查，并说明实验内容、时间、报酬以及实验注意事项等信息。在被试者报名之后，实验人员先通过电话与其沟通，初步判断其精神状态、询问其利手情况以及以往是

否参加过脑电实验的情况等，以判断其是否符合本研究的要求，并约定其参加实验的具体时间。实验当天，被试者来到实验室后首先要了解实验过程并签订知情同意书；其次安排被试者用实验室专用的不含护发素的洗发水清洗头发，并将头发完全吹干；最后实验者将被试者引入实验间，佩戴电极帽、粘贴电极、注射导电膏。注射导电膏需要15～30分钟时间，期间与被试者聊天，使其放松心情，尽量保持心情平和，在不紧张的情况下完成实验。打完导电膏之后，观察被试者当前头皮表面的阻抗值，如果电阻值在5000欧姆以下，则可以开始正式实验，否则，继续等待电阻值的下降。在等待的同时，给被试者提供实验过程的纸质解释文件，让其阅读。如果被试者有任何疑问或问题，可以向主试者提出。在正式实验开始前，被试者会进行预实验来熟悉实验流程。

4.3.4 实验数据记录

在实验开始前被试者需要先洗头发，洗净头皮表面的油脂，在吹干头发后实验人员请被试者进入浙江大学神经管理学实验室，该实验室是隔音、隔光、隔磁的专业行为ERP实验室。实验人员按照规范为被试者佩戴标准电极帽、粘贴相关记录电极和参考电极，并将导电膏灌注到电极帽上的每个电极点中以降低头皮表面的阻抗。

在被试者完成实验的同时，使用美国神经软件实验室有限公司生产的Neuroscan Synamp2放大器和64导联的Neuroscan电极帽对头皮脑电数据进行采集，采样频率为500赫兹，采样带宽为0.05～70赫兹。采集电位分布按照国际10—20系统标准（见图4－3）。使用左侧耳后乳突（耳后的骨性突起）作为参考（相当于零点），同时记录右侧乳突的电位，用于在数据记录后的离线分析中进行参考转换。用四个电极记录双眼外侧1厘米处的水平眼电和左眼眶上下1厘米处的垂直眼电，也就是记录了眼球的水平和垂直四个方向运动的电位变化，以便在后期数据处理中消除眼动对脑电带来的影响。在整个实验过程中使头皮表面的阻抗保持在5000欧姆以下，以保证所采集的脑电数据的质量。由于有50赫兹的市电干扰，因此在数据采集前滤过了50赫兹，以避免50赫兹干扰对后续数据记录与分析的影响。同时，在实验过程中，实验人员在主试间的电脑屏幕上时刻关注刺激呈现与脑电数据的记录情况，对于出现的任何异常，都填写在实验过程记录单上，以备在后续数据分析中去除不合格的数据。

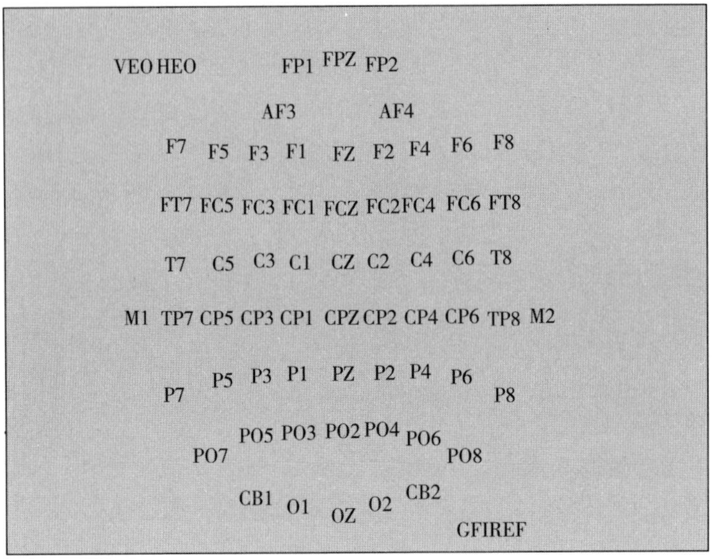

图 4 -3　国际 10—20 系统电极分布

资料来源：笔者整理得到。

4.4　数据分析

4.4.1　行为数据分析

本实验通过 E - prime 2.0 软件呈现实验刺激材料，并且记录被试者按键结果和按键次数的行为数据，具体包括两个方面：一是 5 秒按键任务的正确按键次数；二是在自愿实验阶段，被试者自愿完成两种任务的次数。对得到的行为结果根据统计原则进行分析，具体如下：

4.4.1.1　*按键正确次数分析*

5 秒按键任务在被试者按键之后，程序会反馈给被试者当前一轮的按键结果，即秒表的停止时间以及按键时间是否在正确的区间内。在实验开始前，先进行预实验，设定停止时间的正确范围，设定依据是任务过于简单会让被试者觉得没有挑战性，防止难度太大又会打击其积极性，这均不利于内在动机的激发，因此将正确率控制在 50% 左右较为合适。同时，由于事件相关电位技术的数据需要达到20次以上的叠加次数才能使信噪比提高到足以观察到的正确脑电成分。因此50%左右的正确率既能保证实验的有趣性，又能够保证反馈结果都可以达到叠加次数的要求。实验后对16个被试者的按键正确次数进行统计显示，被试者在60次5秒按键任务中，正确按键次数均值是26次，正确率均值为43.33%，方差是8.57。对数据做单样本T检验结果发现，该正确率与50%无显著差异［t（15）＝－1.867，p＝0.082］（见表4－1）。

表4－1　5秒按键任务的正确按键率

指标	t	自由度	p	均值标准差	95%置信区间	
					下限	上限
正确率	－1.867	15	0.082	－0.067	－0.143	0.0009

资料来源：笔者整理得到。

每个被试者的5秒按键任务的正确率如表4－2所示。通过该数据可以发现，大部分被试者的正确率都接近50%。

表4－2　每个被试者的正确按键次数以及两种任务的自愿选择次数

被试编号	5秒按键任务 正确次数	5秒按键任务 自愿完成次数	停止按键任务 自愿完成次数
1	27	13	7
2	21	25	0
3	24	25	0
4	30	3	0
5	13	6	0
6	29	12	0
7	37	5	0
8	11	33	0
9	40	15	7
10	25	0	0
11	31	35	0
12	24	44	0
13	40	10	0

续表

被试编号	5 秒按键任务正确次数	5 秒按键任务自愿完成次数	停止按键任务自愿完成次数
14	23	34	3
15	25	42	0
16	16	0	0

资料来源：笔者整理得到。

4.4.1.2 自愿完成任务次数分析

根据以往的文献研究，休息阶段自愿完成的实验任务次数，可以表示被试者完成该任务的内在动机强度指标（Deci et al.，1999）。在本研究中，被试者完成实验后，我们对两种任务的自愿选择次数做描述性统计分析发现，5 秒按键任务均值为 18.875，方差为 15.117；停止按键任务均值为 1.063，方差为 2.435（见图 4－4）。

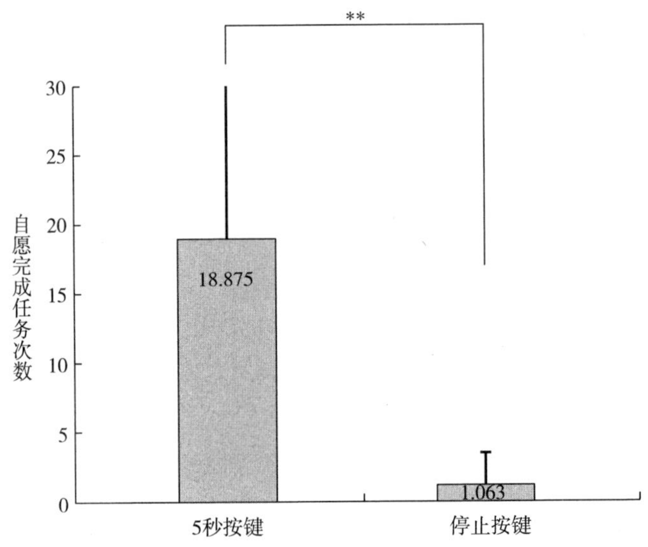

图 4－4　两种任务的自愿完成任务次数

注：＊＊p＜0.01

资料来源：笔者整理计算得到。

对两种任务的自愿选择次数做配对 T 检验统计分析发现，两种任务的选择次数有显著的差异［t（15）＝4.623，p＝0.000］。从均值上可以看出，被试者在自愿选择阶段，完成 5 秒按键任务的次数远远大于停止按键任务。这说明对于被试者来说，完成5秒按键任务给他们带来的内在动机远大于停止按键任务（见表4-3）。

4.4.2 脑电数据分析

4.4.2.1 脑电数据的分析方法及步骤

借助成熟稳定的Scan 4.5软件对采集下来的脑电数据进行离线分析。具体分析过程由以下11个操作步骤依次构成：

（1）合并各阶段的脑电数据。由于数据收集过程中，为了让被试者在实验过程中保持良好的精神状态，整个实验需要分两段进行，在两段中间让被试者休息一次。但是，在后期的数据处理中，为了方便处理数据，会利用软件的Append功能，把这两段数据连接在一起。

（2）删除有明显干扰的脑电数据段。按时间顺序浏览连接后的脑电数据，利用软件的Reject功能，删除明显发生飘移或有杂质或有明显水平眼电（后期只处理垂直眼电，水平眼电由于控制了显示器上的图片宽度，一般不做处理）的数据段，以保证后期分析的数据质量良好。干扰数据段的删除一般是根据经验，后期会通过软件的去伪迹功能进一步去除噪声。这些肉眼可以看见的干扰一般是由于被试者身体晃动或突然受到外界干扰而产生。

（3）去眼电。在完成实验任务的过程中，被试者眨眼是不可避免的。但对于收集到的脑电数据来说，眨眼是一种干扰，会影响头皮表面的电活动。为了去除这种干扰，需要以垂直眼电为参考，通过软件计算以去除眨眼对于脑电数据的影响。

（4）滤波。滤波的目的是为了进一步过滤杂质和不需要的数据频段。由于目标的脑电成分都在30赫兹以下，因此本实验采取低通30赫兹，24分贝/信频程的参数对数据进行过滤。

（5）截取分析时间段。由于脑电数据的收集是连续的，采样率也比较高，对所有时间段的脑电数据都进行分析工作量过大，既不现实也无意义。因此，通常的做法是以某一时刻作为零点，分析其前后一段时间内的脑电数据。根据实验设计和神经科学领域的研究规范，本实验以任务提示出现前的200毫秒到结果反馈出现后的800毫秒作为分析脑电数据的时间段。

（6）基线矫正。将刺激材料出现前的200毫秒定义为数据的基线，假设在刺激出现前的200毫秒，被试者没有过多的心理活动影响头皮表面的电活动变化。基线矫正就是将刺激出现之后800毫秒的数据与基线部分进行相减，使脑电数据在基线上下波动。

（7）参考电极转换。为了尽量提高数据记录的质量，参照国际上运用事件相关电位技术进行研究的通行方法，本实验在脑电数据记录过程中以单侧乳突作为参考电极，但在后期分析中，需要将数据转换为以双侧乳突进行平均参考的形式，以便于和以往的研究结果进行对比（早期的 ERPs 研究一般用双侧乳突做参考，但是后来发现双侧乳突做参考会影响数据质量，因此现在普遍采用单侧乳突做参考）。

（8）去除伪迹。为了进一步去除肉眼看不到的干扰，要运用软件算法将波幅小于 -100 微伏和大于 100 微伏的 EEG 片段予以去除（±100 微伏的范围设定是由于一般脑电数据都是微伏级别的，在这个范围以外的一般都属于伪迹），以保证数据质量。

（9）叠加平均。根据研究问题和实验设计，将整体脑电数据归为若干类别，并将每个类别内所有 Trial 的数据进行叠加后平均，每个类别生成一个平均后的文件。

（10）被试者叠加。第 9 步是将每个被试者的每一个类别生产一个平均后的文件，但是由于研究的是群体效应，需要从群体的层面对所有被试者的某一类情况下的平均文件进行叠加，以得到群体层次的平均文件。

（11）统计分析。根据前人相关的研究结论和本研究的设计，确定本研究中需要分析的 ERPs 成分，并根据该成分的特点选取时间窗和相应的电极点进行统计分析。在进行统计分析时，根据统计原则对研究因素和电极点做重复性方差分析。如果是组间设计，则进行混合设计的方差分析，并且在交互效应显著时根据研究目的和研究假设进行相应的简单效应分析（马庆国，2002）。

4.4.2.2 脑电数据的分类原则及成分确定

脑电数据反映的是行为背后的认知机理，因此在分析脑电数据时，应该根据行为结果或者不同的现象来反向考察当前现象与结果下的脑电特征，从而为该现象或结果提供大脑层面的解释。

本实验的行为数据已经发现，对于两种趣味性和挑战性不同的任务，被试者的内在动机也不同。因此，本研究首先分析任务类型提示阶段的脑电数据，并按照任务类型进行分类；其次是分析任务执行阶段的脑电数据，也是按照任务类型分成两类；最后是结果反馈阶段的脑电数据，一共有三种不同的反馈结果，5 秒按键任务中赢得该轮次、输掉该轮次以及停止按键任务无输赢之分的反馈，因此也将脑电数据分成相应的三类。

4.4.2.3 任务提示阶段的脑电数据分析

根据 4.4.2.2 的脑电数据分类原则，任务提示阶段的脑电数据可以分为两类："5 秒按键" 和 "停止按键"。因此，在做实验叠加平均这一步时，根据不同的实验任务提示，将每个被试者的脑电数据分成两类，得到了两种任务下的波形

图（见图4－5）。由于脑电数据的分析是在某个具体的时间窗下面分析该成分的平均振幅有无显著差异，因此本研究根据实验范式、实验结果导出的波形图以及以往的相关研究成果，选取了 N2 成分进行分析。

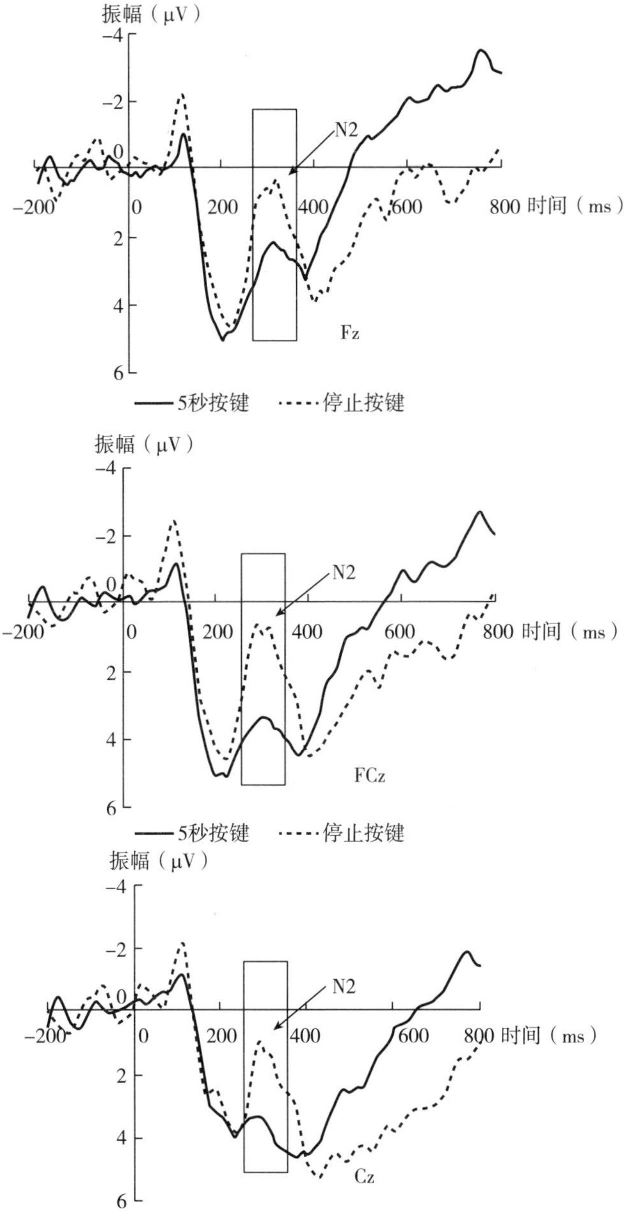

图4－5　任务提示阶段 Fz、FCz 和 Cz 点的 N2 波形图

资料来源：笔者整理得到。

根据 2.3.2.1 节所述以及本研究的脑电结果图，选取的时间窗为 270～350 毫秒，截取该段时间内的脑电平均电压值做统计分析。由于以往研究都发现 N2 通常在前额和中央区域振幅最大，因此选取 F1、Fz、F2、FC1、FCz、FC2、C1、Cz 及 C2 共 9 个电极点做分析，图 4－6 为 9 个电极点在全脑 64 个电极点中的位置分布图。为了分析两种类型的任务在任务提示阶段的大脑活动是否有差异，我们对 9 个点上的均值电压在时间窗 270～350ms 内做了 2（两种任务类型：5 秒按键和停止按键）×9（9 个电极点：F1、Fz、F2、FC1、FCz、FC2、C1、Cz 及 C2）的重复测量方差分析（Repeated Measures ANOVA）。

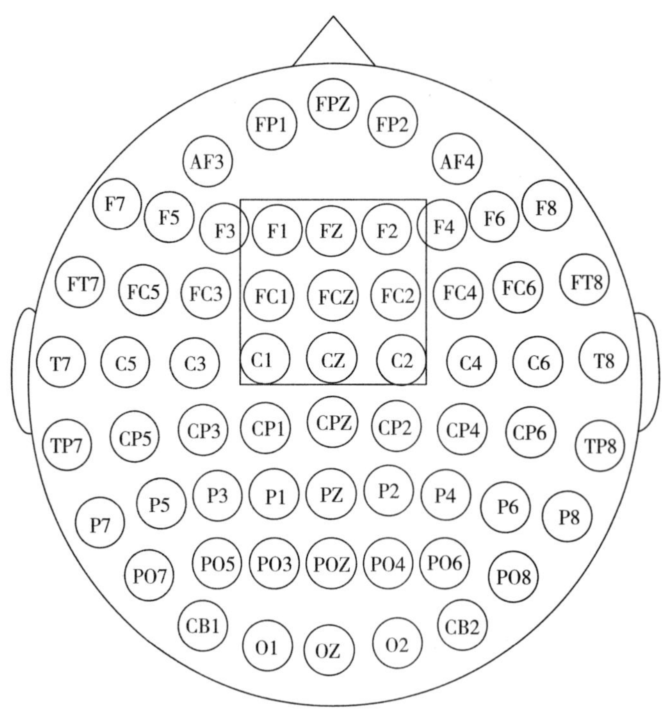

图 4－6　64 个电极位在全脑的分布以及分析 N2 成分所选取的点位分布

资料来源：笔者整理得到。

重复性方差分析结果显示，两种不同类型的任务提示在 N2 成分的振幅上有显著差异，主效应为 $F(1, 15) = 6.252$，$p = 0.024$，$\eta^2 = 0.294$。从 9 个点的均值上来看，5 秒按键任务（均值 =3.212μV，标准差 =1.154）的 N2（负极性，数值小的振幅大）振幅小于停止按键任务（均值 =1.374μV，标准差 =1.256）的 N2 振幅，图 4－5 为所选电极上的波形图，每行选取了中间电极点做代表示意其波形特征。从图上可以看出，停止按键任务的 N2 波幅远大于 5 秒按键任务的 N2 波幅。对电极点的主效应进行分析发现，9 个电极点的主效应不显著［F（8，120）=2.200，p=0.093，ε=0.419］，电极点和任务类型的交互效应也不显著［F（8，120）<1］，因此不需要做简单效应分析。这说明各个电极点之间的 N2 振幅无显著差异，两种任务的效应在各个点上也无显著差异，不存在半球效应。两种任务类型下各个电极点上 N2 振幅的均值和标准差如表 4-3 所示，从中可以看出，各个电极点上均存在着 5 秒按键任务所诱发的 N2 均值小于停止按键 N2 均值的现象。

表 4-3　两种任务类型下各个电极点上 N2 振幅的均值和标准差

电极点	5 秒按键				停止按键			
	均值	标准差	95%置信区间		均值	标准差	95%置信区间	
			下限	上限			下限	上限
F1	2.773	1.216	0.180	5.366	1.072	1.402	-1.915	4.060
Fz	2.531	1.259	-0.152	5.213	0.779	1.389	-2.181	3.739
F2	2.479	1.208	-0.096	5.055	0.268	1.113	-2.104	2.640
FC1	3.813	1.326	0.988	6.639	2.771	1.543	-0.518	6.059
FCz	3.576	1.395	0.603	6.548	1.133	1.645	-2.374	4.639
FC2	2.734	1.208	0.159	5.308	0.783	1.209	-1.793	3.359
C1	4.111	1.115	1.734	6.489	2.777	1.448	-0.310	5.864
Cz	3.727	1.217	1.133	6.321	1.592	1.361	-1.308	4.492
C2	3.167	1.270	0.460	5.874	1.188	1.128	-1.217	3.592

资料来源：笔者整理得到。

4.4.2.4　任务执行阶段的脑电数据分析

根据 4.4.2.2 节的脑电数据分类原则，将任务执行阶段的脑电数据根据不同的任务类型也可以分成两类：“5 秒按键”任务和“停止按键”任务。根据实验范式和以往的研究成果，决策执行阶段最主要的成分是 ERN 成分，因此，在本研究中同样分析了 ERN 成分。根据 2.3.2.2 节所述及本研究具体的脑电结果，选取时间窗为 0~40 毫秒，并取该段时间内的脑电平均电压值做统计分析。由于 ERN 通常在前额和中央区域振幅最大，因此，这里选取 F3、Fz、F4、FC3、FCz、FC4、C3、Cz 以及 C4 共 9 个电极点做方差分析，电极点在全脑的分布如图 4-7 所示。

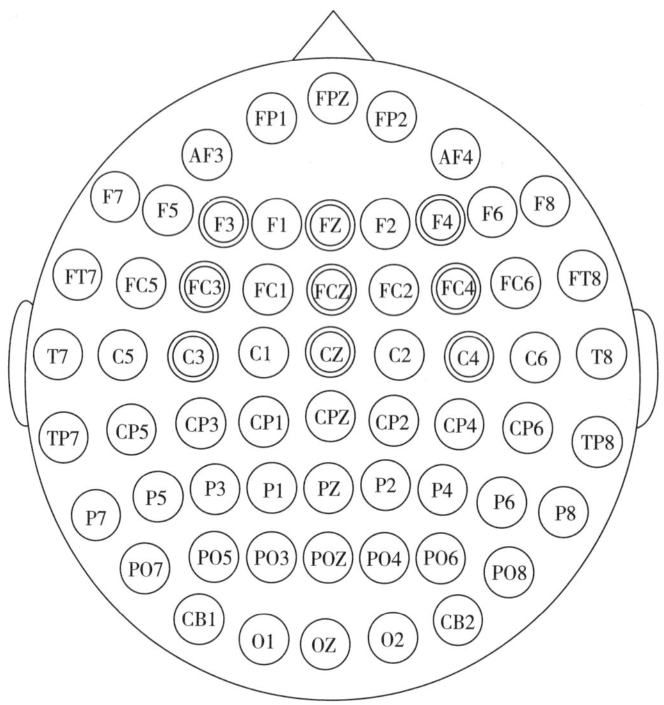

图 4-7　64 个电极位在全脑的分布以及分析 ERN 成分所选取的点位分布

资料来源：笔者整理得到。

在时间窗 0～40 毫秒内，对这 9 个点的电压均值和两种任务类型做 2（两种任务类型：5 秒按键和停止按键）×9（9 个电极点：F3、Fz、F4、FC3、FCz、FC4、C3、Cz 以及 C4）的重复性方差分析。结果显示，两种不同类型的任务所诱发的 ERN 振幅主效应显著［$F(1, 15)=5.153$，$p=0.038$，$\eta^2=0.256$］。5 秒按键任务（均值 $=-0.522\mu V$，标准差 $=0.937$）诱发的 ERN（负极性，数值小的振幅大）振幅大于停止按键任务（均值 $=3.460\mu V$，标准差 $=1.437$）的 ERN 振幅。不同任务下各电极点的 ERN 振幅见表 4-4。图 4-8 为所选电极上的波形图，同样选取了每行中间电极点做代表示意其波形特征。从图上也可以看出，5 秒按键任务的 ERN 振幅远大于停止按键任务的 ERN 振幅。

4.4.2.5　任务结果反馈阶段的脑电数据分析

根据 4.4.2.2 节的脑电数据分类原则，结合本研究的设计，在结果的反馈阶段，根据任务结果的不同反馈，可以将脑电数据分为三类："5 秒按键赢""5 秒按键输"以及"停止按键"。在下面对脑电成分的分析中，我们也将按照这种分类方式对相关数据进行统计分析。反馈阶段包含两种不同的脑电成分，FRN 成分与 P300 成分。我们将对这两种成分进行分析。

表 4-4 不同任务下各个电极点上的 ERN 振幅电压均值和标准差

电极点	5 秒按键				停止按键			
	均值	标准差	95% 置信区间		均值	标准差	95% 置信区间	
			下限	上限			下限	上限
F1	-2.995	1.085	-5.308	-0.682	-0.043	1.272	-2.754	2.668
Fz	-3.659	1.268	-6.362	-0.956	-0.914	1.154	-3.375	1.546
F2	-1.933	1.126	-4.333	0.467	1.491	1.360	-1.408	4.391
FC1	-1.001	0.983	-3.097	1.095	2.159	1.366	-0.752	5.070
FCz	-0.695	1.289	-3.444	2.053	3.009	1.785	-0.796	6.814
FC2	0.134	1.119	-2.251	2.519	5.178	1.532	1.913	8.443
C1	0.844	0.764	-0.785	2.473	5.294	1.659	1.759	8.830
Cz	2.248	0.976	0.169	4.328	7.120	1.997	2.863	11.377
C2	2.361	0.810	0.634	4.087	7.845	1.652	4.324	11.366

资料来源：笔者整理得到。

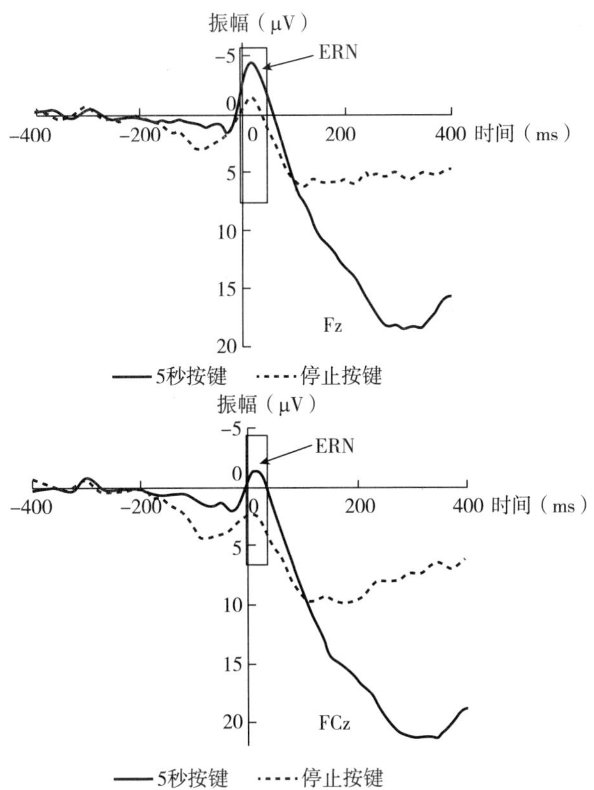

图 4-8 任务执行阶段 Fz、FCz 和 Cz 点的 ERN 波形图

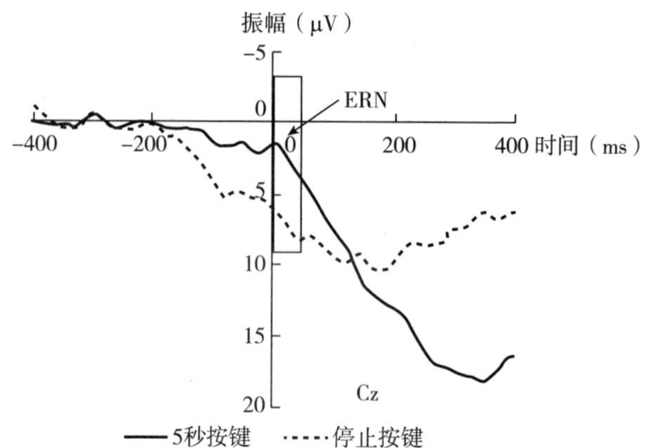

图 4-8 任务执行阶段 Fz、FCz 和 Cz 点的 ERN 波形图（续）

资料来源：笔者整理得到。

4.4.2.5.1 对 FRN 成分的分析

根据 2.3.2.3 节所述，FRN 通常在前额和中央区域振幅最大，因此，这里选取 F1、Fz、F2、FC1、FCz、FC2、C1、Cz 以及 C2 共 9 个电极点对其进行分析，9 个电极位在全脑的分布情况如图 4-9 所示。对于 FRN 分析时间窗的选择，我们基于对本研究脑电结果分析后得到 FRN 的波形图（见图 4-10），方框中标注的是一个明显的 FRN 成分。因此，本研究在对反馈阶段 FRN 的分析中，选取时间窗为 160～200ms 内的脑电平均电压值作为 FRN 成分振幅大小的指标。

对 FRN 做 3（3 种反馈结果：5 秒按键输、5 秒按键赢以及停止按键）×9（9 个电极点：F1、Fz、F2、FC1、FCz、FC2、C1、Cz 以及 C2）的重复性方差分析。结果显示，三种不同类型的反馈结果有显著的主效应［$F(2, 30) = 38.938$，$p = 0.000$，$\eta^2 = 0.722$］。两两之间的配对 T 检验结果显示，5 秒按键任务的输赢反馈之间存在显著的 FRN 振幅差异（$p = 0.017$），5 秒按键任务赢的结果反馈及输的结果反馈均与停止按键任务的反馈有显著差异（$p = 0.000$；$p = 0.000$）。三个反馈结果在 9 个电极点上的均值和标准差如表 4-5 所示。

表 4-5 三种反馈结果的 FRN 均值和标准差

反馈结果	均值	标准差	95%置信区间	
			下限	上限
5 秒按键赢	7.916	1.004	5.777	10.056
5 秒按键输	4.541	1.135	2.122	6.960
停止按键	-0.145	1.002	-2.280	1.990

资料来源：笔者整理得到。

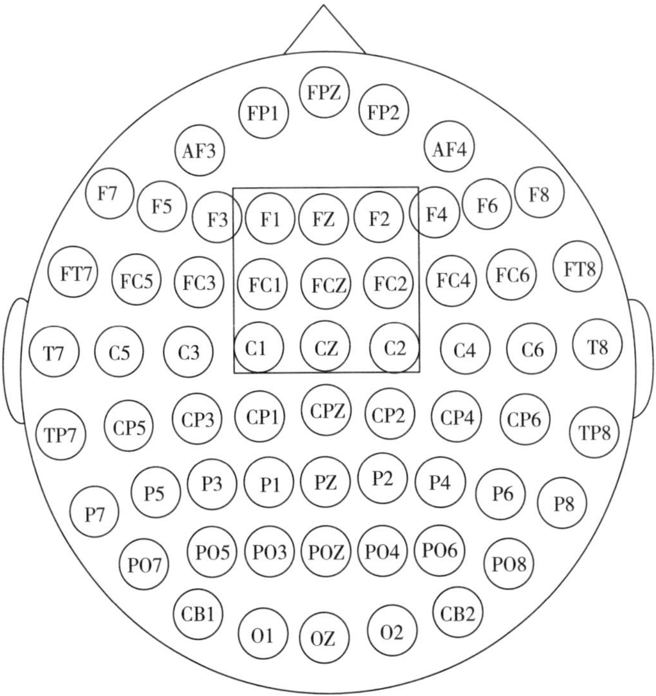

图 4－9　64 个电极位在全脑的分布以及分析 FRN 成分所选取的点位分布

资料来源：笔者整理得到。

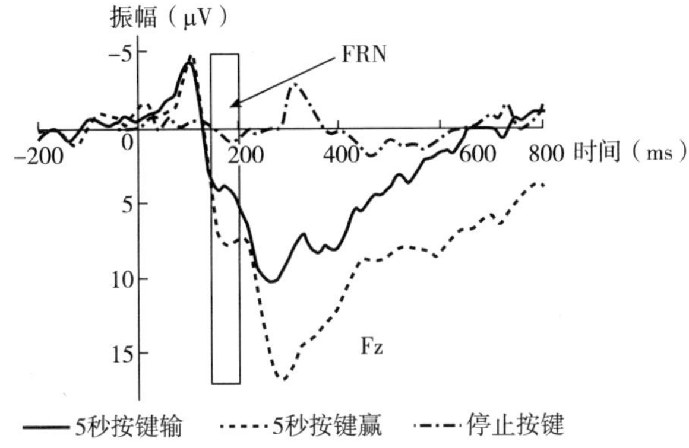

图 4－10　任务反馈阶段 Fz、FCz 和 Cz 点的 FRN 波形图

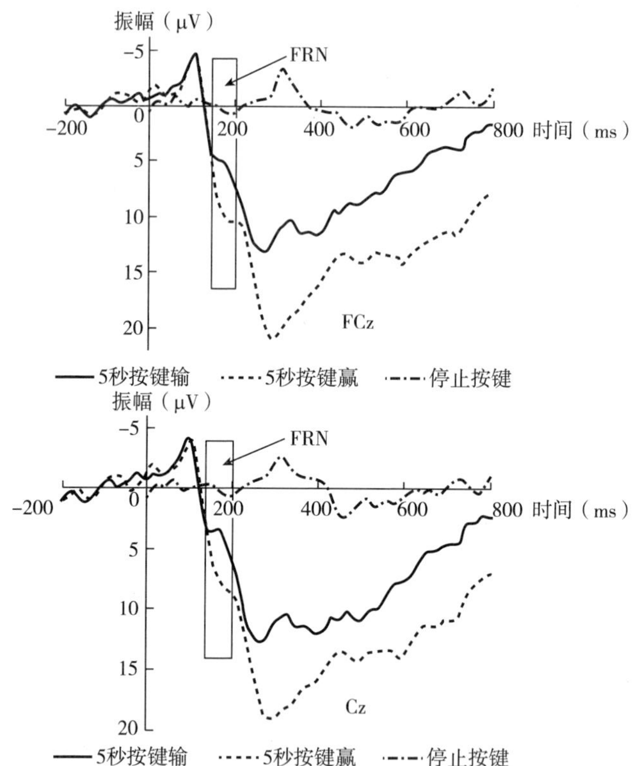

图 4-10　任务反馈阶段 Fz、FCz 和 Cz 点的 FRN 波形图（续）

资料来源：笔者整理得到。

由表 4-6 可知，停止按键的反馈诱发了最大的 FRN 振幅，5 秒按键输的反馈次之，而 5 秒按键任务赢的反馈诱发了最小的 FRN 振幅（FRN 是负走向波，电压值越小，代表振幅越大），这也可以从图 4-10 的波形图中可以看出。三种反馈结果在各个电极点上的均值和标准差如表 4-6 所示。从各个电极点上来说，FRN 振幅的这种效应也体现在每一个电极点上，振幅从大到小也是按照停止按键、5 秒按键输以及 5 秒按键赢的顺序。

表 4-6　三种反馈结果在各个电极点上的 FRN 电压均值和标准差

电极点	反馈结果	均值	标准差	95% 置信区间	
				下限	上限
F1	5 秒按键赢	7.474	0.897	5.563	9.385
	5 秒按键输	3.935	1.223	1.327	6.542
	停止按键	-0.248	1.165	-2.731	2.234

续表

电极点	反馈结果	均值	标准差	95%置信区间	
				下限	上限
Fz	5 秒按键赢	7.671	1.172	5.172	10.170
	5 秒按键输	4.320	1.411	1.313	7.327
	停止按键	0.296	1.208	-2.278	2.869
F2	5 秒按键赢	7.464	0.905	5.535	9.394
	5 秒按键输	4.655	1.234	2.026	7.285
	停止按键	-0.292	1.156	-2.756	2.171
FC1	5 秒按键赢	7.848	1.414	4.834	10.862
	5 秒按键输	4.819	1.184	2.295	7.342
	停止按键	0.508	0.969	-1.558	2.573
FCz	5 秒按键赢	10.125	1.246	7.469	12.781
	5 秒按键输	5.679	1.381	2.736	8.623
	停止按键	0.222	1.193	-2.322	2.765
FC2	5 秒按键赢	7.889	1.064	5.621	10.156
	5 秒按键输	4.415	1.158	1.948	6.883
	停止按键	-0.490	1.050	-2.728	1.748
C1	5 秒按键赢	7.421	1.287	4.678	10.164
	5 秒按键输	4.446	1.161	1.970	6.921
	停止按键	0.076	1.030	-2.119	2.271
Cz	5 秒按键赢	7.975	1.251	5.309	10.641
	5 秒按键输	4.220	1.303	1.443	6.996
	停止按键	-0.888	1.069	-3.166	1.390
C2	5 秒按键赢	7.381	1.261	4.692	10.069
	5 秒按键输	4.381	1.133	1.966	6.795
	停止按键	-0.484	0.882	-2.364	1.396

资料来源：笔者整理得到。

4.4.2.5.2 对 P300 成分的分析

根据 2.3.2.4 节所述，P300 振幅在中央顶区最大，因此，我们选取了 C1、Cz、C2、CP1、CPz、CP2、P1、Pz 以及 P2 共 9 个电极点，并且选择了时间窗为 250 ~ 350ms 对 P300 成分进行分析，9 个电极点在脑区的整体分布如图 4 - 11 所示。图 4 - 12 显示了电极点的波形图。

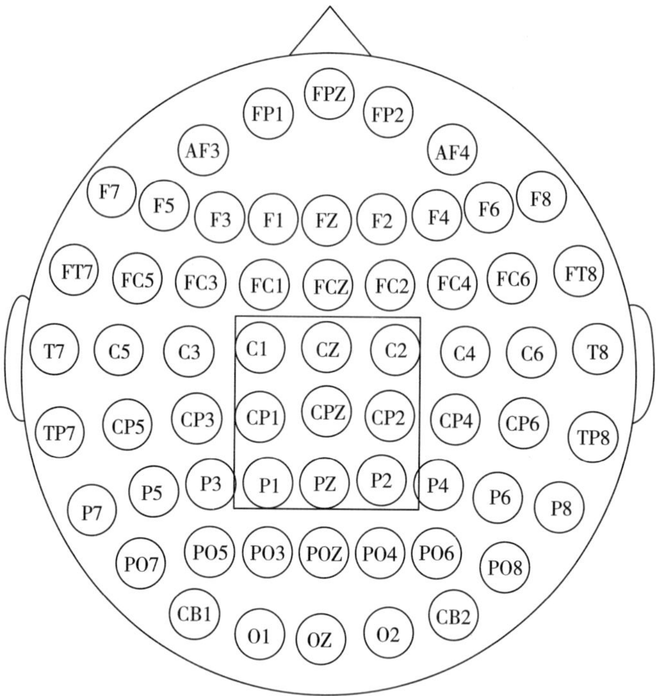

图 4-11　64 个电极位在全脑的分布以及分析 P300 成分所选取的点位分布

资料来源：笔者整理得到。

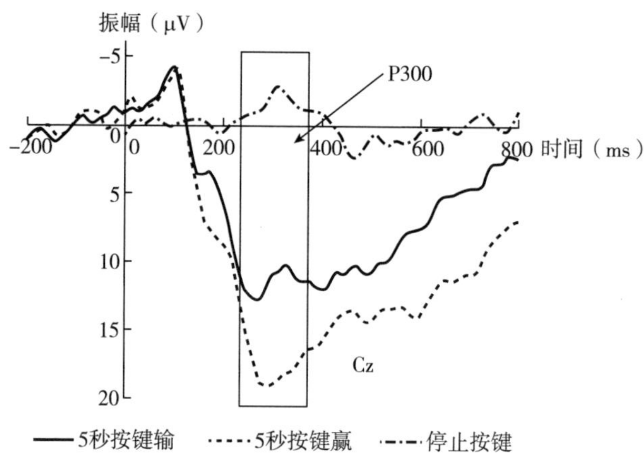

图 4-12　任务反馈阶段的 Fz、FCz 和 Cz 点的 P300 波形图

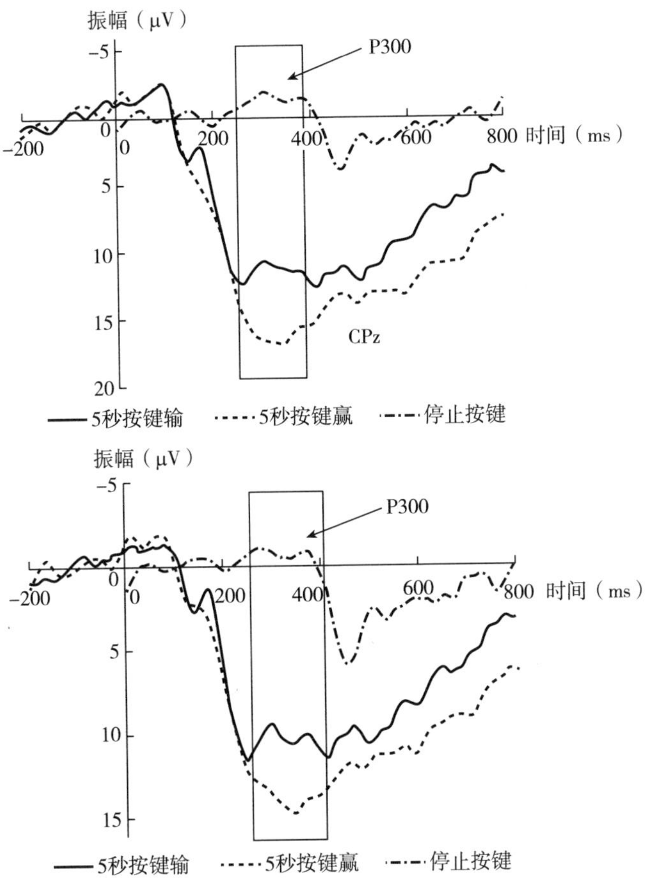

图4－12　任务反馈阶段的Fz、FCz和Cz点的P300波形图（续）

资料来源：笔者整理得到。

对P300做3（三种反馈结果：停止按键、5秒按键赢和5秒按键输）×9（9个电极点：C1、Cz、C2、CP1、CPz、CP2、P1、Pz以及P2）的重复性方差分析，结果显示，三种不同类型的反馈结果有显著的主效应［F（2，30）＝36.061，p＝0.000，η^2＝0.706］。两两之间的配对T检验结果显示，5秒按键任务的输赢反馈之间有显著的P300振幅差异（p＝0.050），5秒按键任务赢的结果反馈及输的结果反馈均与停止按键任务的反馈有显著差异（p＝0.000；p＝0.000）。三个反馈结果在9个电极点上的均值和标准差如表4－7所示。

由表4－1可知，停止按键的反馈与5秒按键任务的输赢反馈相比，诱发了更小的P300振幅，而在5秒按键任务的反馈中，输的反馈也比赢的反馈诱发了更小的P300振幅。各个电极点上的均值和标准差如表4－8所示，可以发现，

P300的这种效应可以表现在各个电极点上。

表4-7　三种不同反馈结果的P300均值和标准差

反馈结果	均值	标准差	95%置信区间	
			下限	上限
5秒按键赢	14.575	1.095	12.241	16.909
5秒按键输	11.216	1.468	8.086	14.345
停止按键	2.896	0.705	1.394	4.399

资料来源：笔者整理得到。

表4-8　三种反馈结果在各个电极点上的P300电压均值和标准差

电极点	反馈结果	均值	标准差	95%置信区间	
				下限	上限
C1	5秒按键赢	15.299	1.258	12.618	17.979
	5秒按键输	11.781	1.659	8.244	15.317
	停止按键	2.244	1.078	-0.054	4.542
Cz	5秒按键赢	15.591	1.235	12.959	18.223
	5秒按键输	11.504	1.646	7.995	15.012
	停止按键	1.514	1.004	-0.625	3.653
C2	5秒按键赢	14.997	1.102	12.648	17.347
	5秒按键输	11.640	1.589	8.253	15.026
	停止按键	2.171	0.879	0.299	4.044
CP1	5秒按键赢	15.066	1.077	12.770	17.362
	5秒按键输	11.674	1.431	8.625	14.723
	停止按键	3.393	0.757	1.780	5.005
CPz	5秒按键赢	15.134	1.516	11.903	18.364
	5秒按键输	11.341	1.602	7.927	14.755
	停止按键	2.382	0.809	0.659	4.106
CP2	5秒按键赢	14.448	1.173	11.948	16.949
	5秒按键输	11.452	1.600	8.041	14.863
	停止按键	3.293	0.775	1.641	4.946

续表

电极点	反馈结果	均值	标准差	95%置信区间	
				下限	上限
P1	5 秒按键赢	14.093	1.100	11.749	16.437
	5 秒按键输	11.105	1.337	8.256	13.954
	停止按键	3.777	0.501	2.709	4.844
Pz	5 秒按键赢	13.325	1.217	10.730	15.919
	5 秒按键输	10.098	1.432	7.046	13.150
	停止按键	3.761	0.862	1.924	5.598
P2	5 秒按键赢	13.222	1.058	10.966	15.477
	5 秒按键输	10.346	1.359	7.449	13.243
	停止按键	3.530	0.469	2.531	4.529

资料来源：笔者整理得到。

4.5 结论与讨论

本章对研究一进行了全面的阐述，在研究中将实验任务分为强动机与弱动机两个类型，让被试者在实验中随机进行其中一个任务。通过行为实验与 ERPs 实验相结合的方法采集了 16 名被试者的行为数据和脑电数据，行为数据包括被试者在 5 秒按键任务时的正确率以及被试者在自愿选择阶段的表现；脑电数据包括被试者在任务提示阶段、任务执行阶段以及结果反馈阶段的大脑活动情况。

本书通过综合考察被试者在行为和脑电上对两种任务本身的内在动机强度的表现，得出了较为丰富的研究结论。同时，该研究的行为结果和脑电结果又是具有紧密联系的。被试者对两种任务内在动机的强度，既能够反映在行为数据的结果上，也能够反映在各决策阶段的脑电数据结果上，两种不同层面的结果是相对应的，也可以说，自愿选择阶段的行为结果是动机强度的外在表现，是由若干神经和心理过程导致的。因此，行为层面的实验结果是基础，只有两种不同类型的任务在行为层面上表现出不同的动机强度，才能进一步从神经科学层面来探索动机的神经和心理机制。换言之，只有先揭开动机强度所体现出的“现象”，才能从现象出发去探寻其形成的神经机制及神经表征，从而对内在动机的机理进行更好的解释，以有助于管理者在实际管理活动中更好地激发员工工作的内在动机。

4.5.1 行为数据的结论与讨论

4.5.1.1 行为数据的研究结论

在4.4.1节中，我们通过描述性统计和单样本T检验的方法分析了被试者5秒按键任务正确率的数据。分析发现，被试在该任务中的按键正确率接近50%，与50%无显著性差异。因此，假设H1成立，而假设H1成立是开展本研究的基础，这证明了本研究设计的有效性。

4.4.1.2节也对自愿选择阶段的行为结果数据进行了统计分析，用配对T检验对该阶段被试者完成5秒按键任务和停止按键任务的次数进行比较。结果发现，在自愿选择阶段，被试者完成5秒按键任务的次数远远多于完成停止按键任务的次数，因此，假设H2也成立。

4.5.1.2 对研究结论的讨论

4.5.1.1节总结了本研究得出的两个行为结果。根据这两个结果，在本节中需要对以下两个问题进行讨论：一是为什么对5秒按键任务的正确率有特定的要求，即为什么要使5秒按键任务的正确率保持在50%左右；二是在自愿选择阶段，任务的内在动机强度是怎么表现出来的。

内部动机指的是个体对所从事的活动有一种自发的认知，内部动机的强度直接与任务本身有关，由于某种任务能激发人的兴趣、令人愉快，无须外力的推动，因此，影响内在动机的因素一般包括对于任务本身的兴趣、完成任务的乐趣以及任务对人的能力的挑战（Reber，1995）。在本研究中，我们设置了两种不同类型的任务，根据研究目的和实验设计要求，我们希望设置的这两种任务本身的内在动机有明显的差别。我们设置的低内在动机的任务是停止按键任务，该任务只是要求被试者在电脑屏幕上的秒表自动停止之后机械的按键，按键结果并无对错之分，也没有对按键时间做出任何要求。也就是说，完成该任务既无乐趣也不存在对人的能力的挑战，由于是机械的按键，被试者对该任务本身的兴趣也不高。我们设置的高内在动机任务是5秒按键任务，被试者按键之后电脑屏幕上的秒表停止跳动，被试者被要求使秒表尽量停止在5秒的位置。但是假如秒表只有准确地停在5秒位置才算是赢得该任务，那么任务难度太高，会使被试者失去兴趣，因此，我们通过实验前的预实验设置了一个正确区间，使被试者的正确率接近50%。对于任务的内在动机来说，50%的正确率既保证了任务本身的有趣性也保证了任务的挑战性，使被试者对该任务充满兴趣。在5秒按键任务与停止按键任务的比较中，我们发现，5秒按键任务是会给被试者带来较强内在动机的任务，而停止按键任务带来的内在动机就相对较低。在本研究中，由于假设H1得到了验证，本研究的被试者在5秒按键任务中的正确率确实是接近50%，因此保证了5秒按键任务的内在动机强度符合预期，两种任务的内在动机存在差异，这为后续的行为研究和脑电研究提供了前提。

在2.2.3节和4.2.1节中，都阐述了内在动机的概念被首次提出是在认知心理学中，而认知心理学中对内在动机强度的表征是被试者自报告对实验任务的感兴趣程度或者在实验结束之后在自愿选择阶段自觉完成任务的次数或者时间长度。在对内在动机相关研究的元分析中发现，自愿选择阶段被试者自愿完成任务的意愿是测量内在动机强度更好的方式，被试者在自愿选择阶段自觉完成实验任务的次数越多或者时间越长，就表明该任务自身的内在动机越强（Deci et al., 1999）。

因此，研究一参照之前认知心理学中的行为研究，在ERPs实验结束之后，马上让被试者参与到自愿选择阶段中，被试者可以在这个阶段休息或者进行5秒按键任务或者进行停止按键任务。实验者通过电脑记录被试者在这5分钟的自由阶段中自愿完成两种任务的次数。结果发现，被试者在自愿选择阶段完成5秒按键任务的次数远远多于完成停止按键任务的次数。这个实验结果与以前的研究结果是一致的（Deci, 1971）。这也就是说，5秒按键任务比停止按键任务能够给被试者带来更强的内在动机，这也与我们在设计实验时的预期是一致的。这一行为结果为后续脑电结果的分析提供了可靠的支撑。

4.5.2 脑电数据的结论与讨论

4.5.2.1 脑电数据的研究结论

我们在4.4.2节中详细阐述了脑电数据的分析过程以及脑电成分的确定原则，根据脑电分析成分确定原则以及以往的研究综述，我们对整个决策过程中的N2、ERN、FRN以及P300成分进行了分析，分别在任务提示阶段、任务执行阶段以及结果反馈阶段得出了以下三方面的结论：

（1）在任务提示阶段，我们分析了两种任务提示所诱发的N2成分的振幅差异，并通过重复性方差统计结果发现，与停止按键任务的提示相比，5秒按键任务的提示诱发了较小的N2振幅，假设H3成立。

（2）在任务执行阶段，我们运用反应锁时的方法对ERPs数据进行了分析，发现了ERN成分。通过对被试者执行两种不同任务时的ERN成分进行重复性方差分析发现，被试者在执行5秒按键任务时诱发的ERN振幅大于执行停止按键任务时所诱发的ERN振幅，假设H4成立。

（3）在任务结果反馈阶段，我们对FRN和P300成分进行了分析，比较不同的反馈结果所诱发的FRN和P300振幅之间的差异。根据重复性方差分析结果显示，5秒按键任务赢的反馈诱发了最小的FRN振幅，5秒按键任务输的反馈次之，而停止按键任务诱发了最大的 FRN 振幅；对于 P300 成分，则相反，5 秒按键任务赢的反馈诱发了较大的 P300 振幅，停止按键任务的反馈诱发了最小的 P300 振幅。因此，假设 H5a 和假设 H5b 均成立。

这些分析结果可以通过表 4－9 加以总结。

表 4－9　研究一的脑电分析结果的汇总

实验阶段	相关的 ERPs 成分	ERPs 成分振幅比较
任务提示阶段	N2	5 秒按键任务 < 停止按键任务
任务执行阶段	ERN	5 秒按键任务 > 停止按键任务
结果反馈阶段	FRN	5 秒按键任务赢 <5 秒按键任务输 < 停止按键任务
	P300	5 秒按键任务赢 >5 秒按键任务输 > 停止按键任务

资料来源：笔者整理得到。

4.5.2.2　对研究结论的讨论

在 4.5.2.1 节中，我们对脑电数据分析得到的结果进行了总结，根据研究结果，本节分别从任务提示阶段、任务执行阶段以及结果反馈阶段对 ERPs 成分进行讨论。讨论涉及任务提示阶段的 N2 成分的认知机理，任务执行阶段的 ERN 成分的认知机理以及结果反馈阶段的 FRN 和 P300 成分的认知机理。

4.5.2.2.1　任务提示阶段脑电数据的讨论

从实验结果可以看出，在任务提示阶段，主要诱发的 ERPs 成分是 N2 成分，根据 2.3.2.1 节对 N2 成分认知意义的评述，N2 成分的认知意义可以归结为对事物认知冲突的监测。在本研究中，任务提示阶段是在任务开始前给任务执行者一个提示，以提醒被试者下面将要执行的是什么任务。对于任务执行者而言，在任务提示阶段尚不需要做出任何决策，但是由于在该阶段被试者会知道该轮具体执行的是哪种类型的任务，因此被试者对任务类型的猜测与期待就会提前到任务提示出现之前，并在任务提示阶段得到验证。

以往关于 N2 成分的研究中，很多研究都发现了预期与实际结果的不一致会引发认知冲突。例如，在经典的 Go/Nogo 范式中，研究者对 Nogo－N2 诱发了比 Go－N2 更大的振幅的解释就是，由于被试者需要对 Go 刺激做出按键反应，因此往往会对该类型的刺激有所期待，当出现 Nogo 刺激时，与他原先所预期的不符合，就会引起认知冲突，进而诱发较大的 N2 振幅（Falkenstein et al.，1999；Kiefer et al.，1998）。在任务提示阶段，由于 5 秒按键任务比停止按键任务给被试者带来了更强的动机，因此被试者更加希望执行的是强内在动机的 5 秒按键任务，这种对强内在动机任务的期待就反映在任务提示阶段被试者对出现 5 秒按键任务提示的期待上。当实际上出现的提示刺激是停止按键任务时，就会引发认知冲突，从而诱发出较大的 N2 振幅。由此可知，假设 H3 是成立的。

4.5.2.2.2 任务执行阶段脑电数据的讨论

ERN 是在任务执行阶段出现的特有的 ERPs 成分，几乎所有关于决策执行阶段的研究都会涉及该成分。在 2.3.2.2 节中，我们对 ERN 成分的相关理论做了详细介绍，主要包括错误监测理论、冲突监测理论和强化学习理论。在本书中，由于停止按键任务是简单的机械式按键，5 秒按键任务的对错与被试者自身的按键有关，均不涉及学习效应，因此在本研究中用强化学习理论对 ERN 的认知意义进行解释是不合理的。而冲突监测理论是错误监测理论的延伸，错误监测理论是指被试者期望得到正确的反应与实际上得到错误结果之间存在冲突。冲突监测理论是在错误监测理论的基础上发现的，即使是正确的结果，当结果与预期不符合时，也会诱发较大的 ERN 振幅。也就是说，ERN 不仅仅能够监测错误结果的冲突，也能够监测到正确反馈的冲突。因此，可以认为这两种理论在本质上是一致的。

在本研究中，被试者需要完成的任务有两种。在停止按键任务中，被试者只需要在秒表自动停止之后按键，反馈结果无对错之分，也就不会引发认知冲突。而在 5 秒按键任务中，被试者按键之后秒表才会停止，他们的任务是尽量使秒表停止在 5 秒附近，当秒表停止在规定区间内才算赢得这一轮次，否则为输掉这一轮次。因此，在被试者执行 5 秒按键任务时，在按键的时刻会对反馈结果有预期，其希望能够赢得这一试次，但事实上每一试次都存在输的风险。这种输的风险与赢的期望就会引发认知冲突，从而诱发较大的 ERN 振幅。因此，在本研究的结论中，5 秒按键任务会比停止按键任务诱发更大的 ERN 振幅，这也是假设 H4 的内容，其符合以往研究中对 ERN 认知意义的解释。

4.5.2.2.3 任务执行结果反馈阶段脑电数据的讨论

结果反馈阶段也是决策任务中的重要阶段，通过对该阶段的数据进行分析可以了解任务执行者对任务完成结果的主观感知。根据 4.5.2.1 对脑电成分的总结，在结果反馈阶段有两种 ERPs 成分，即 FRN 和 P300 成分。本节将对这两种成分在本研究中反映的认知意义进行讨论。

根据 2.3.3 节对 FRN 的文献综述可知，FRN 是结果反馈阶段特有的负走向波，解释其产生机理的主要有强化学习理论和情绪动机假说两种。同上一节对 ERN 中的叙述类似，由于本研究中的任务均不涉及学习效应，且强化学习理论对 FRN 的解释存在一定问题，因此，在本研究中将从情绪动机方面对 FRN 的产生机理进行讨论。以往的研究虽然没有从 FRN 的角度来观察任务的内在动机强度，但是一些研究通过情绪动机理论得出 FRN 反映的是个体对反馈结果的主观价值评估（Luo et al.，2011）。也就是说，对该反馈结果的主观价值评估越高，FRN 振幅就越小。在本研究中，5 秒按键任务和停止按键任务的反馈阶段均与被试者的报酬无关，从客观上来说，所有反馈结果的价值是相同的，但是从行为结果以及任务本身的特性来看，停止按键任务本身的内在动机比 5 秒按键任务本身的内在动机弱，其反馈结果没有输赢之分，因而从主观上来说其价值较低。而对于 5 秒按键任务，任务本身给被试者带来较强的内在动机，被试者对其反馈结果的主观价值评估就比较高。因此，5 秒按键任务的反馈结果会诱发更小的 FRN 振幅。此外，关于反馈结果好坏的大量研究也发现，正性的反馈比负性的反馈能够诱发更小的 FRN 振幅（Gehring & Willoughby，2002），并且这个研究结果在很多研究实验中都得到了证实（如 Hajcak et al.，2006；Zhou，Yu & Zhou，2010 等）。在 5 秒按键任务中，我们也同样发现了正性的反馈结果比负性的反馈结果诱发了更小的 FRN 振幅，这个结果与以前的研究结论一致，同时也说明了，对于被试者而言，正性结果的主观价值大于负性结果的主观价值。FRN 在动机相关的任务中能够反映主观价值评估这一结论，也使 FRN 可以作为神经层面的动机强度指标。这一结果也说明了，对于个体而言，低内在动机的任务，其主观价值也是低的，个体宁可承担挑战之后的失败，也不愿意去执行一项无趣的任务。

反馈阶段出现的另一个 ERPs 成分是 P300，P300 是脑电中出现的较为晚期的成分，其认知意义比较丰富。总体来说，其反映的是个体对刺激和事物的认知（Hansenne，2000；McDowell et al.，2003；Polich，2007）。根据 2.3.2.4 节所述，与 P300 相关的认知功能包括人类的感知、注意、记忆、理解、思维及智能等，由于本书的研究设计不涉及记忆、理解、思维以及智能等方面，因此我们研究的是 P300 与注意以及感知的关系。在文献综述里，我们详细阐述了 P300 与注意力资源分配有关的研究，这些研究都证实了 P300 的振幅与注意力资源分配的多少有关，对当前刺激的注意力资源分配越多，P300 的振幅就越大（Furdea et al.，2009；Gray，Ambady，Lowenthal & Deldin，2004；Watter，Geffen & Geffen，2001）。在当前的研究结果中，5 秒按键任务的反馈诱发了比停止按键任务反馈更大的 P300 振幅。这是由于在当前的研究中，在停止按键任务的反馈事实上是“伪反馈”，停止按键任务中，被试者在秒表自动停止时按键，反馈结果与输赢无关，被试者对该反馈结果的注意力会比较弱，因此观察一个没有意义且重复出现的结果对被试者来说没有很大的价值。而 5 秒按键任务则不同，被试者在反馈阶段才能了解到之前的按键结果是输还是赢，被试者会对反馈结果分配，以更多的注意力资源，以观察反馈结果的好坏。因此，在本书得出的结论与以往的研究结论是相呼应的。

此外，在反馈阶段对 P300 进行研究时，研究者发现，P300 在某种程度上与

FRN 类似，也能够反映刺激的效价，也就是说，P300 也能够反映出反馈结果的好坏。例如，在 Polezzi 等（2010）的研究中发现，与正性的反馈相比，负性的反馈会诱发更加明显的 P300。在本研究中，我们也得出了相同的结论，在 5 秒按键任务中，赢的反馈比输的反馈诱发了更大的 P300 振幅。从 FRN 的结果可以发现，赢的反馈结果可以诱发更强的主观情感，而在 P300 的研究中，研究者发现情感投入度也与 P300 的振幅有关，情感投入越大，P300 振幅就越大（沈强，2011）。这也就解释了为什么在反馈阶段对 FRN 和 P300 的研究中，大部分研究都发现 FRN 和 P300 都可以反映反馈结果的好坏，但是两者的形成机理却不同。

4.5.3 对行为和脑电数据的联合讨论

4.5.1 节与 4.5.2 节分别对研究一的行为结论和脑电结论进行了总结和讨论。我们可以发现，无论是行为层面的结果还是脑电层面的结果都显示了 5 秒按键任务与停止按键任务之间存在差异。在行为层面上，内外动机强度体现在自愿选择阶段完成两种不同类型任务的意愿，而在神经层面上，两种任务的动机强度看似可以体现在任务进行的各个阶段，并且这些脑电结论也与行为结论是一致的，但是不同阶段对动机强弱反应的机制是不同的。任务提示阶段对某种类型任务的期待程度、任务执行阶段对出现负性结果的在意程度以及反馈阶段对反馈结果的价值评估和注意程度都可以在某种程度上反映出内在动机的强度。因此，本研究的整体结论揭示了内在动机的神经过程，强内在动机的任务给任务执行者带来乐趣和挑战，执行者希望进行该任务不是因为完成该任务会带来外在的报酬，而是因为任务本身的趣味性与挑战性。被试者在任务开始之前就对任务有所期待，在正式执行任务时会更加希望能够正确地完成该任务，而在结果反馈阶段会对正性的反馈结果给予更多的注意力和更高的主观价值评价。因此，表现在行为层面上就是即使实验任务已经结束了，被试者仍然希望执行强内在动机的任务。

但是，这些 ERPs 成分并不全是动机强度的脑电指标，这需要根据这些成分的影响因素来对其进行判定。N2 成分反映的是认知冲突的监测，是个体期待出现的刺激与实际出现的刺激不一致所诱发的，该成分能够反映个体对任务的期待程度，也就是完成任务意愿的强烈程度。ERN 成分是任务执行阶段的成分，该成分受到对输赢结果期待的影响，这是由按键时刻的紧张感所造成的。由于 ERPs 实验需要经过多次的重复，后续完成任务的紧张感与前面相比会有所缓解。也就是说，ERN 成分虽然能够表现出动机的强度，但是在某种程度上会受到重复效应的干扰。FRN 反映的是个体对刺激的情感和动机，以及由此引发的对反馈结果的主观价值评估，该成分一直是比较稳定的 ERPs 成分，甚至在叠加十几次的时候就能够稳定的存在（ERPs 成分一般需要叠加 30 次左右）（Luck，2005）；

而另一种反馈阶段的 ERP 成分是 P300 成分，反映的是注意力资源的分配情况，虽然一般来说，个体会更加关注主观价值高的反馈结果，但是注意力会受到很多外界因素的干扰，例如疲劳，因而 P300 并不能准确地反映出动机的强度。由此，我们认为能够反映动机强度的神经指标是 N2 和 FRN 成分，在下面的研究中，我们也将进一步对该结论进行验证。

此外，本研究的结论也为内在动机的研究提供了新的研究方法，拓宽了研究思路，也就是说，在对内在动机强度的研究中，除了认知心理学中常用的自报告和自愿选择阶段方法外，也可以通过脑电数据来探测任务内在动机的强度。在后面的两项研究中，我们就是通过认知神经科学的实验来研究外在奖励对内在动机的影响。

5　外部物质激励对内在动机的影响及其神经机理研究

5.1　研究目的

前人对激励问题的研究大多关注何种激励方式能够最有效地激发个体的工作动机，使其按照管理者的意愿完成工作任务，加强个体行为。这种以外在给予的激励来激发个体工作动机的方法属于对外在动机的激发，但实际上，除了外在动机之外，内在动机也是员工工作动机的重要组成部分，会对员工高质高效地完成工作任务产生重要的影响。因此，在对员工用外在激励方式激发其工作动机时，也要考虑到该激励措施是否会影响任务本身的内在动机。此外，物质奖励作为最常用的一种激励方式，被广泛运用于各个企业组织的日常激励工作中，甚至在学校和家庭中，物质激励也是一种常用的激励方式。因此，本研究的研究目的是考察外在物质奖励是否会对任务本身的内在动机产生影响；如果有影响，又会是什么样的影响；其影响的心理过程和神经机理又是什么。

本研究运用事件相关电位技术设计合理的实验来研究物质奖励对内在动机的影响。我们选取金钱奖励作为物质激励的方式，研究在金钱激励被撤销之后对任务原有内在动机的影响。基于研究一的研究结论选取具有强内在动机的任务（任务本身带有内在动机，才能研究该内在动机是否受到影响），并且使用相应的ERPs成分作为动机强度的定量化指标。这既是对以往行为激励理论研究的发展，也是一种新的研究视角。因此，本研究的研究目的是在已有研究关注物质激励破坏效应行为表现的基础上，运用事件相关电位技术收集脑电方面的信息，以从大脑层面找出金钱激励对内在动机影响的新证据，使人们对其认知机制有更加深入的了解，促进激励理论的发展。

5.2 研究假设

在本研究中，我们设置了控制组和奖赏组两个被试组，奖赏组和控制组都包括三个阶段的任务，两个组之间的区别在于阶段 2，被试者在奖赏组的阶段 2 中被给予了金钱激励而控制组在阶段 2 中没有金钱激励。也就是说，我们主要关注控制组和奖赏组在阶段 1 和阶段 3 的内在动机变化情况的差异。根据研究目的和以往的研究结果，本研究从行为层面和大脑层面提出了假设。

5.2.1 按键正确率行为假设

由于本研究的主要目的是考察外在物质激励对内在动机的影响，因此需要选择一种有较强内在动机的任务。假如任务本身的内在动机不强或者不存在内在动机，那就无法研究外在激励是否对其产生影响。根据研究一的结果，5 秒按键任务是一种具有较强内在动机的任务，因此本研究选取了 5 秒按键任务作为研究二的任务。与研究一相比，由于研究二包含三个阶段，被试者在研究二中需要执行的 5 秒按键任务次数也是研究一的 3 倍，即每个阶段均需要执行 60 次 5 秒按键任务。为了尽量避免熟练程度对按键正确率的影响，主试者在实验前让被试者进行充分的练习以消除各个阶段之间的任务熟练程度对研究结果的影响。此外，5 秒按键任务的正确区间与研究一设置相同，被试者对于 5 秒按键任务的按键正确率也接近 50%。因此，得到假设 H1 如下。

H1：不论是控制组还是奖赏组，个体在阶段 1 和阶段 3 的按键正确率均无显著差异。

5.2.2 脑电反馈阶段的假设

有关外在物质激励对内在动机影响的研究始于美国罗切斯特大学的 Deci（1971）开展的一项行为研究。他的研究也是采取组间设计的方式，把被试者分成奖赏组和控制组，两组均进行三个阶段的实验。奖赏组被试者在实验的第二个阶段被给予外在报酬，第一和第三阶段均没有外在的报酬，而控制组在三个阶段的实验都没有被给予任何外在报酬。在每一个阶段，实验都要求每一个被试者做一个拼七巧板的任务。在该阶段的实验结束之后，实验者谎称需要为下一个阶段的实验做准备，请被试者稍等，被试者被独自留在房间等候，他们可以选择继续拼图，也可以看杂志或者什么也不做。研究结果发现，在第二阶段得到绩效报酬的奖赏组，在第三阶段结束后的自由选择阶段，自愿拼图的时间明显比没有得到任何报酬的控制组短。研究者因此得出结论，物质奖励会使人们对任务的兴趣减少，也就是说，物质激励破坏了任务本身带来的内在动机。在 Deci 等的研究之后，很多研究者采用了不同的实验任务来进行研究，也都证实了这一结论（Marinak & Gambrell，2008）。研究者将这个效应称为破坏效应（Undermining Effect）（Deci et al.，1999）或者挤出效应（Crowd – out Effect）（Frey & Oberholzer – Gee，1997）。

近几年来，随着神经科学技术的发展，对内在动机与物质激励的关系研究除了行为研究之外，也有研究者开始从神经科学的角度来对这个主题进行研究。Murayama 等（2010）首次在美国科学院院报（PNAS）上发表了外在金钱激励对内在动机破坏作用的神经机制的研究，他们运用功能性核磁共振成像设备，在被试者进行任务的同时记录其大脑活动。Murayama K. 等采取的是两阶段实验，除了同样在行为层面的自愿选择阶段发现了外在金钱激励对内在动机的破坏作用之外，他们也发现，在第一阶段奖赏组的大脑前纹状体和前额区域的激活程度强于控制组，而在第二阶段则出现了相反的结果，奖赏组的大脑激活程度弱于控制组。这是由于在第一阶段，奖赏组被试者在每次正确完成任务后都能得到相应的报酬，而控制组被试者完成任务的正确与否和他获得的奖励无关；而在第二阶段，奖赏组和控制组被试者的收益都与完成任务的表现无关。研究者认为这是“破坏效应”在大脑活动层面的反应，反映了物质激励对内在动机破坏作用的神经特征。

在本研究中，我们采取以往经典行为实验所运用的三阶段实验设计方式，结合事件相关电位技术来对“破坏作用”的神经机制进行研究。由于在以往的核磁共振研究中发现，该效应主要体现在反馈阶段，因此本研究也主要关注反馈阶段的大脑活动特征。根据以往的研究，反馈阶段的主要 ERPs 成分有 FRN 和 P300 两种（Gehring & Willoughby，2002；Gu et al.，2011；Leng & Zhou，2010；Shen，Jin & Ma，2013）。为了便于读者更好地理解 FRN，研究者也会分析 FRN 的差异波，也就是 D – FRN（如 Fuentemilla et al.，2013；Shen et al.，2013；Xu et al.，2011）。D – FRN 是输的结果诱发的 FRN 振幅减去赢的结果诱发的 FRN 振幅，表示的是对反馈结果的在意程度，对反馈结果主观价值评估越高，输的结果和赢的结果所诱发的 FRN 振幅差异就越大（Gehring & Willoughby，2002；Ma et al.，2011）。事实上，D – FRN 与 FRN 表述的认知意义是相同的，都是对反馈结果的主观价值评估，反映的都是对反馈结果的情感和动机。

与行为研究类似，我们主要比较控制组和奖赏组在阶段 1 和阶段 3 的结果所诱发的大脑活动差异，在分析 FRN 和 P300 振幅差异的同时，也分析了 D – FRN 的结果。由此得出以下两个假设，每个假设又列出了两个子假设。

H2：在任务执行结果的反馈阶段，由于奖赏组在阶段2有绩效报酬，而在阶段3撤销了绩效报酬，而控制组在三个阶段都是固定报酬，因此奖赏组与控制组在阶段1和阶段3的FRN振幅变化呈现差异。具体来说，假设2可以分为两个子假设。

H2a：奖赏组在阶段1的输赢结果所诱发的FRN振幅差异大于阶段3，表现在D－FRN上就是阶段1的D－FRN大于阶段3的D－FRN。

H2b：控制组在阶段1和阶段3的输赢结果所诱发的FRN振幅差异小于奖赏组，表现在D－FRN上就是控制组在阶段1和阶段3之间的D－FRN差异小于奖赏组。

在结果反馈阶段，P300成分往往会伴随FRN出现。P300是潜伏期在300毫秒到600毫秒之间的晚期正电位，是ERPs中一个被广泛关注的成分，主要应用于解释个体的认知加工过程。以往的研究表明，P300成分与被试者的动机情感有关，进而会影响注意力分配（Donchin，Kramer & Wickens，1986）。在一项研究中发现，被试者在观察朋友和陌生人的赌博任务时，与朋友收益相关的反馈结果所诱发的P300明显大于与陌生人收益相关的反馈结果所诱发的P300。这是由于朋友之间的强烈共情，使被试者对朋友的反馈结果有更强的动机情感，因而对朋友收益情况投入更多的注意力（Leng & Zhou，2010）。在本研究中，由于被试者需要完成三个阶段的实验，随着实验的不断进行，长时间的任务会导致被试者感到疲劳、动机情感减弱、注意力容易分散，等到第三阶段时，被试者的注意力容易下降，从而P300波幅会减弱。因此，得到H3。

H3：在结果反馈阶段，除了FRN之外，P300成分也是一个重要的ERPs成分，可以反映被试者的注意力集中情况。在本研究中，被试者注意力集中程度受到疲劳效应和实验任务的双重影响，因此假设3也可以分为两个子假设。

H3a：由于实验过程的持续以及任务的重复次数较多，被试者在阶段3的注意力会明显弱于阶段1，表现为P300振幅的减小。也就是说，不论是控制组还是奖赏组，阶段1都会诱发出比阶段3更大的P300振幅。

H3b：由于奖赏组的内在动机被破坏，这种注意力减弱引发的P300振幅的下降会比控制组的多。

5.3 研究方法

5.3.1 实验被试者

与研究一类似，本研究通过浙江大学校内网BBS随机招募在校学生36名，

其中，20 名男生，16 名女生。被试年龄在 18～25 岁，平均年龄为 23.30 岁，标准差为 1.83。已经参加过研究一的被试者，将不允许参与到本实验中。所有被试者均自报告为右利手（非左撇子），视力或矫正视力正常（佩戴合适度数的眼镜），没有神经与精神疾病史。实验过程通过浙江大学神经管理学实验室伦理委员会核准。在实验开始前，每位志愿者都需要了解 ERPs 实验流程，并签署浙江大学神经管理学实验室的 ERPs 实验知情同意书，表明其认识到实验的无害性，为自愿参加实验。

5.3.2　实验材料

本研究采用被试间设计，把 36 名被试者随机分成奖赏组和控制组两组，每组 18 人，男女比例均为 10∶8。两组被试者均需要进行三个阶段的实验任务，每个阶段的实验任务都是进行 60 次的 5 秒按键任务（见图 5－1）。奖赏组和控制组不同之处在于第二阶段的激励方式，控制组被试者的三个阶段都没有被给予与绩效相关的金钱激励，也就是说，被试者的收益与其在任务中的表现无关；而奖赏组在实验的第二个阶段被给予了与绩效相关的金钱激励。实验的第一阶段和第三阶段给予的是与绩效无关的固定报酬。

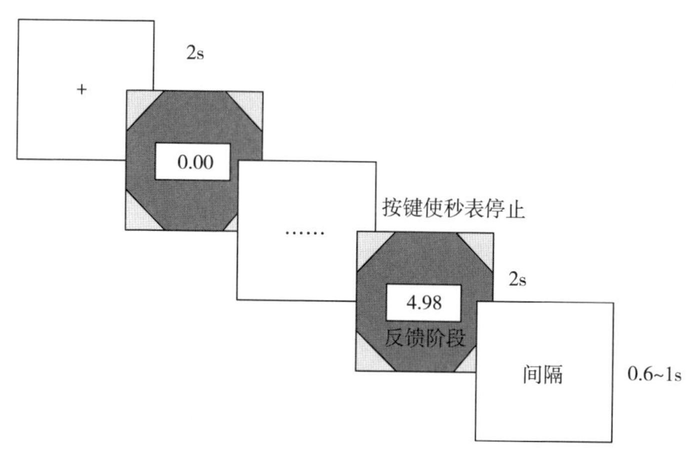

图 5－1　研究二的实验任务范式

资料来源：笔者整理得到。

同研究一中的 5 秒按键任务一样，本研究也要求被试者把秒表尽可能停在接近 5 秒的位置，如果秒表停在 4.93～5.07 秒这个区间内，就算被试者赢得这一轮。每个阶段的 60 次按键任务均分为 2 段进行，每一段进行 30 次，中间休息 2

分钟。

5.3.3 实验过程

ERPs 实验前的准备工作与研究一相同，这里就不再赘述。在实验前进行洗头发、佩戴电极帽等准备工作。准备工作结束后，实验人员向被试者提供纸质的实验过程和实验任务说明文件，如果被试者有任何疑问或问题，可以向实验人员提出。实验人员在确认被试者对实验过程和任务了解无误之后开始预实验，以帮助被试者熟悉实验任务和流程，然后才进入正式实验。在每一阶段的实验开始之前，实验人员会事先告知被试者当前这一阶段实验的报酬方式。在实验的第一阶段和第三阶段，奖赏组和控制组被试者都被告知在该阶段实验结束之后就可以拿到 20 元人民币的报酬，且报酬的支付与该阶段的表现无关。而在实验的第二阶段，奖赏组和控制组的报酬方式是不同的，奖赏组被试者被告知在第二阶段是绩效报酬，每按中一次就可以得到 1 元人民币；而控制组仍然是固定报酬，完成所有的任务得到 20 元人民币的报酬。也就是说，奖赏组与控制组的区别仅仅是在第二阶段的报酬方式上。

5.3.4 实验数据记录

与研究一相同，在整个实验中，全程用 Neuroscan 设备记录被试者的大脑活动数据。具体见 4.3.4 节，在此不再赘述。

5.4 数据分析

5.4.1 按键正确率分析

研究二的实验同样通过 E - prime 2.0 软件来呈现实验刺激材料，并且记录被试者在任务中的正确按键和错误按键次数，对得到的行为结果根据管理统计原则进行分析（马庆国，2002）。本研究对 5 秒按键任务设置了与研究一同样的按键正确范围。由于在本研究的设计中，阶段 2 只是作为调节变量，我们主要关注两个被试组在阶段 1 和阶段 3 中表现出的差异。因此，首先对两个被试组在不同阶段的正确按键次数做描述性统计分析，各个阶段的正确按键次数的均值和标准差如表 5 - 1 所示。

表 5-1 两个被试组在不同阶段的正确按键次数

组别	实验阶段	均值	标准差	95%的置信区间	
				下限	上限
控制组	阶段 1	29.889	2.271	25.274	34.504
	阶段 3	37.722	1.541	34.591	40.853
奖赏组	阶段 1	28.667	2.271	24.052	33.281
	阶段 3	33.778	1.541	30.647	36.909

资料来源：笔者整理得到。

为了比较两个被试组之间的差异，对两个被试组在阶段 1 和阶段 3 的正确按键次数做 2（实验阶段：阶段 1 和阶段 3）×2（被试组：奖赏组和控制组）的混合设计方差分析。结果发现，实验阶段的主效应显著[$F(1, 34) = 39.012$，$p = 0.000$，$\eta^2 = 0.534$]，但是被试组间的主效应[$F(1, 34) = 1.034$，$p = 0.316$，$\eta^2 = 0.030$]以及实验阶段和被试组的交互效应均不显著[$F(1, 34) = 1.725$，$p = 0.198$，$\eta^2 = 0.048$]。通过如表 5-2 所示的阶段 1 和阶段 3 的正确按键次数的均值可以发现，阶段 3 的按键正确率显著高于阶段 1 的按键正确率。两个实验组在不同阶段的按键次数如图 5-2 所示。

表 5-2 两个实验阶段的正确按键次数

实验阶段	均值	标准差	95%的置信区间	
			下限	上限
阶段 1	29.278	1.606	26.015	32.541
阶段 3	35.750	1.089	33.536	37.964

资料来源：笔者整理得到。

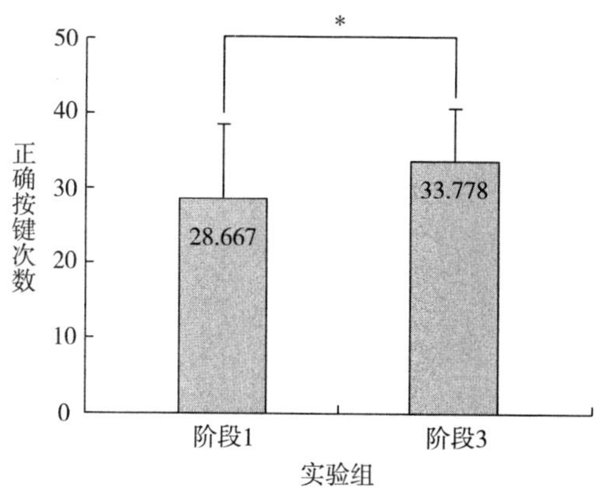

图 5-2 两个被试组在不同阶段的正确按键次数

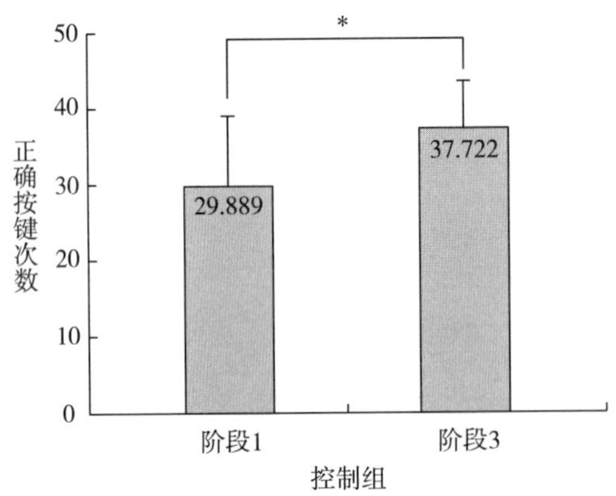

图 5－2　两个被试组在不同阶段的正确按键次数（续）

注：$*p<0.05$。

资料来源：笔者整理得到。

5.4.2　反馈阶段的脑电数据分析

5.4.2.1　脑电数据的分析方法及步骤

在研究二中，脑电数据的基本分析方法及步骤与研究一相同，本书已经在4.4.2.1节中做了详细的叙述，在此不再赘述。

5.4.2.2　脑电数据的分类原则及成分确定

脑电数据的基本分类原则及成分确定方法与4.4.2.2节中所述的研究一的脑电数据分类原则相同。根据该原则及本研究的设计，在当前实验的提示阶段与任务执行阶段均只有一种任务分类，不能进行相应的分析。因此，在研究二中，我们仅对实验结果的反馈阶段进行分析。由于本研究分为两个被试组，每组进行三个阶段的实验，而两个实验组之间唯一的区别在于第二个实验阶段的激励方式不同。因而，我们主要分析的是被试组间在阶段1和阶段3的脑电成分的差异。在结果的反馈阶段，每一组被试者在每个阶段都有输和赢两种分类，因此，每个被试组都包含四种分类，第一阶段赢、第一阶段输、第三阶段赢和第三阶段输。在下面对脑电成分的分析中，我们也将按照这种分类方式来对相关数据进行统计分析。与研究一的反馈结果类似，研究二的反馈阶段也包含两种不同的脑电成分：FRN成分与P300成分。我们将对这两种成分进行分析。

5.4.2.3　对FRN成分的分析

根据2.3.2.3节对以往FRN相关研究成果的综述，FRN通常在前额和中央区域振幅最大，因此，这里选取F1、Fz、F2、FC1、FCz、FC2、C1、Cz以及C2共9个电极点对其进行分析，9个电极位在全脑的分布情况如图5－3所示。对于

FRN 分析时间窗的选择，我们基于对本研究脑电结果分析后得到的 FRN 波形图（见图5-4、图5-5），图中是奖赏组和控制组中所选9个电极点中的每一行中间的具有代表性的电极点（Fz、FCz 和 Cz）的波形图，框中标注的即是一个明显的 FRN 成分。因此，本研究在对反馈阶段的 FRN 进行分析时，选取时间窗为 180~220ms 内脑电平均电压值作为成分振幅大小的指标进行统计分析。

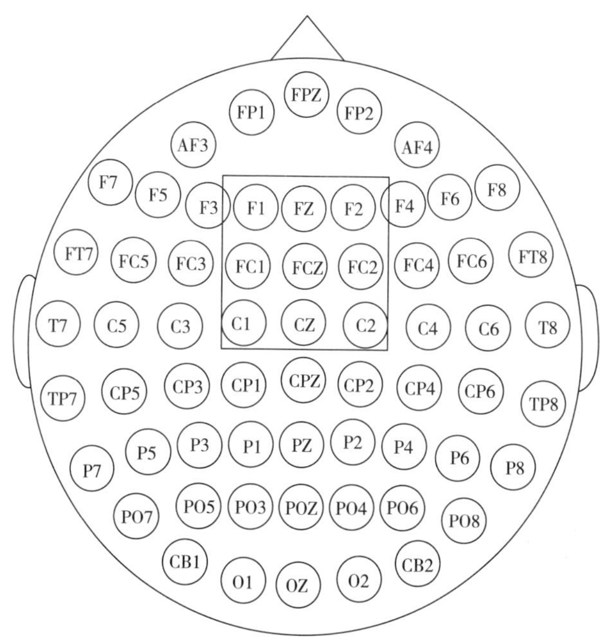

图5-3 64个电极位在全脑的分布以及分析 FRN 成分所选取的点位分布

资料来源：笔者整理得到。

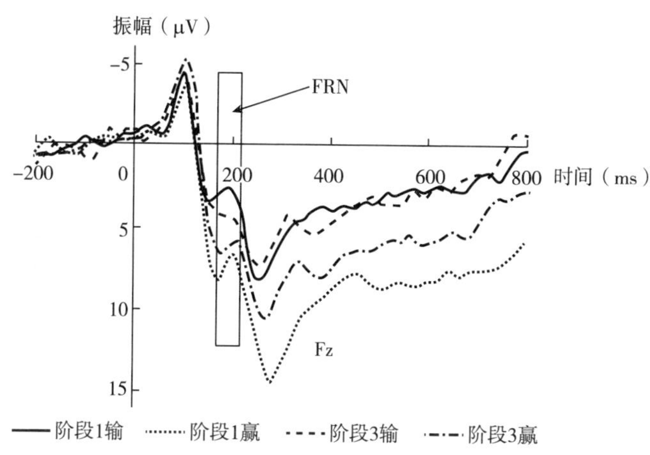

图5-4 奖赏组 Fz、FCz 以及 Cz 点的 FRN 波形图

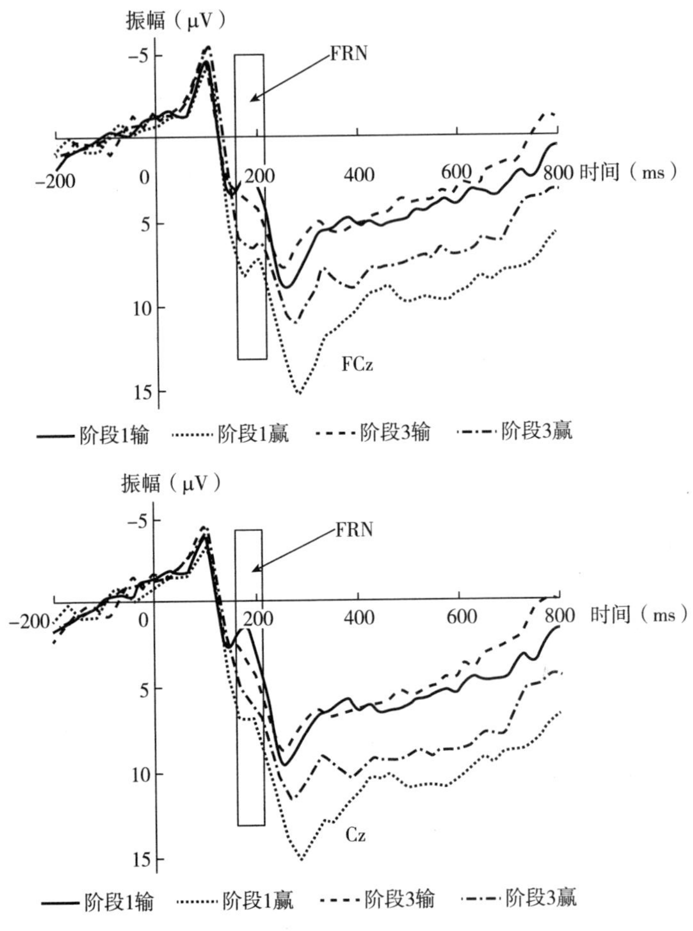

图 5-4 奖赏组 Fz、FCz 以及 Cz 点的 FRN 波形图（续）

资料来源：笔者整理得到。

根据组间统计的原则，对 FRN 在所选时间窗内的波幅均值做 2（2 种反馈结果：输和赢）×2（两个实验阶段：阶段 1 和阶段 3）×9（9 个电极点：F1、Fz、F2、FC1、FCz、FC2、C1、Cz 以及 C2）×2（两个被试组：奖赏组和控制组）的混合设计的方差分析（Mixed Design Anova）。结果显示，FRN 振幅对按键结果输赢的反馈有显著的主效应 [$F(1, 34) = 34.66$，$p < 0.001$]，表 5-3 显示的是不同反馈结果下 FRN 的电压均值和标准差，可以看到输的反馈结果的电压均值比赢的反馈结果的电压均值小，但是由于 FRN 是负走向波，电压均值越小代表其波幅越大。也就是说，输的反馈结果诱发了比赢的反馈结果更大的 FRN 振幅。

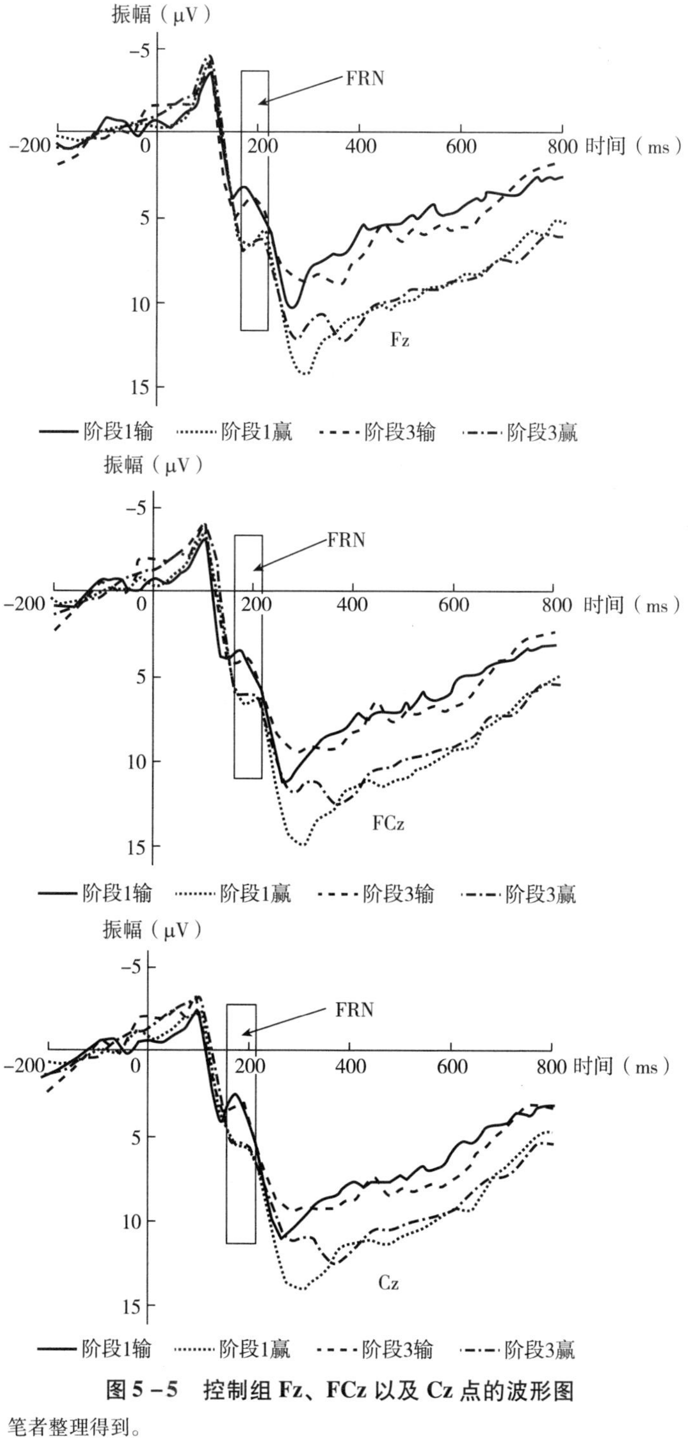

图 5-5 控制组 Fz、FCz 以及 Cz 点的波形图

资料来源：笔者整理得到。

表 5-3　输赢反馈结果的 FRN 成分的电压均值和标准差

实验结果	均值	标准差	95% 的置信区间	
			下限	上限
赢	6.387	0.822	4.717	8.057
输	3.932	0.680	2.551	5.313

资料来源：笔者整理得到。

此外，不同实验阶段与结果输赢的交互效应显著 [$F(1, 34) = 4.55$，$p = 0.040$]，实验阶段、反馈结果以及被试组三者之间的交互效应也显著 [$F(1, 34) = 4.82$，$p = 0.035$]。但是不同实验阶段的主效应不显著 [$F(1, 34) < 0.1$]。由于本书研究的是组间差异，因此让被试组分别对实验阶段、反馈结果和电极点做简单效应分析。结果发现，在奖赏组中，反馈结果的输赢有显著的主效应 [$F(1, 17) = 41.69$，$p < 0.001$]，而结果输赢和实验阶段的交互效应也是显著的，但是实验阶段的主效应不显著 [$F(1, 17) < 0.1$]。同样地，由于反馈结果与实验阶段有显著的交互效应，我们也做了简单效应分析。固定实验阶段，看各个阶段对反馈结果的输赢有无差异。在第一阶段，也就是绩效报酬前一阶段，反馈结果有显著的主效应 [$F(1, 17) = 50.57$，$p < 0.001$]。也就是说，输的结果（3.17μV）比赢的结果（7.42μV）诱发了更大的 FRN 振幅（负极性，电压值越小说明振幅越大）。在实验的第三阶段，也就是绩效报酬之后的阶段，采用同样的实验任务，反馈结果的输赢也有明显的主效应 [$F(1, 17) = 7.65$，$p = 0.013$]。同样地，也是输的结果（4.54μV）诱发了比赢的结果（6.36μV）更大的 FRN 振幅（见图 5-6）。奖赏组被试者在各个阶段的 FRN 电压均值和标准差如表 5-4 所示。

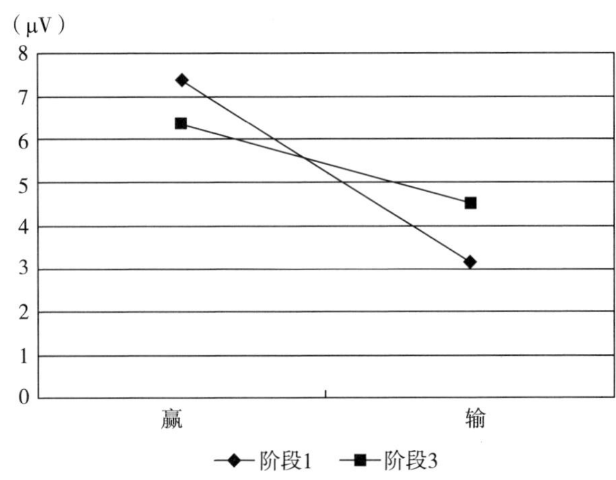

图 5-6　奖赏组在阶段 1 和阶段 3 的输赢结果的 FRN 振幅均值电压

资料来源：笔者整理得到。

在对控制组的分析中发现，只有反馈结果的输赢有主效应［$F(1, 17) = 7.41$，$p = 0.015$］，而实验阶段的主效应［$F(1, 17) < 0.1$］和两者之间的交互效应［$F(1, 17) < 0.1$］都不显著。也就是说，控制组中输的结果（4.01μV）比赢的结果（5.88μV）诱发了更大的FRN振幅，但是在各个实验阶段之间没有显著的差异（见表5－4，图5－7）。

表5－4　两个被试组在不同阶段的输赢的电压均值和标准差

被试组	实验阶段	实验结果	均值	标准差	95%置信区间	
					下限	上限
控制组	阶段1	赢	5.841	1.295	3.210	8.473
		输	3.984	1.139	1.669	6.299
	阶段3	赢	5.926	1.154	3.580	8.271
		输	4.033	1.049	1.902	6.164
奖赏组	阶段1	赢	7.417	1.295	4.786	8.710
		输	3.173	1.139	0.858	5.488
	阶段3	赢	6.364	1.154	4.019	8.710
		输	4.539	1.049	2.408	6.669

资料来源：笔者整理得到。

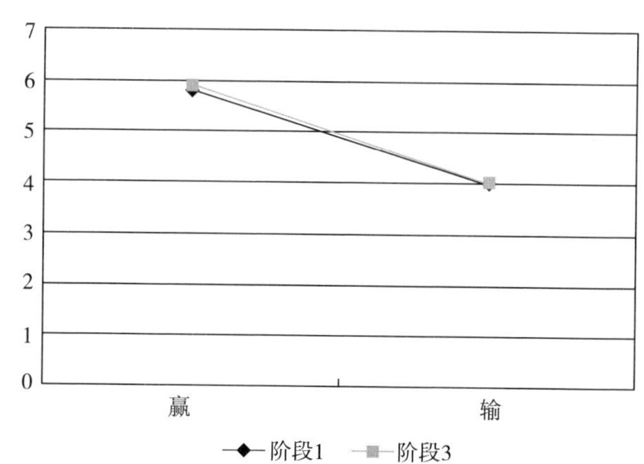

图5－7　控制组在阶段1和阶段3的输赢的FRN振幅均值电压

资料来源：笔者整理得到。

除了对FRN进行分析之外，为了更加清晰地呈现本研究的结果，我们也对FRN的差异波做了统计分析。奖赏组和控制组的D－FRN波形分别如图5－8和5－9所示，同样选取了9个电极点中每一行的中间一个点作为示意。从图5－8和图5－9中可以看出，奖赏组在两个阶段之间的差异大于控制组在两个阶段之间的差异。我们同样对这种差异进行是否显著的统计分析。

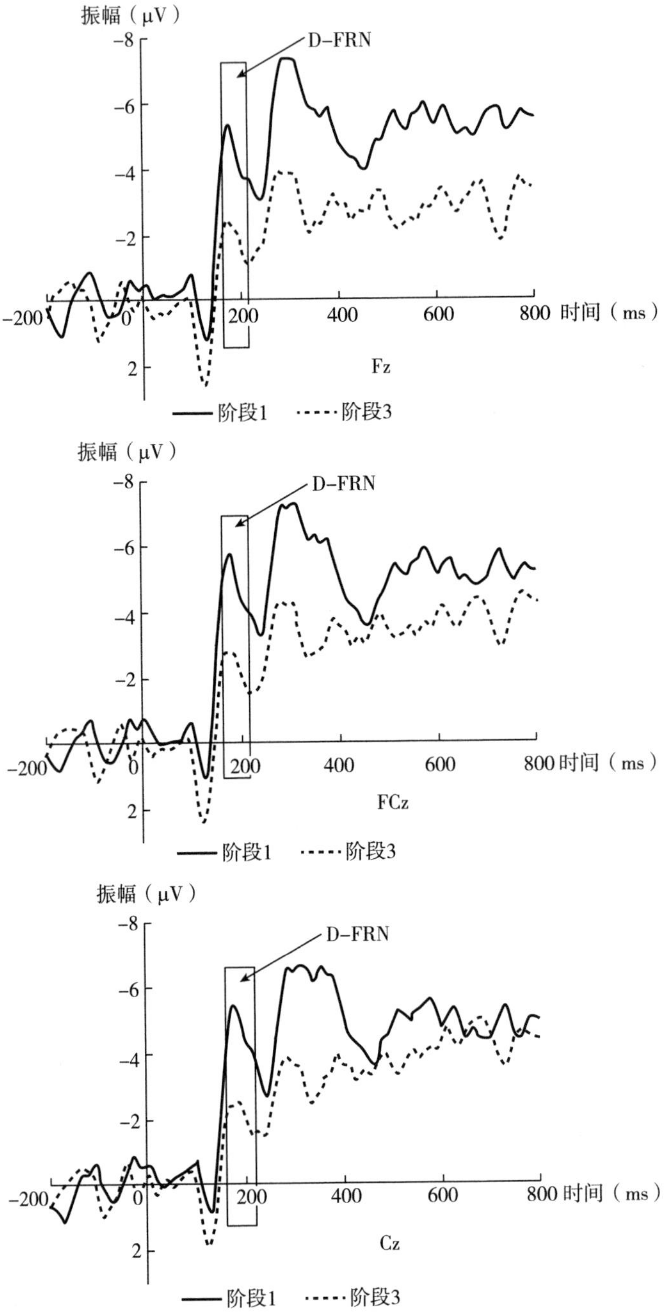

图 5－8　奖赏组在 Fz、FCz 以及 Cz 点位上 FRN 差异波（D－FRN）的波形图

资料来源：笔者整理得到。

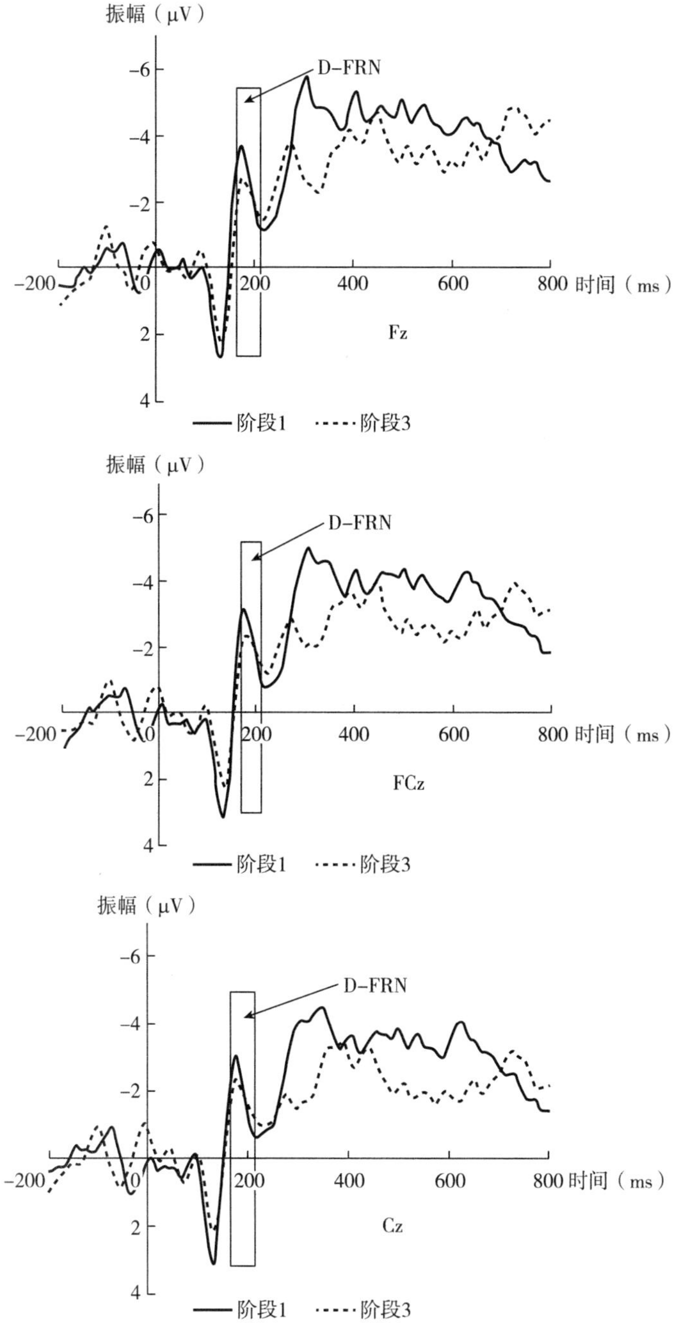

图 5－9　控制组在 Fz、FCz 以及 Cz 点位上 FRN 差异波（D－FRN）的波形图

资料来源：笔者整理得到。

对差异波的数据做2（两个实验阶段：阶段1和阶段3）×9（9个电极点）×2（两个被试组：奖赏组和实验组）的混合设计方差分析，结果显示，实验阶段有显著的主效应［$F(1, 34) = 4.55$，$p = 0.040$］，也就是说，阶段1（$-3.05\mu V$）诱发了比阶段3（$-1.86\mu V$）更大的D－FRN振幅。电极点的主效应不显著［$F(8, 272) = 2.254$，$p > 0.05$，$\varepsilon = 0.491$］，被试组的主效应也不显著［$F(1, 34) = 1.93$，$p > 0.1$］。实验阶段和被试组的交互效应是显著的［$F(1, 34) = 4.82$，$p = 0.035$］，因此，进一步做简单效应分析。固定被试组，在每个被试组间分别对实验阶段和电极点做简单效应分析，结果发现，在奖赏组中，两个实验阶段的主效应是显著的［$F(1, 17) = 8.36$，$p = 0.010$］，并且在阶段1（$-4.24\mu V$）诱发了比阶段3更大的D－FRN振幅（$-1.83\mu V$），而在控制组中，实验阶段的D－FRN主效应不显著［$F(1, 17) < 0.1$］。奖赏组和控制组在阶段1和阶段3的FRN差异波均值和标准差见表5－5。为了更加直观地呈现被试组间的FRN差异波振幅变化，其均值电压如图5－10所示。为了更清楚地显示出各个电极点上不同阶段的D－FRN振幅，我们将控制组和奖赏组在不同阶段的各个电极点上的振幅分别列在表5－6和表5－7中，从这两个表的数据中可以发现，D－FRN的这种效应也表现在各个电极点上。

表5－5　FRN差异波在两个被试组的不同阶段的均值和标准差

被试组	实验阶段	均值	标准差	95%置信区间	
				下限	上限
控制组	阶段1	－1.857	0.733	－3.348	－0.367
	阶段3	－1.893	0.686	－3.286	－0.500
奖赏组	阶段1	－4.244	0.733	－5.735	－2.754
	阶段3	－1.826	0.686	－3.219	－0.433

资料来源：笔者整理得到。

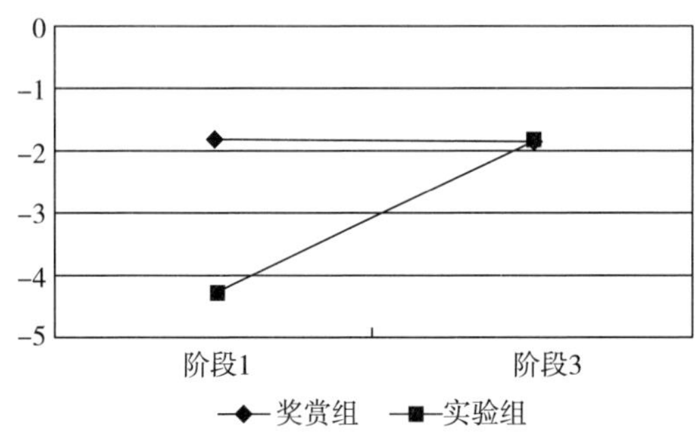

图5－10　两个被试组在阶段1和阶段3的D－FRN电压均值

资料来源：笔者整理得到。

表 5-6　控制组在各个电极点的差异波均值和标准差

电极点	实验阶段	均值	标准差	95%置信区间	
				下限	上限
F1	阶段 1	-1.811	0.728	-3.290	-0.331
	阶段 3	-1.386	0.755	-2.921	0.149
Fz	阶段 1	-2.103	0.794	-3.717	-0.490
	阶段 3	-1.987	0.709	-3.429	-0.545
F2	阶段 1	-1.935	0.750	-3.460	-0.410
	阶段 3	-2.495	0.726	-3.971	-1.019
FC1	阶段 1	-1.712	0.727	-3.189	-0.235
	阶段 3	-1.332	0.717	-2.790	0.126
FCz	阶段 1	-1.784	0.798	-3.404	-0.163
	阶段 3	-1.777	0.730	-3.260	-0.295
FC2	阶段 1	-2.202	0.772	-3.772	-0.632
	阶段 3	-2.643	0.762	-4.192	-1.095
C1	阶段 1	-1.671	0.730	-3.155	-0.188
	阶段 3	-1.425	0.702	-2.851	0.001
Cz	阶段 1	-1.585	0.812	-3.236	0.066
	阶段 3	-1.744	0.687	-3.140	-0.348
C2	阶段 1	-1.913	0.790	-3.518	-0.309
	阶段 3	-2.247	0.685	-3.640	-0.854

资料来源：笔者整理得到。

表 5-7　奖赏组在各个电极点的差异波均值和标准差

电极点	实验阶段	均值	标准差	95%置信区间	
				下限	上限
F1	阶段 1	-3.515	0.728	-4.995	-2.036
	阶段 3	-1.472	0.755	-3.008	0.063
Fz	阶段 1	-4.167	0.794	-5.780	-2.554
	阶段 3	-1.596	0.709	-3.038	-0.154
F2	阶段 1	-3.973	0.750	-5.497	-2.448
	阶段 3	-1.374	0.726	-2.850	0.102
FC1	阶段 1	-4.270	0.727	-5.746	-2.793
	阶段 3	-2.004	0.717	-3.461	-0.546

续表

电极点	实验阶段	均值	标准差	95% 置信区间	
				下限	上限
FCz	阶段 1	-4.633	0.798	-6.254	-3.012
	阶段 3	-2.098	0.730	-3.581	-0.616
FC2	阶段 1	-4.208	0.772	-5.777	-2.638
	阶段 3	-1.999	0.762	-3.548	-0.450
C1	阶段 1	-4.491	0.730	-5.974	-3.007
	阶段 3	-2.126	0.702	-3.552	-0.700
Cz	阶段 1	-4.514	0.812	-6.165	-2.863
	阶段 3	-2.012	0.687	-3.408	-0.616
C2	阶段 1	-4.430	0.790	-6.035	-2.826
	阶段 3	-1.752	0.685	-3.145	-0.359

资料来源：笔者整理得到。

5.4.2.4 对 P300 成分的分析

根据2.3.4 节中所述，P300 振幅最大区域在中央顶区，因而在本研究中，我们选取了 C1、Cz、C2、CP1、CPz、CP2、P1、Pz 以及 P2 共 9 个电极点，图 5-11 和图 5-12 分别显示了奖赏组和控制组的 9 个电极点中，每一行中间的电极点的波形图。9 个电极点在脑区的整体分布如图 5-13 所示。

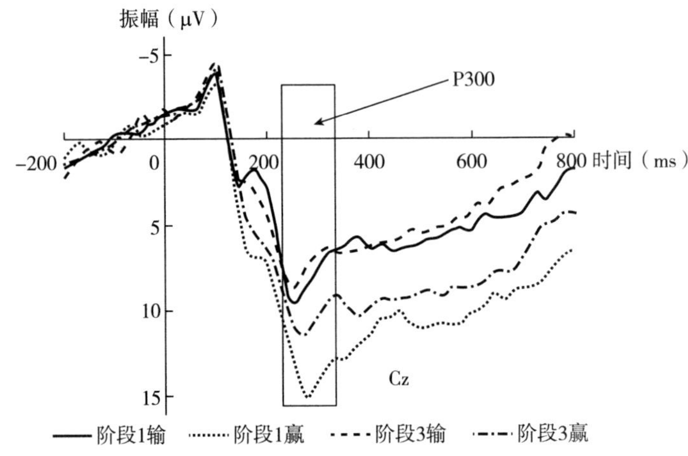

图 5-11　奖赏组在 Cz、CPz 以及 Pz 点上的 P300 的波形图

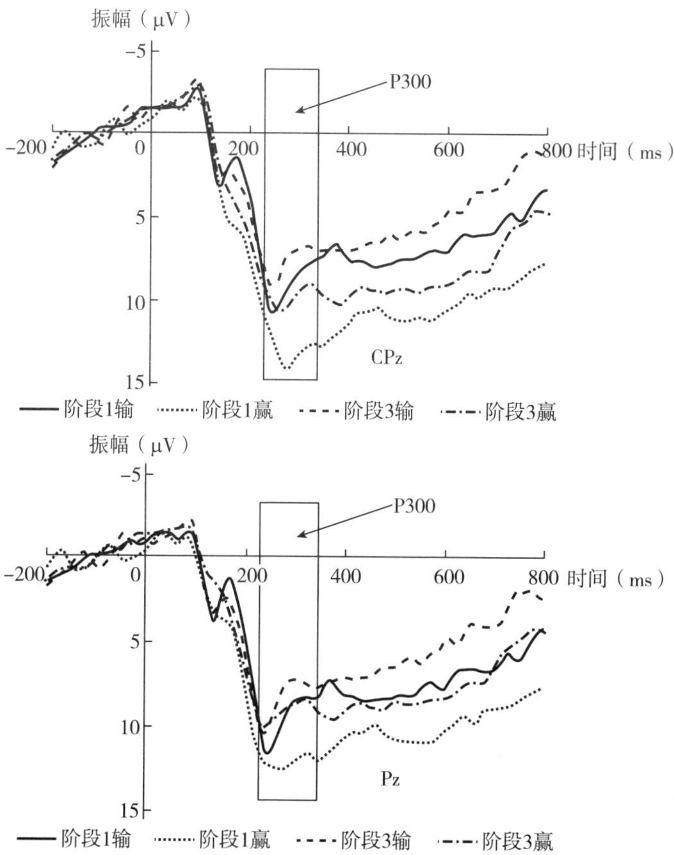

图 5－11　奖赏组在 Cz、CPz 以及 Pz 点上的 P300 的波形图（续）

资料来源：笔者整理得到。

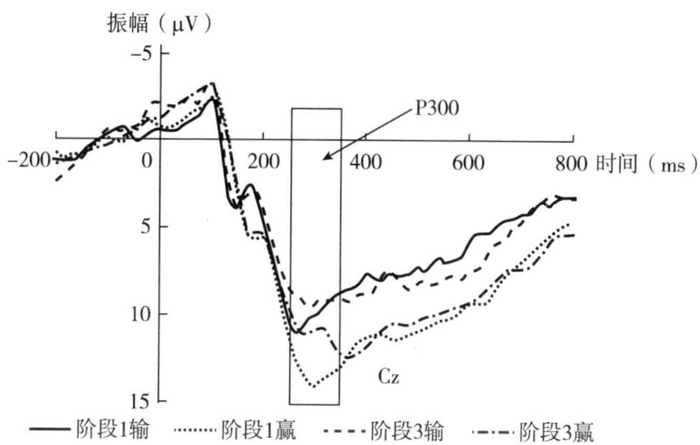

图 5－12　控制组在 Cz、CPz 以及 Pz 点上的 P300 波形图

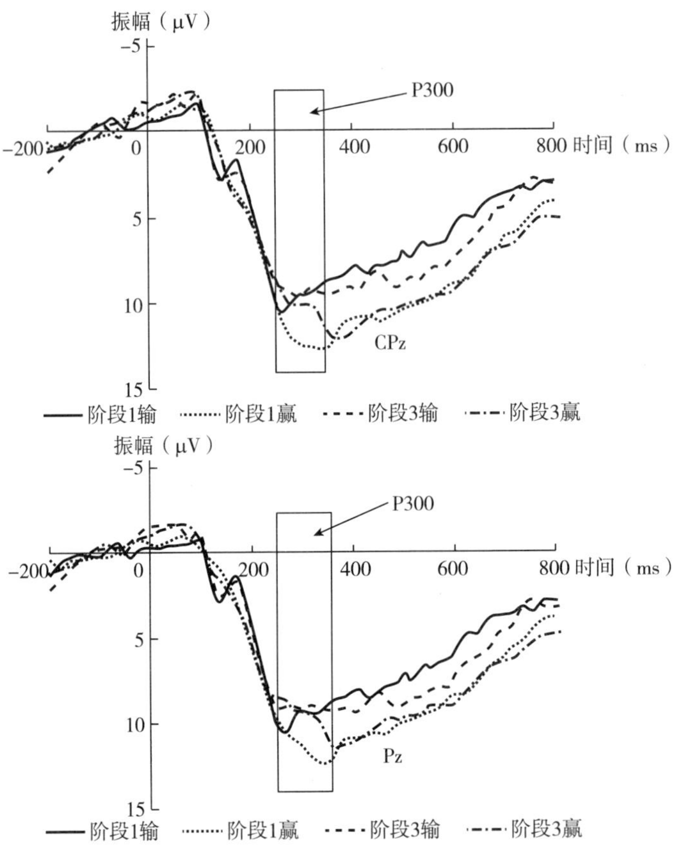

图 5－12 控制组在 Cz、CPz 以及 Pz 点上的 P300 波形图（续）

资料来源：笔者整理得到。

根据波形图和以往的研究结果，我们选取了 250～350ms 作为 P300 分析的时间窗。采用 2（2 种反馈结果：输和赢）×2（两个实验阶段：阶段 1 和阶段 3）×9（9 个电极点：C1、Cz、C2、CP1、CPz、CP2、P1、Pz 以及 P2）×2（两个被试组：奖赏组和控制组）的混合设计方差分析（Mixed Design Anova）的方法来研究 P300 在该时间窗内电压均值的情况。结果显示，实验阶段［F（1，34）＝6.061，p＝0.019］、反馈结果［F（1，34）＝45.118，p＜0.001］以及电极点［F（8，272）＝7.080，p＜0.001ε＝0.362］的主效应都显著，并且实验阶段和反馈结果的交互效应也显著［F（1，34）＝10.914，p＝0.002］。也就是说，赢的反馈（11.383μV）比输的反馈（8.797μV）也诱发了更大的 P300 振幅（见表 5－8），且实验的阶段 1（10.937μV）诱发了比阶段 3（9.244μV）更大的 P300

振幅（见表5-9）。但是，实验阶段和实验被试组之间的交互效应不显著［F（1，34）=0.584，p>0.1］，实验反馈结果与实验被试组之间的交互效应［F（1，34）=1.548，p>0.1］以及实验反馈结果、实验阶段和被试组三者之间的交互效应也不显著［F（1，34）=1.169，p>0.1］。

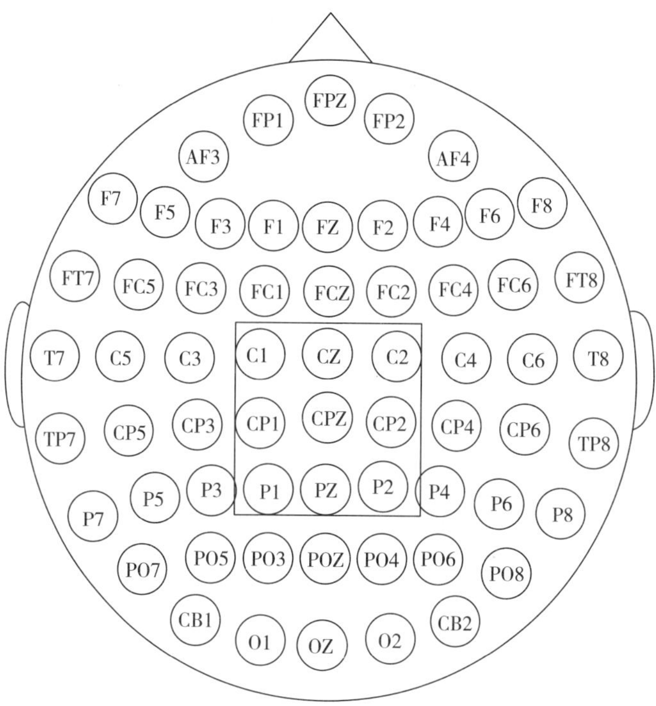

图5-13　64个电极位在全脑的分布以及分析P300成分所选取的点位分布

资料来源：笔者整理得到。

表5-8　输赢结果的P300振幅的均值和标准差

实验结果	均值	标准差	95%置信区间	
			下限	上限
赢	11.383	0.943	9.466	13.301
输	8.797	0.843	7.083	10.511

资料来源：笔者整理得到。

表 5-9　不同实验阶段的 P300 振幅的均值和标准差

实验阶段	均值	标准差	95%置信区间	
			下限	上限
阶段 1	10.937	1.075	8.753	13.121
阶段 3	9.244	0.745	7.730	10.758

资料来源：笔者整理得到。

5.5　结论与讨论

本章对研究二进行了详细的阐述，在本研究中选取了研究一中内在动机较强的 5 秒按键任务，让被试者执行三个阶段的 5 秒按键任务，每一个阶段之间相互独立。本实验共招募了 36 名志愿者作为实验被试者，随机平均分成两组：奖赏组和控制组。所有 36 名被试者都需要执行三个阶段的任务，奖赏组被试者第二阶段任务的收益与完成任务的绩效相关，被试者在奖赏组的第一阶段和第三阶段以及控制组的三个阶段的任务的收益均与绩效无关。实验收集了所有被试者在执行任务时的脑电数据，但由于只有一种任务，就没有必要设置任务提示阶段，但任务执行阶段也只有执行同一种任务的数据，无法进行比较。此外，通过研究一的分析，我们发现任务的各个阶段的脑电数据通过不同的脑电成分反映了被试者在各个阶段不同的心理过程和神经特征，但是各个阶段也能独立地反映出内在动机的强度。因此，本书主要针对任务执行结果的反馈阶段进行数据分析，并且通过对两个被试组的各个阶段的数据进行分析，也得出了丰富的实验结论。

5.5.1　按键正确率行为数据的结论与讨论

5.5.1.1　行为数据的研究结论

本书在 5.4.1 节中对两个被试组在阶段 1 和阶段 3 的按键正确率做了混合设计的方差分析。通过统计分析发现两组被试间的按键正确率无显著差异，而两组被试者在实验第三阶段的按键正确率均高于第一阶段。而 5.2.1 节中对行为数据的假设是两个被试组的第一阶段和第三阶段的按键正确率无显著差异。因此，假设 H1 不成立。

5.5.1.2 对研究结论的讨论

5.5.1.1 节总结了两个被试组按键正确率的行为结果，该结果与假设 H1 不一致，因此本节要回答两个问题：一是为什么按键正确率结果与假设 H1 不一致？二是这种不一致对实验结果的有效性是否产生影响？

Deci 等（1999）关于内在动机的研究综述显示，对内在动机的强度判断方式有自愿选择阶段主动完成任务的意愿和自报告两种，没有研究显示动机的强度与完成任务的正确率相关。一些相关的研究甚至并没有报告任务的正确率，在行为数据方面仅仅报告了自愿选择阶段的数据结果（Murayama et al.，2010）。在本研究中，我们认为 5 秒按键任务的正确率不能反映任务本身给被试者带来的动机强度，按键正确率反映的只是 5 秒按键任务对被试者的难度。因此，在本研究中，阶段 1 的按键正确率比阶段 3 小，不能说明被试者在阶段 1 中对任务的动机弱于阶段 3，只能说明被试者在阶段 3 中觉得 5 秒按键任务更加简单了，这是由于任务的熟练程度增加所造成的。虽然在实验开始前，我们让被试者对任务进行了充分的训练，但是在正式实验时，每位被试者需要在每个阶段都进行 60 次任务，等到了阶段 3，前面已经进行了 120 次任务，对任务的熟练程度进一步加深了。因此，在阶段 3 中，无论是奖赏组还是控制组，其按键正确率都提高了。

那么这种对任务熟练程度的提高，会不会影响实验的有效性呢？在实验开始前，我们事先已经考虑到了任务熟练度和疲劳程度对实验有效性的影响，因此我们在实验设计中设置了奖赏组和控制组两个被试组，我们比较的是奖赏组在阶段 1 和阶段 3 之间的差异与控制组在阶段 1 和阶段 3 之间的差异的不同。也就是说，我们并不是通过直接比较奖赏组在阶段 1 和阶段 3 之间的差异来探测阶段 2 的物质激励对内在动机的影响，而是与控制组进行比较。在熟练度和疲劳度对动机强度无显著影响的情况下，奖赏组在阶段 1 和阶段 3 有差异而控制组在阶段 1 和阶段 3 无差异，这就说明在奖赏组中，任务的内在动机受到了阶段 2 给予的物质激励的影响；在熟练程度和疲劳度对动机强度有显著影响的情况下，奖赏组和控制组在阶段 1 和阶段 3 都有差异，但是奖赏组的差异比控制组更大，才能说明内在动机受到了物质激励的影响。这种组间比较的方法也是前人在行为和核磁共振研究中常用的用来消除外界因素对实验有效性干扰的方法。综上所述，无论任务的熟练程度还是被试者的疲劳程度是否会影响动机强度，对于我们的实验目的来说，均不会影响实验的有效性。

5.5.2 反馈阶段脑电数据的结论与讨论

5.5.2.1 脑电数据的研究结论

在研究二中，对脑电数据的分析过程以及脑电成分的确定原则与研究一相同。由于在本研究中被试者只需要参加一种实验任务，因此取消了实验任务的提示阶段；对于任务执行阶段的分析，也由于只有一种实验任务，均无法进行比较，因此，研究二对于脑电数据的分析只关注了任务结果的反馈阶段。在研究一的结论中，我们也发现了任务反馈阶段有两种 ERPs 成分，并且经过分析得出 FRN 是可以稳定反映动机强度的脑电指标。根据脑电分析方法、成分确定原则以及前人的研究基础，我们对任务结果反馈阶段的 FRN 以及 P300 成分进行了分析，得出了以下结论：

5.5.2.1.1 与 FRN 成分相关的研究结论

在研究二中，我们采取了组间的实验设计方案，为了比较两组样本间 FRN 振幅在不同实验阶段的差异性，根据统计规则，采用了混合设计的方差分析，当各个因素之间有交互效应时，根据研究目的和研究假设对其进行相应的简单效应分析（马庆国，2002），得到如下结论：

（1）与研究一相同，在反馈阶段，输的反馈结果比赢的反馈结果诱发了更大的 FRN 振幅，这个结果稳定地出现在两个被试组的所有阶段的反馈结果中以及所有被试者的整体分析中。

（2）由于混合设计的重复性方差分析中的四个因素（被试组、实验阶段、反馈结果的输赢以及电极点）之间有显著的交互效应，因此根据实验假设做简单效应分析。在两个被试组内分别对不同阶段的 FRN 振幅做简单效应分析，结果显示，奖赏组在阶段 1 的输赢结果所诱发的 FRN 振幅差异大于阶段 3，而控制组在阶段 1 的输赢结果所诱发的 FRN 振幅差异与阶段 3 无不同。这个结果表现在 D – FRN上就是奖赏组阶段 1 和阶段 3 的 D – FRN 振幅有显著差异，而控制组阶段 1 和阶段 3 的 D – FRN 振幅无显著差异。因此，假设 H2a 与假设 H2b 成立。

5.5.2.1.2 与 P300 成分相关的研究结论

对 P300 的数据统计分析也是进行组间的混合设计方差分析，在存在交互效应时进行简单效应分析，得到如下结论：

（1）与研究一相同，在该研究中，正性反馈结果也比负性反馈结果诱发了更大的 P300 振幅，在不同的奖赏组、实验阶段以及所有被试者的整体分析中都稳定地存在这个效应。

（2）与 FRN 的结果不同，在对 P300 的分析中，并没有发现 P300 振幅变化的组间差异，也就是说，奖赏组和控制组的 P300 变化情况是一致的。进一步分

析发现，无论是奖赏组还是控制组在阶段1的P300振幅均大于阶段3的P300振幅。因此，在假设H3的两个子假设中，仅H3a成立，H3b不成立。

5.5.2.2 对研究结论的讨论

5.5.2.2.1 对FRN成分结论的讨论

在5.5.2.1节对研究二中FRN成分的相关结论进行了总结，得到了两个结论，我们在此分别对其进行讨论。第一个结论是关于输赢结果诱发的FRN振幅的差异，得到了与研究一相同的结论，输的反馈结果诱发了比赢的反馈结果更大的FRN振幅，并且这个结论出现在实验的各个阶段。这说明FRN能够稳定地反映对反馈结果的主观价值评估。其认知意义已经在4.5.2.2.3节中详细叙述过，在此不再赘述。

与FRN成分相关的第二个研究结论，我们发现了控制组与奖赏组之间的差异。在研究二的实验设计中，奖赏组与控制组唯一的不同在于阶段2的报酬方式，奖赏组是绩效报酬而控制组仍然是固定报酬，由此可以推断出，控制组与奖赏组的差异是由于阶段2的激励方式不同所造成的。也就是说，在奖赏组的阶段3中，由于撤销了阶段2给予的绩效报酬，反馈结果的输赢给被试者带来的主观价值差别变小了。这样的结果与传统的外在金钱奖励总是会激发和强化个体对工作任务动机的观点不符，但与我们之前所提到的，金钱奖励并不总是能激发个体动机的结论是一致的，在有些时候，金钱奖励也会起到相反的作用。

行为学家对这种现象提出了很多的解释，例如，Deci（1972）等提出的认知评估理论（Cognitive Evaluation Theory），该理论认为，外在奖励对任务内在动机的破坏作用是由于被试者对任务的自我决定（Self - determination）和胜任力（Competency）被破坏了。当任务被赋予了外在奖励之后，被试者会认为他们完成任务是为了获得报酬而不是因为任务本身的有趣性和挑战性。原本来自任务本身的内在动机逐渐被转化为金钱激励所带来的外部动机，因此，一旦金钱奖励被撤销，动机就消失了，对结果好坏的在意程度也下降了，在脑电成分上表现为FRN差异波振幅的减小。在Murayama（2011）的研究中，他们也观察到大脑奖赏中心的纹状体活动在激励被撤销之后，降低了对赢的结果的激活程度。也就是说，强动机的正性反馈结果会给个体带来更强的奖赏愉悦感。

因此，外在激励对内在动机破坏作用的认知过程是，越强的动机会对结果评价带有更强的情感性和更高的主观价值评估，当任务的内在动机由于外部原因被转化为外部动机，而这种外部动机又被撤销时，内在动机会下降，对结果的价值评估也会减少，从而导致FRN振幅减小。这种解释与认知评估理论和核磁共振研究得出的奖赏理论是一致的，其心理过程是，个体总是习惯于为自己和他人的行为寻找充足的原因，以使自己和他人的行为在一定程度上看起来具有合理性，一旦当前行为有了充分的原因，就不会再继续寻找其他的理由，并且在寻找理由过程中，一些显而易见的外部理由总是容易被人所利用，因此，当有外部原因足以对当前行为做出解释时，内部原因就很难被发现了。这也是金钱激励会破坏任务内在动机的原因。

5.5.2.2.2　对P300成分结论的讨论

在5.5.2.1节对研究二中P300成分的相关结论进行了总结，得到了两个结论，我们在此分别对其进行讨论。第一个结论是关于输赢结果诱发的P300振幅的差异，得到了与研究一相同的结论，赢的反馈结果诱发了比输的反馈结果更大的P300振幅，并且这个结论出现在实验的各个阶段。这说明P300能够稳定地反映对反馈结果的效价评估。其认知意义已经在4.5.2.2.3节中详细叙述过，在此不再赘述。

与P300成分相关的第二个研究结论，我们发现了控制组与奖赏组之间并不存在P300振幅的差异，其振幅变化表现出了总体的阶段性变化。也就是说，在奖赏组和控制组都出现了阶段1的P300振幅整体大于阶段3的结果。以往的研究也证实了，P300与对刺激的注意力资源分配有关（Nieuwenhuis et al.，2005）。这说明随着实验的进行，被试者对任务的注意力逐渐分散，这种注意力的分散可能是由于长时间重复进行任务所导致的。但是从FRN的结论中可以看到，这种长时间重复任务的疲劳效应并没有导致被试者对任务动机的减弱。因此，我们也得到了个体对动机的强度与执行任务的时间长度和疲劳度无关的结论。这样的结论其实与我们在研究一的最后做出的猜测是一致的，P300的振幅会受到外界其他因素的干扰，而FRN振幅则相对可以比较稳定地反映出动机的强度。此外，我们也发现了FRN与P300都与刺激的效价有关（Bellebaum，Polezzi & Daum，2010；Bellebaum & Daum，2008；Gu et al.，2011），但是他们对结果评价方面的作用是不同的（Shen et al.，2013）。这也是本研究结论对神经科学研究做出的理论贡献。

5.5.2.3　对研究结果的联合讨论

总体来说，本研究通过一个简单有趣的秒表按键任务探讨了物质激励对内在动机破坏效应的神经机制。奖赏组被试者在给予绩效报酬前和撤销绩效报酬后有明显的FRN振幅下降，而控制组没有。我们的结果在脑电层面得到了验证，证实了FRN振幅的敏感度与动机或情感过程有关。但是，这种效应只能体现在FRN的振幅变化上，而没有体现在P300成分上。从两种成分认知意义的角度来说，虽然FRN和P300都能反映刺激的效价，也就是反馈结果的好坏，但是FRN对刺激效价的敏感是由不同效价的刺激引起的情感差异，而P300对效价的敏感是由于不同效价的刺激引发的注意力不同所造成的。

此外，在管理实践中，这一研究结论对于激励理论的发展和激励实践有着重要意义。物质激励不一定总是能起到很好的激励作用，有时候甚至会破坏任务的原有内在动机，这是因为当给予员工外部金钱激励时，员工会将工作的原因归结为获得金钱报酬，那么由于喜欢工作而产生的内部动机就会随之降低。例如，对原本喜爱看书的学生施以金钱激励，学生就会把获得奖励作为金钱激励，而不是因为兴趣本身。因此企业在对员工进行激励的时候需要考虑到当前的激励措施是否会影响员工的内部动机，以达到事半功倍的激励效果。

6 社会比较对内在动机的影响及其神经机理研究

6.1 研究目的

本书的研究二主要关注了物质奖励对任务本身自带的内在动机的影响，得出了物质激励会破坏内在动机，且这种破坏性会表现在结果反馈阶段的脑电成分上的结论。然而，在现实的激励活动中，除了物质奖励之外，还有一类与金钱无关的精神奖励。除了物质激励之外，精神激励也被运用于各类组织。例如，口头表扬以及员工的自我实现等。一方面，由于在实验室环境中，精神激励难以被模拟，也难以像物质激励那样可以对激励程度进行量化和控制。另一方面，前人的研究中关于精神激励对内在动机的影响并不多，一些行为研究以在校大学生作为样本，研究口头表扬是否会对被试者的内在动机产生影响，他们的研究结果发现，口头表扬增加了任务本身自带的内在动机的强度（Deci，1971）。但是，更多行为研究关注的是口头表扬等精神激励方式如何对学龄前儿童的内在动机产生影响（Anderson，Manoogian & Reznick，1976；Henderlong & Lepper，2002），这是由于实验室环境下模拟的口头表扬等精神激励方式难以对成年人产生影响。因此，本研究采取了较易在实验室环境下模拟的社会比较作为精神激励的因素来研究精神激励会对员工的内在动机产生什么样的影响？是否像口头表扬对儿童那样，会增强其内在动机？精神奖励影响工作动机的认知神经机制又是什么呢？基于以上问题，本研究的研究目的可以分为以下两个：

研究目的 1：研究以社会比较为代表的精神激励对任务内在动机的影响作用。以往的研究在行为层面也证实了在撤销精神激励之后，会对任务原有的内在动机有一定的加强作用。本研究试图通过收集大脑层面的脑电信息来验证这

一点。

研究目的 2：虽然已有研究关注精神激励对内在动机的影响，但是对其内在神经机理的研究尚未出现。因此，本研究除了从大脑层面找出社会比较对内在动机的影响之外，还关注其心理过程和神经机理。

6.2　研究假设

由于本研究的设计与研究二相同，也设置了控制组和奖赏组，并且也是将两个实验组的阶段 2 作为调节阶段，因此，我们主要关注控制组和奖赏组在阶段 1 和阶段 3 的变化。本研究与研究二的不同之处在于阶段 2 的调节方式不同。研究二在阶段 2 是根据不同的报酬方式来进行调节的；而在本研究中，两个被试组在阶段 2 的报酬方式是相同的，奖赏组和控制组的不同之处在于奖赏组的被试者在阶段 2 的实验中除了能看到自己的按键反馈结果之外，还能看见另个一被试者的按键反馈结果，而控制组被试者只能看见自己的按键反馈结果，也就是奖赏组在阶段 2 设置了社会比较的情景作为精神激励。需要说明的是，本研究之所以选择社会比较来作为精神激励的方式，一方面，是由于社会比较不是社会竞争，不会给行为的个体带来控制感，在比较中，只是给被试者提供了他人行为结果的信息，这种结果不会给他的报酬和名誉带来任何的影响；另一方面，社会比较容易在实验室环境中被模拟出来，可以通过程序将两名被试者的行为结果都呈现给对方，而口头表扬等其他精神激励方式比较难以在实验室环境下模拟，也比较难以对成人产生激励作用。

因此，根据本研究的研究设计、研究目的和以往的研究结果，本研究在行为层面和大脑层面提出如下研究假设：

6.2.1　按键正确率的行为假设

与研究二相同，本研究也需要选择一种有较强内在动机的任务，因此本研究也选取了 5 秒按键任务。在本研究中，每个被试者都需要进行三个阶段的任务，每个阶段进行 5 秒按键任务 60 次。因此，在行为层面的按键正确率上，本研究应该得出与研究二相同的结论，根据研究二的结论，得出本研究按键正确率的假设如下：

H1：不论是控制组还是奖赏组，个体在阶段 3 都会比在阶段 1 表现得更好，按键正确率会更高。

6.2.2　反馈阶段的脑电假设

外在精神激励对内在动机影响的研究也是由社会心理学家 Deci 等（1971）开展的，在他们的研究中同样采取的是组间设计的实验范式，把 24 名被试者平均分成奖赏组和控制组两组，两组均进行三个阶段的拼七巧板任务。奖赏组被试者在实验的阶段 2 每拼对一个都会被给予正性的口头表扬，阶段 1 和阶段 3 均没有给予表扬，而控制组三个阶段的实验都没有给予任何外在表扬。在每一阶段的实验结束之后，实验者谎称需要为下一阶段的实验做准备，请被试者稍等，被试者被独自留在房间等候，他们可以选择继续拼七巧板，也可以选择看杂志或者什么也不做。结果发现，在阶段 2 受到口头表扬的奖赏组，在阶段 3 结束后的自愿游戏阶段，自愿拼图的时间明显比没有得到任何表扬的控制组长。研究者因此得出结论：无形的精神奖励会增加人们对任务的兴趣，即精神激励增强了任务本身自带的内在动机。在 Deci 等的研究之后，很多研究者采用了不同的实验任务，也都证实了这一结论（Anderson et al.，1976；Cameron & Pierce，1994；Deci，Koestner & Ryan，2001；Henderlong & Lepper，2002）。

尽管在上述研究中，大部分研究者采取了口头表扬作为精神激励的方式。对以往研究的统计也发现，口头表扬是内外动机关系研究中最常用的精神激励方式，但是运用口头表扬的研究一般招募儿童作为被测样本。此外，Deci 等（1999）在对内在动机与外在激励关系的元分析中发现，口头表扬这种精神激励方式对儿童能起较大的作用，而对于成人则没有太大的作用。因此，也有研究者使用目标设定（Vansteenkiste，Lens & Deci，2006）、成就导向（Harackiewicz & Elliot，1993）以及竞争（Weinberg & Jackson，1979）等其他类型的精神激励方式来进行研究，结果也同样发现了精神激励对内在动机的增强作用（Rawsthorne & Elliot，1999）。因此，鉴于口头表扬对成年人的作用比较小，且社会比较模式在实验室环境中比较容易被模拟，本研究采取社会比较作为精神激励的方式来研究精神激励对内在动机的影响，并假设在本研究中也能得到精神激励对内在动机有增强作用的结论。

在研究二中，我们也运用事件相关电位技术对物质激励与内在动机的关系进行了研究。结果发现，在任务结果反馈阶段出现了 FRN 和 P300 两种成分，FRN 振幅变化的情况能够有效地反映动机强度的变化，为了便于解释结果，我们也分析了 FRN 的差异波 D－FRN。因此，在本研究中，我们仍然采取经典的三阶段实验设计方式，运用事件相关电位技术研究精神激励对内在动机的影响，并从 FRN、D－FRN 以及 P300 三个层面对脑电数据提出以下假设：

H2：根据以往的行为研究，我们假设社会比较会增加内在动机；而根据研

究二中 FRN 对动机强度的表征，我们提出以下两个子假设：

H2a：在本研究中，奖赏组在阶段 1 和阶段 3 之间有显著的 FRN 振幅增强，表现在 D－FRN 上就是奖赏组在阶段 3 的 D－FRN 振幅大于阶段 1 的 D－FRN 振幅。

H2b：控制组三个阶段都无社会比较，阶段 1 和阶段 3 之间无显著的 FRN 差异，表现在 D－FRN 上就是阶段 1 和阶段 3 的振幅无显著差异。

H3：在反馈阶段，除了 FRN 外，还有 P300 成分可以反映被试者的注意力集中情况。根据 P300 认知特征和研究二的结论，我们假设 P300 的研究结果与研究二相同，包含以下两个方面：

H3a：不论是控制组还是奖赏组，阶段 1 都会诱发比阶段 3 更大的 P300 振幅。

H3b：奖赏组的反馈结果所诱发的 P300 振幅下降与控制组的无显著差异。

6.3　研究方法

6.3.1　实验被试者

与研究一和研究二类似，本研究也通过浙江大学 BBS 内网随机招募在校学生 36 名，其中，男生 20 名，女生 18 名。被试者年龄在 18～25 岁，平均年龄为 21.72 岁，标准差为 1.98。已经参加过研究一和研究二的被试者，将不允许参与到本实验中。所有被试者均自报告为右利手（非左撇子），视力或矫正视力正常（佩戴合适度数的眼镜），没有神经与精神疾病史。实验过程通过浙江大学神经管理学实验室伦理委员会核准。在实验开始前每位志愿者都需要首先了解 ERPs 实验流程，然后签署浙江大学神经管理学实验室的 ERPs 实验知情同意书，表明其认识到实验的无害性，自愿参加实验。

6.3.2　实验材料

本研究与研究二类似，采用被试间的实验设计，把被试者随机分成奖赏组和控制组两组。两组被试者均进行三个阶段的实验，控制组被试者三个阶段的任务与研究二相同，被试者仅需要独自完成三个阶段的 5 秒按键任务，实验范式如图 5－2 所示；而奖赏组被试者在实验的阶段 2 的结果反馈中，除了能得到自己的按键结果反馈外，还能得到同时参加实验的另一名被试者的按键结果反馈，实验范式如图 6－1 所示，而实验的阶段 1 和阶段 3 均与控制组相同，只返回自己的按键结果。

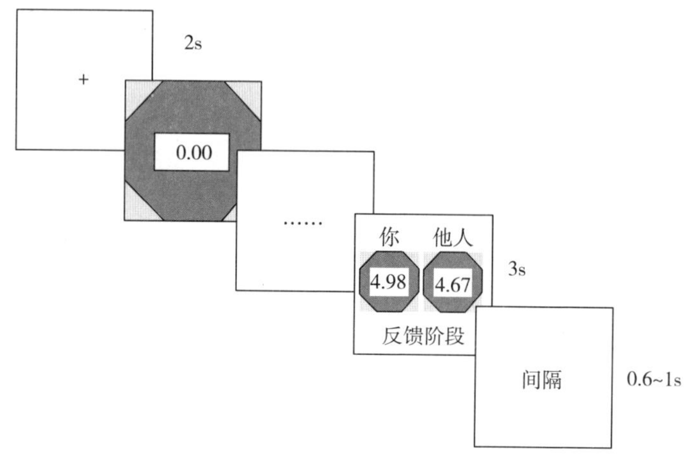

图 6－1　奖赏组在阶段 2 的实验范式

资料来源：笔者整理得到。

实验任务要求被试者把秒表停在尽可能接近 5 秒的位置，如果秒表停在 4.93～5.07 这个区间内，就算被试者赢得了这一轮。每个阶段包括 60 次按键任务，分为 2 段进行。每一段进行 30 次，中间休息 2 分钟。

6.3.3　实验过程

ERPs 实验前的准备工作与研究一相同，这里就不再赘述。在开始实验前洗头、佩戴电极帽等准备工作之后，实验人员向被试者提供纸质的实验过程和实验任务说明文件，如果被试者有任何疑问或问题，可以向实验人员提出。实验人员在确认被试者对实验过程和任务了解无误之后开始进行正式实验。本研究与研究二的区别在于本研究中阶段 2 的奖赏组每组被试者是同时参加实验，即奖赏组的被试者在实验的第一阶段被告知需要参加一个按秒表的任务，由各自分别完成；到了第二阶段的实验开始前，告知被试者在反馈阶段除了可以看到自己的按键结果外，还能看到隔壁实验间里另一名被试者的按键结果；在第三阶段的实验前，告知被试者在这一轮他只能看到自己的按键结果。而控制组在三个阶段的实验都是只能看到自己的按键结果。也就是说，奖赏组与控制组的区别仅仅是在第二阶段的结果反馈上。在正式实验开始前，被试者会进行预实验以熟悉实验流程。

6.3.4 实验数据记录

实验数据的记录与研究一相同，在整个实验中，全程用 Neuroscan 设备记录被试者的大脑活动数据。具体见 4.3.4 节，在此不再赘述。

6.4 数据分析

6.4.1 按键正确率分析

本研究的实验同样是通过 E－prime 2.0 软件来呈现实验刺激材料，并且记录被试者的按键次数，对得到的行为结果根据统计原则进行分析（马庆国，2002），具体如下：

与研究一和研究二类似，本研究也设置了相同的按键结果正确范围。对奖赏组在阶段 1 和阶段 3 的按键正确次数做混合设计的方差分析发现，实验阶段的主效应有显著差异［$F(1, 34) = 61.720$，$p = 0.000$，$\eta^2 = 0.645$］，但是组间的主效应［$F(1, 34) = 0.845$，$p = 0.365$，$\eta^2 = 0.024$］以及实验阶段和组间的交互效应不显著［$F(1, 34) = 0.083$，$p = 0.774$，$\eta^2 = 0.002$］。从表 6－1 中可以看到，阶段 1 的按键正确次数小于阶段 3 的，且从表 6－3 中也可以看到，两个被试组的结果均是如此。这个结果与研究二中得到的结果一致。

表 6－1　不同实验阶段的按键正确次数的均值和标准差

实验阶段	均值	标准差	95% 的置信区间	
			下限	上限
阶段 1	29.000	1.331	26.294	31.706
阶段 3	36.556	1.091	34.338	38.773

资料来源：笔者整理得到。

6.4.2 反馈阶段脑电数据分析

6.4.2.1　脑电数据的分析方法及步骤

研究三的脑电数据的基本分析方法与步骤仍然与研究一相同，参见本书

4.4.2.1 节，在此不再赘述。

表 6－2　不同被试组在不同实验阶段的按键正确次数的均值和标准差

组别	实验阶段	均值	标准差	95%的置信区间	
				下限	上限
控制组	阶段 1	29.889	1.883	26.063	33.715
	阶段 3	37.722	1.543	34.586	40.859
奖赏组	阶段 1	28.111	1.883	24.285	31.937
	阶段 3	35.389	1.543	32.252	38.526

资料来源：笔者整理得到。

6.4.2.2　脑电数据的分类原则及成分确定

脑电数据的基本分类原则及成分确定方法与研究一相同，本研究的设计与研究二类似，因此，在本研究中，我们主要分析的也是被试组间在阶段 1 和阶段 3 的脑电成分的差异。最终的分类结果也是每个被试组都包含 4 种：第一阶段赢、第一阶段输、第三阶段赢和第三阶段输。在下文对脑电成分的分析中，我们也将按照这种分类方式对相关数据进行统计分析。与研究一和研究二的反馈结果类似，研究三的反馈阶段也包含两种不同的脑电成分：FRN 成分与 P300 成分。我们将对这两种成分进行分析。

6.4.2.3　对 FRN 成分的分析

根据 2.3.3 节所述，FRN 通常在前额和中央区域振幅最大，因此，这里选取 F1、Fz、F2、FC1、FCz、FC2、C1、Cz 以及 C2 共 9 个电极点对其进行分析，9 个电极位在全脑的分布情况如图 6－2 所示。对于 FRN 分析时间窗的选择，我们基于对本研究脑电结果分析后得到的 FRN 波形图（见图 6－3、图 6－4），选取时间窗为 180～220ms 内的脑电平均电压值作为成分振幅大小的指标来进行统计分析。

根据组间统计的原则，对 FRN 在所选时间窗内的波幅均值做 2（2 种反馈结果：输和赢）×2（两个实验阶段：阶段 1 和阶段 3）×9（9 个电极点：F1、Fz、F2、FC1、FCz、FC2、C1、Cz 以及 C2）×2（两个被试组：奖赏组和控制组）的混合设计的方差分析（Mixed Design Anova）。结果显示，按键结果输赢的反馈有显著的主效应［$F(1, 34) = 11.614$，$p = 0.002$，$\eta^2 = 0.255$］。也就是说，不管控制组还是奖赏组，无论在哪个实验阶段，输的结果都会比赢的结果诱发更大的 FRN 振幅。同时，不同实验阶段与结果输赢的交互效应显著［$F(1, 34) = 4.913$，$p = 0.033$，$\eta^2 = 0.126$］，实验阶段、反馈结果以及被试组三者之

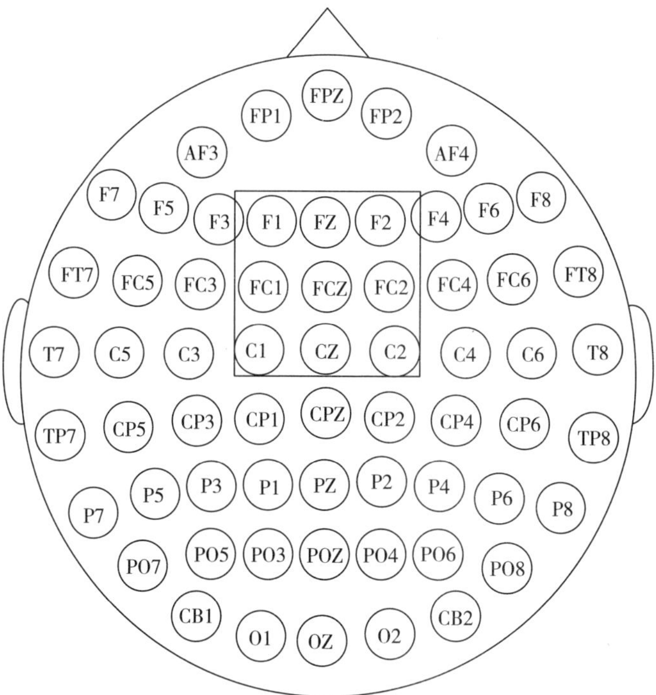

图 6－2　64 个电极位在全脑的分布以及分析 FRN 成分所选取的点位分布

资料来源：笔者整理得到。

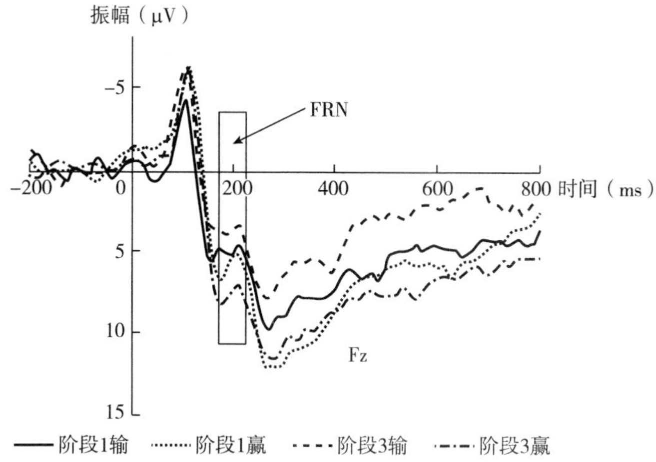

图 6－3　奖赏组在 Fz、FCz 以及 Cz 点的波形图

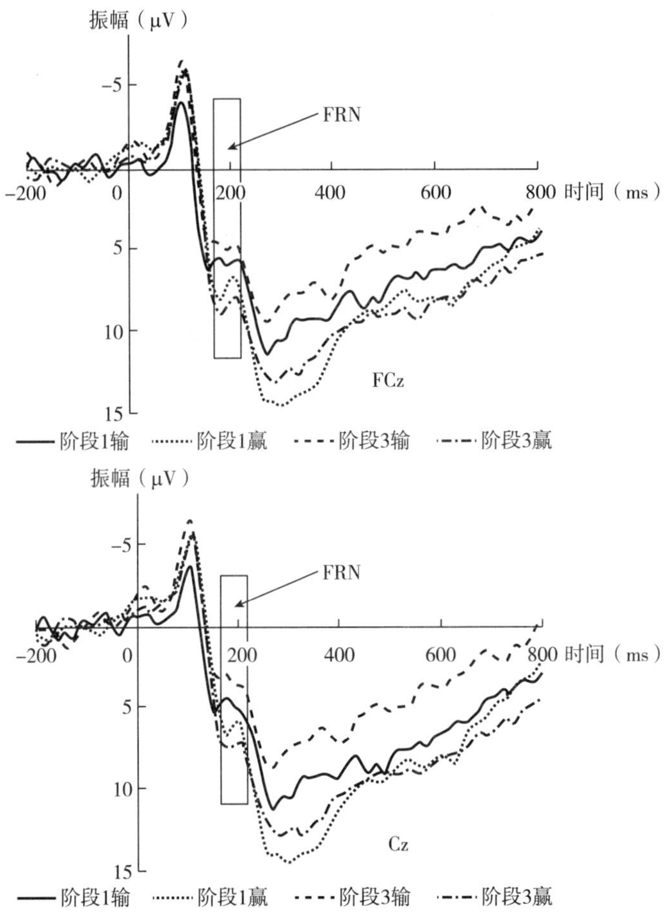

图 6-3　奖赏组在 Fz、FCz 以及 Cz 点的波形图（续）

资料来源：笔者整理得到。

间的交互效应也显著 [$F(1, 34) = 4.643$，$p = 0.038$，$\eta^2 = 0.120$]，但是不同实验阶段的主效应不显著 [$F(1, 34) < 0.1$]。

由于三个因素之间有交互效应，因此做了简单效应分析。固定被试组，在两个被试组内各自对实验阶段、反馈结果和电极点做 2×2×9 的重复性方差分析。在奖赏组中，反馈结果的输赢有显著的主效应[$F(1, 17) = 5.214$，$p = 0.036$，$\eta^2 = 0.235$]，结果输赢和实验阶段的交互效应也是显著的[$F(1, 17) = 8.109$，$p = 0.011$，$\eta^2 = 0.323$]，但是实验阶段的主效应不显著[$F(1, 17) < 0.1$]。同样地，由于反馈结果与实验阶段有显著的交互效应，我们也做了简单效应分析。固定实验阶段，看各阶段的反馈结果输赢有无差异。在第一阶段，也就是获得绩效

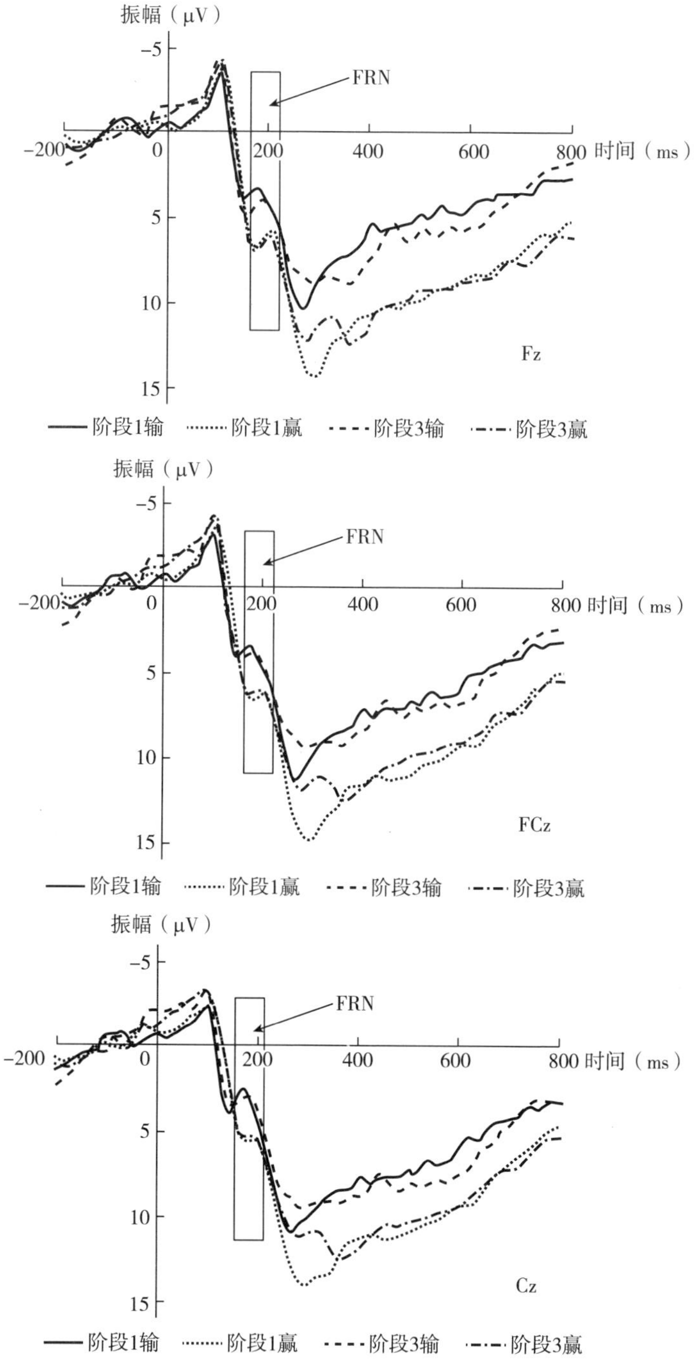

振幅（μV）
-5
5
10
15
-200 0 200 400 600 800 时间（ms）
FRN
Fz
阶段1输 阶段1赢 阶段3输 阶段3赢

振幅（μV）
-5
5
10
15
-200 0 200 400 600 800 时间（ms）
FRN
FCz
阶段1输 阶段1赢 阶段3输 阶段3赢

振幅（μV）
-5
5
10
15
-200 0 200 400 600 800 时间（ms）
FRN
Cz
阶段1输 阶段1赢 阶段3输 阶段3赢

图 6-4　控制组在 Fz、FCz 以及 Cz 点的波形图

资料来源：笔者整理得到。

报酬前的阶段，反馈结果有显著的主效应［F（1，17）<1］。在实验的第三阶段，也就是撤销绩效报酬之后的阶段，反馈结果的输赢也有明显的主效应［F（1，17）=13.667，p=0.002，η^2=0.446］。输的结果（3.989μV）诱发了比赢的结果（7.619μV）更大的FEN振幅。

在控制组中，只有反馈结果的输赢有主效应［F（1，17）=7.41，p=0.015］，而实验阶段的主效应［F（1，17）<0.1］和两者之间的交互效应［F（1，17）<0.1］都不显著。也就是说，控制组中输的结果（4.01μV）比赢的结果（5.88μV）诱发了更大的FRN振幅，但是实验阶段之间没有显著的差异（见表6－3）。

表6－3　两个被试组在不同实验阶段及反馈结果上的FRN电压均值和标准差

被试组	实验阶段	实验结果	均值	标准差	95%置信区间	
					下限	上限
控制组	阶段1	赢	5.841	1.302	3.195	8.487
		输	3.984	1.209	1.527	6.440
	阶段3	赢	5.926	1.085	3.721	8.131
		输	4.033	1.141	1.714	6.352
奖赏组	阶段1	赢	6.317	1.302	3.671	8.963
		输	5.211	1.209	2.755	7.668
	阶段3	赢	7.619	1.085	5.414	9.824
		输	3.989	1.141	1.669	6.308

资料来源：笔者整理得到。

同研究二一样，我们也对FRN的差异波D－FRN做2（实验阶段：阶段1和阶段3）×9（9个电极点：F1、Fz、F2、FC1、FCz、FC2、C1、Cz以及C2）×2（两个被试组：奖赏组和控制组）的混合设计的方差分析，结果显示，实验阶段有显著的主效应［F（1，34）=4.913，p=0.033，η^2=0.126］。也就是说，阶段1（－1.481μV）诱发了比阶段3（－2.762V）更大的D－FRN振幅。电极点的主效应不显著［F（8，272）=1.816，p=0.152，ε=0.358］，被试组的主效应也不显著［F（1，34）=1.93，p>0.1］，实验阶段和被试组的交互效应是显著的［F（1，34）=4.643；p=0.038，η^2=0.120］，因此，做了简单效应分析。固定被试组，在每个被试组间分别对实验阶段和电极点做重复性方差分析。在控制组中，实验阶段的D－FRN主效应不显著［F（1，17）<0.1］，而在奖赏组中，两个实验阶段的主效应是显著的［F（1，17）=5.214，p=0.036，η^2=

0.235]，并且在阶段 3（-2.762μV）诱发了比阶段 1 更大的 D-FRN 振幅（-1.481μV）。图 6-5 直观地呈现了两个被试组在不同阶段的 9 个电极点上的电压均值，详细结果如表 6-4 和表 6-5 所示。奖赏组 FRN 差异波波形如图 6-6 所示，控制组 FRN 差异波如图 6-7 所示。

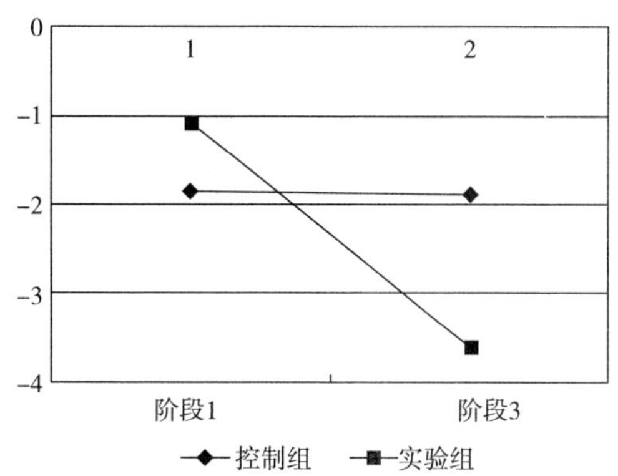

图 6-5 两个被试组在不同阶段的 9 个电极点上的电压均值

资料来源：笔者整理得到。

表 6-4 奖赏组和控制组在不同实验阶段的 FRN 差异波的均值和标准差

被试组	实验阶段	均值	标准差	95% 置信区间	
				下限	上限
控制组	阶段 1	-1.857	1.072	-4.036	0.322
	阶段 3	-1.893	0.857	-3.634	-0.151
奖赏组	阶段 1	-1.106	1.072	-3.285	1.073
	阶段 3	-3.630	0.857	-5.372	-1.889

资料来源：笔者整理得到。

表 6-5 奖赏组在不同实验阶段的各个电极点上的电压均值和标准差

电极点	实验阶段	均值	标准差	95% 置信区间	
				下限	上限
F1	阶段 1	5.048	0.992	2.955	7.141
	阶段 3	5.393	1.093	3.087	7.699
Fz	阶段 1	5.304	1.035	3.120	7.488
	阶段 3	5.649	1.193	3.131	8.166

续表

电极点	实验阶段	均值	标准差	95%置信区间	
				下限	上限
F2	阶段 1	5.094	1.138	2.692	7.496
	阶段 3	5.323	1.177	2.839	7.807
FC1	阶段 1	6.162	1.003	4.046	8.277
	阶段 3	5.837	1.073	3.573	8.102
FCz	阶段 1	6.447	1.102	4.122	8.773
	阶段 3	6.607	1.213	4.047	9.167
FC2	阶段 1	5.994	1.116	3.641	8.348
	阶段 3	6.372	1.169	3.906	8.838
C1	阶段 1	5.961	1.219	3.390	8.532
	阶段 3	6.056	0.981	3.987	8.125
Cz	阶段 1	5.797	1.245	3.171	8.423
	阶段 3	5.586	1.146	3.169	8.004
C2	阶段 1	6.068	1.249	3.433	8.703
	阶段 3	5.411	1.187	2.907	7.915

资料来源：笔者整理得到。

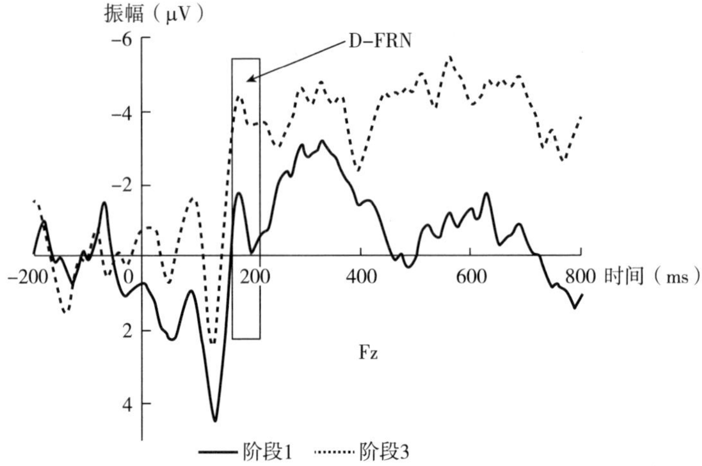

图 6-6　奖赏组在 Fz、FCz 以及 Cz 点位上的 FRN 差异波（D-FRN）波形图

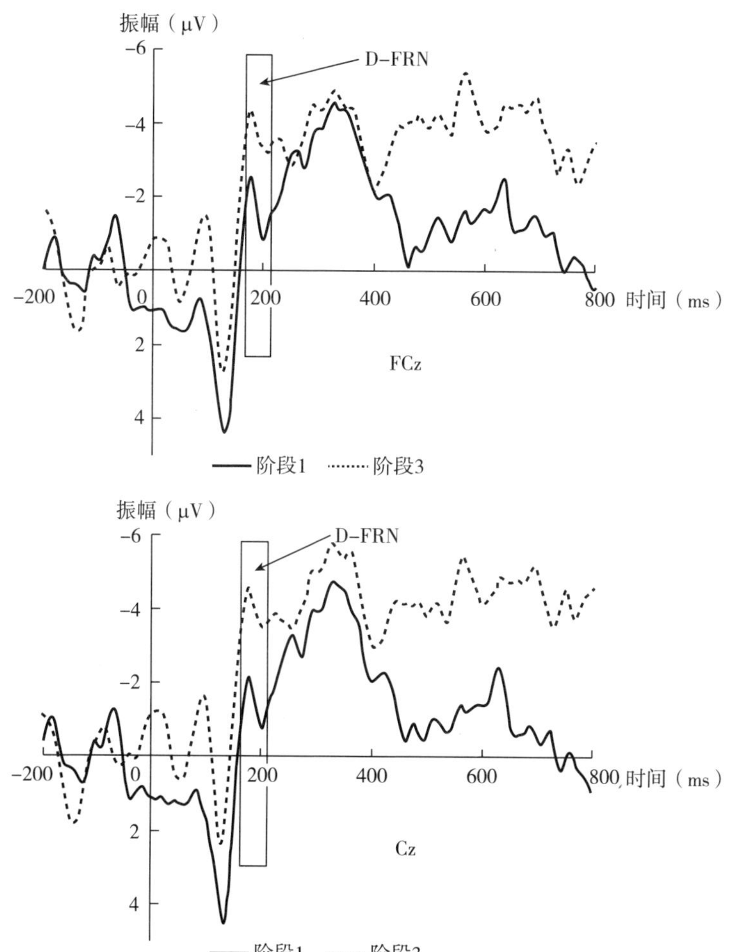

图 6 -6　奖赏组在 Fz、FCz 以及 Cz 点位上的 FRN 差异波（D - FRN）波形图（续）

资料来源：笔者整理得到。

6.4.2.4　对 P300 成分的分析

根据 2.3.4 节所述，P300 振幅最大区域在中央顶区，因而在本研究中，我们选取了 C1、Cz、C2、CP1、CPz、CP2、P1、Pz 以及 P2 共 9 个电极点，9 个电极点在脑区的整体分布如图 6 -8 所示。图 6 -9 和图 6 -10 分别显示了在奖赏组和控制组的 9 个电极点中，每一行中间的电极点的波形图。

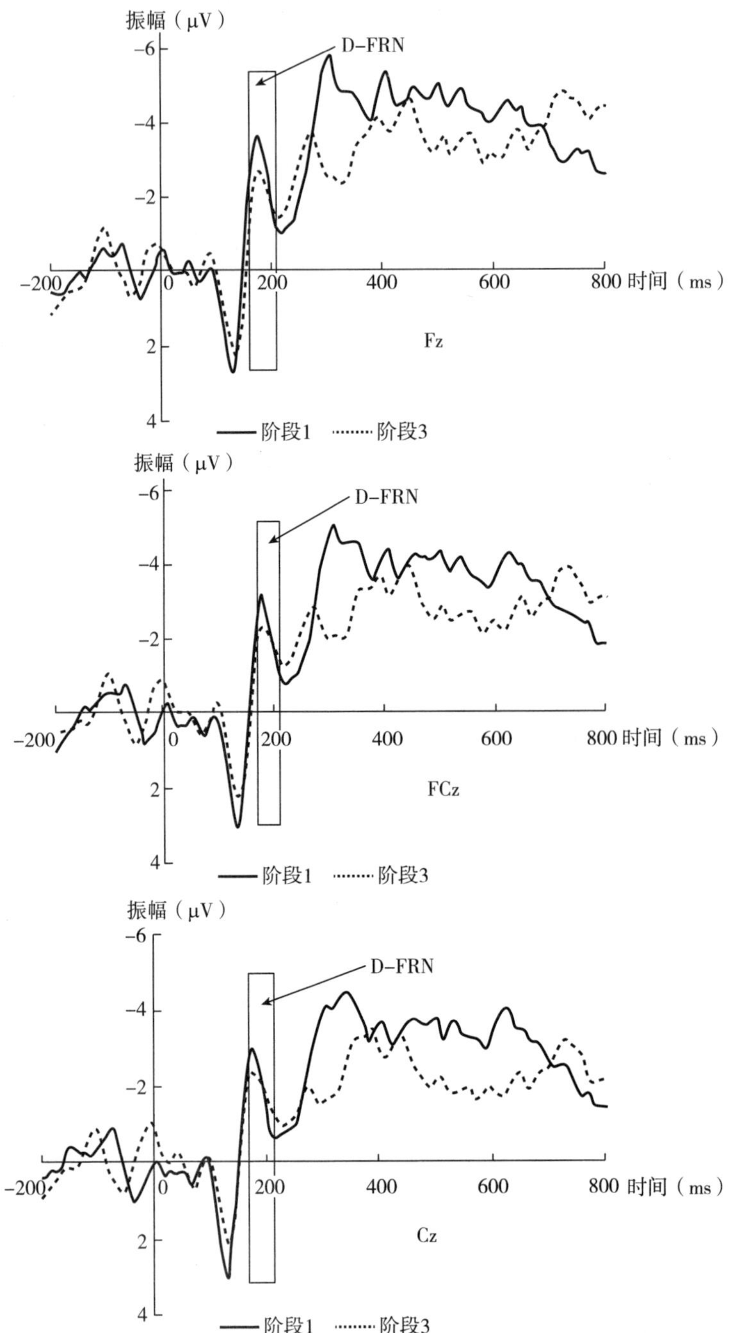

图 6－7　控制组在 Fz、FCz 以及 Cz 点位上的 FRN 差异波（D－FRN）波形图

资料来源：笔者整理得到。

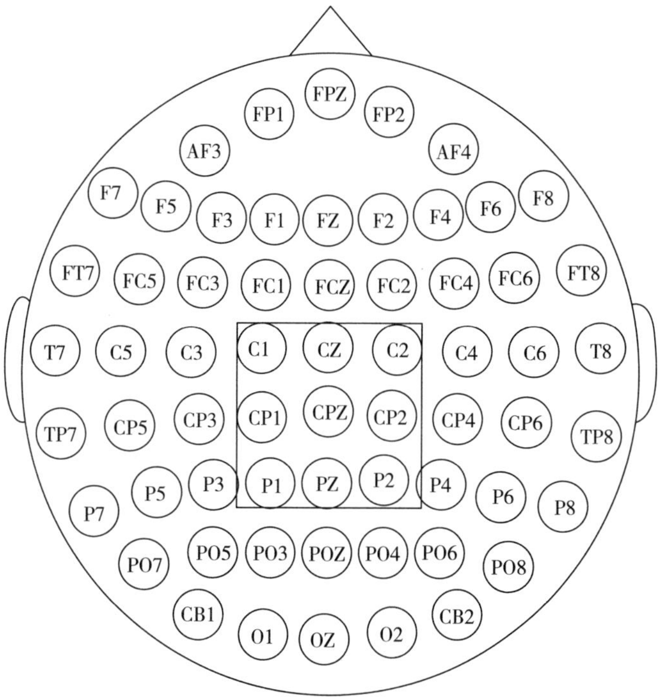

图 6－8　64 个电极位在全脑的分布以及分析 P300 成分所选取的点位分布

资料来源：笔者整理得到。

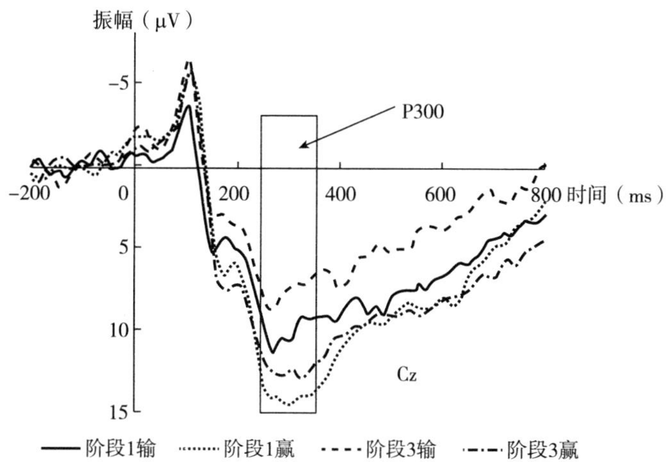

图 6－9　奖赏组在 Cz、CPz 以及 Pz 点上的 P300 的波形图

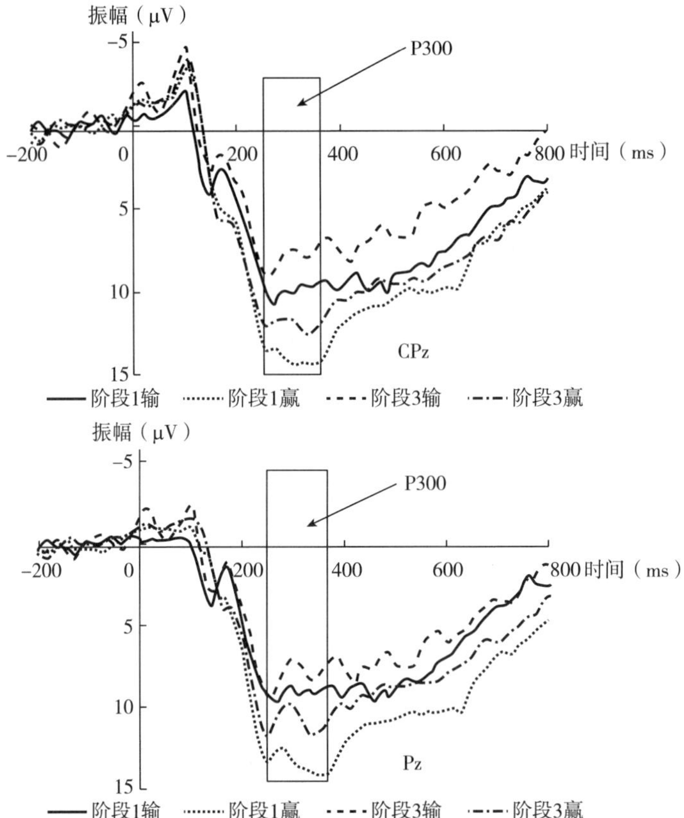

图 6－9　奖赏组在 Cz、CPz 以及 Pz 点上的 P300 的波形图（续）

资料来源：笔者整理得到。

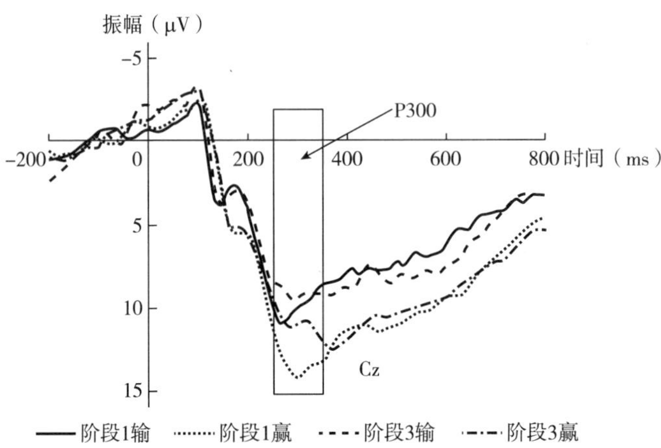

图 6－10　控制组在 Cz、CPz 以及 Pz 点上的 P300 的波形图

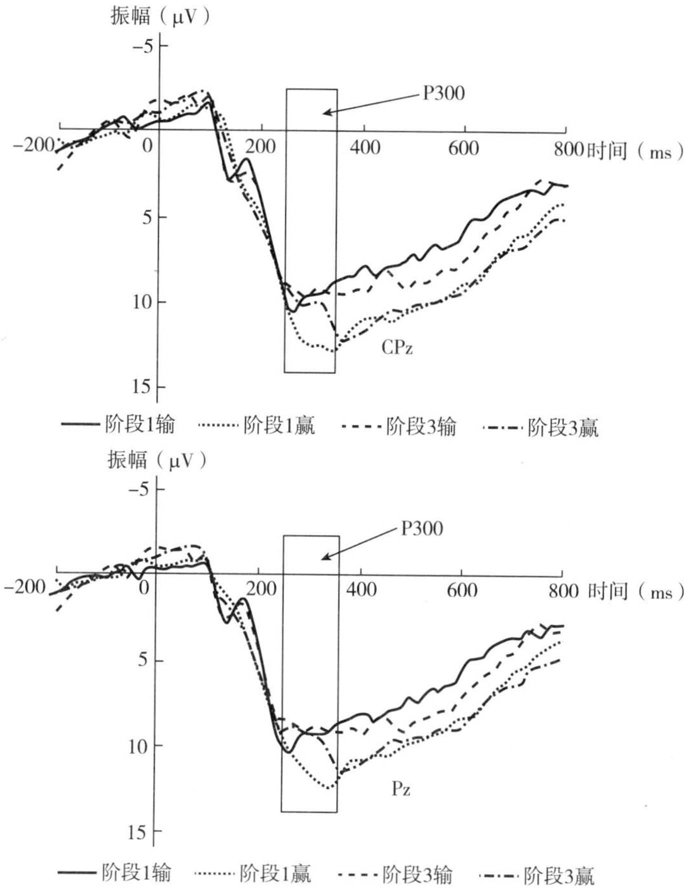

图6-10　控制组在Cz、CPz以及Pz点上的P300的波形图（续）

资料来源：笔者整理得到。

根据波形图和以往的研究结果，我们选取了250~350ms作为P300分析的时间窗。用2（2种反馈结果：输和赢）×2（两个实验阶段：阶段1和阶段3）×9（9个电极点：C1、Cz、C2、CP1、CPz、CP2、P1、Pz以及P2）×2（两个被试组：奖赏组和控制组）的混合设计的方差分析（Mixed Design Anova）来研究P300在该时间窗内的电压均值。方差分析结果显示，实验阶段［F（1，34）=6.061，p=0.019］，反馈结果［F（1，34）=45.118，p<0.001］以及电极点［F（8，272）=7.080，p<0.001，ε=0.362］的主效应都显著，并且实验阶段和反馈结果的交互效应也显著［F（1，34）=10.914，p=0.002］。也就是说，实验的阶段1（10.937μV）诱发了比阶段3（9.244μV）更大的P300振幅，并

且赢的反馈（11.383μV）比输的反馈（8.797μV）也诱发了更大的P300振幅。但是，实验阶段和实验被试组之间的交互效应不显著［F（1，34）=0.584，p>0.1］，实验反馈结果与实验被试组之间的交互效应［F（1，34）=1.548，p>0.1］以及实验反馈结果、实验阶段和被试组三者之间的交互效应也不显著［F（1，34）=1.169，p>0.1］。

表6-6　不同反馈结果下的P300电压均值和标准差

实验结果	均值	标准差	95%置信区间	
			下限	上限
赢	11.383	0.943	9.466	13.301
输	8.797	0.843	7.083	10.511

资料来源：笔者整理得到。

表6-7　不同实验阶段中的P300电压均值和标准差

实验阶段	均值	标准差	95%置信区间	
			下限	上限
阶段1	10.937	1.075	8.753	13.121
阶段3	9.244	0.745	7.730	10.758

资料来源：笔者整理得到。

6.5　结论与讨论

本章对研究三进行了详细的阐述，在本研究中同样选取了内在动机较强的5秒按键任务，要求被试者执行三个阶段的5秒按键任务，每一个阶段之间相互独立。实验共招募了36名志愿者作为实验被试者，随机平均分成两组：奖赏组和控制组。所有36名被试者都需要执行三个阶段的任务，奖赏组被试在第二阶段的反馈中能够得到自己和他人的按键反馈结果，在奖赏组的第一和第三阶段以及控制组的三个阶段中，被试者都只能得到自己的按键反馈结果。与研究二相同，本研究也收集了所有36名被试者在三个阶段的脑电数据，通过对两个被试组在各个实验阶段的数据进行分析，得出了丰富的实验结论。下文将依次归纳研究三的研究结论，并对结论进行相应的讨论。

6.5.1　行为数据的结论与讨论

6.5.1.1　行为数据的研究结论

本书在6.4.1节中对两个被试组在阶段1和阶段3的按键正确率做了混合设计的方差分析。通过统计分析发现两组被试者的按键正确率无显著差异，而两组被试者在实验的第三阶段的按键正确率均高于第一阶段。该结论与研究二的行为数据结论是一致的，因此，假设H1成立。

6.5.1.2　对研究结论的讨论

由于行为结果与研究二的结论相同，对行为结果的解释已在5.5.1.2节中做了详细叙述，在此不再赘述。由于行为上的按键正确率不能表现出动机的强度，因此也不是本书主要关注的结论。

6.5.2　反馈阶段脑电数据的结论与讨论

6.5.2.1　脑电数据的研究结论

在研究三中，对脑电数据的分析过程以及脑电成分的确定原则与研究一相同。由于在本研究中被试者只需要参加一种实验任务，因此取消了实验任务的提示阶段；对于任务执行阶段的分析，由于只有一种实验任务，因此无法进行比较。综上所述，我们只分析了研究二在任务结果的反馈阶段的脑电数据。根据研究一的研究结论，任务反馈阶段的脑电数据也能够反映出与动机相关的认知意义，因此结合脑电分析方法、成分确定原则以及前人的研究基础，我们对任务结果反馈阶段的FRN以及P300成分进行了分析，从而得出了以下结论：

6.5.2.1.1　与FRN相关的研究结论

在研究三中，我们采取了组间的实验设计方案，为了比较两组样本间FRN振幅在不同实验阶段的差异性，根据统计规则，采用了混合设计的方差分析，当各个因素之间有交互效应时，根据研究目的和研究假设对其进行相应的简单效应分析（马庆国，2002）。得到如下结论：

（1）与研究一相同，在反馈阶段，输的反馈结果比赢的反馈结果诱发了更大的FRN振幅，这个结果稳定地出现在两个被试组中所有阶段的反馈结果以及所有被试者的整体分析中，该结论与研究一和研究二得出的结论一致。

（2）由于混合设计的重复性方差分析的四个因素（被试组、实验阶段、反馈结果的输赢以及电极点）之间有显著的交互效应，根据实验假设做简单效应分析。在两个被试组内分别对不同阶段的FRN振幅做简单效应分析。分析结果显示，奖赏组在阶段1中的输赢结果所诱发的FRN振幅差异小于阶段3，而控制组在阶段1中的输赢结果所诱发的FRN振幅差异与阶段3相似。这个结果表现在

D－FRN上就是奖赏组在阶段 1 和阶段 3 的 D－FRN 波幅有显著差异，而控制组在阶段 1 和阶段 3 的 D－FRN 波幅无显著差异。因此，假设 H2a 与假设 H2b 成立。

6.5.2.1.2　与 P300 相关的研究结论

分析 P300 的统计方法及过程与分析 FRN 成分类似，也是进行组间的混合设计方差分析，当存在交互效应时，进行简单效应分析，得到如下结论：

（1）与研究一相同，在该研究中，正性反馈结果比负性反馈结果诱发了更大的 P300 振幅，在不同的被试组、实验阶段以及所有被试者的整体分析中都稳定地存在这个效应，这个结论也与研究一和研究二得到的结论一致。

（2）与 FRN 的结果不同，在对 P300 的分析中，并没有发现 P300 振幅变化的组间差异。也就是说，奖赏组和控制组的 P300 变化情况是一致的。进一步分析发现，无论是奖赏组还是控制组，在阶段 1 的 P300 振幅均大于阶段 3 的 P300 振幅，该结论与研究二中有关 P300 的结论一致。因此，假设 H3a 和假设 H3b 成立。

6.5.2.2　对研究结论的讨论

6.5.2.2.1　对 FRN 成分结论的讨论

我们在 6.5.2.1 节中对 FRN 成分的相关结论进行了总结，得到了两个结论，在此分别对其进行讨论。第一个是关于输赢结果所诱发的 FRN 振幅的差异，得到了与研究一和研究二相同的结论，输的反馈结果诱发了比赢的反馈结果更大的 FRN 振幅，并且这个现象也出现在不同被试组的各个实验阶段中。这说明 FRN 能够稳定地反映出对反馈结果的主观价值评估。其认知意义已在 4.5.2.2.3 节中进行了详细叙述，在此不再赘述。

在与 FRN 成分相关的第二个研究结论中，我们也发现了控制组与奖赏组之间的差异。但是与研究二不同的是，在当前结果中，奖赏组在阶段 3 的 FRN 变化差异大于阶段 1，这正好与研究二的结果相反。同样，在本研究的实验设计中，奖赏组与控制组的唯一不同在于阶段 2 的结果反馈上，奖赏组反馈了自己和另一名同时参加实验的被试者的按键结果，相当于引入了两者的社会比较机制，而控制组在阶段 1 和阶段 3 仅反馈被试者自己的按键结果。由此可以推断出，控制组与奖赏组的差异是由于阶段 2 引入了社会比较所造成的。也就是说，在奖赏组的阶段 3 中，虽然阶段 2 引入的社会比较被撤销了，但是反馈结果的输赢给被试者带来的主观价值还是增加了。该研究结果与研究二中，在引入物质激励之后再撤销的结论不同。我们在关于内外动机关系的综述中曾提到，不带有控制意义的奖赏会增加任务自带的内在动机，而一般情况下，物质激励往往带有控制意义，而精神激励不带有控制意义，仅具有一般性的信息意义。

自我决定理论认为，个体满足感和胜任力会给个体带来较强的内在动机。金钱激励等带有控制意义的奖励往往会破坏个体的满足感和胜任力，而带有信息意义的精神激励所表达出的正面反馈会给个体带来满足感和胜任力。在本研究中，奖赏组被试者在第二阶段看到了他人的按键结果，但是实验人员并没有将被试者的报酬与任务完成的好坏结合起来，也没有让两名被试者竞争，仅仅只是让他们看到了对方的结果信息。这个结果也可以用自我决定理论来解释，被试者由于在结果反馈阶段有了他人的结果信息作为参考，对自己在任务中的表现有了更加直观的感知，会增加个体的胜任力和满足感；而在被试者只有自己的反馈信息时，由于不知道他人的表现，在同样的按键结果下，个体的胜任力和满足感也不强。因而，在本研究中，奖赏组的 FRN 结果出现了与研究二相反的结论。

6.5.2.2.2　对 P300 成分结论的讨论

我们在 6.5.2.1 节中对 P300 成分的相关结论进行了总结，得到了两个结论，在此分别对其进行讨论。第一个是关于输赢结果所诱发的 P300 振幅的差异，得到了与研究一相同的结论，赢的反馈结果诱发了比输的反馈结果更大的 P300 振幅，并且这个结论出现在实验的各个阶段。在与 P300 成分相关的第二个研究结论中，我们发现了控制组与奖赏组之间无差异，其振幅变化表现出了总体的阶段性变化。也就是说，奖赏组和控制组都出现了阶段 1 的 P300 振幅整体大于阶段 3 的结果。P300 的结论与研究二中的 P300 结论完全一致。

本研究得出的 P300 结论与研究二完全一致，而 FRN 结论却不同，这也进一步说明了 P300 成分与 FRN 成分的认知机理是不同的。P300 成分的振幅与动机强度无关，仅能表征当前任务对注意力资源的占用，而对某一刺激注意力资源分配的多少，会受到多种因素的综合调节，动机的强度对注意力分配多少的调节并不是绝对的。因此，P300 成分振幅的大小不能作为动机强度的脑电指标。

6.5.2.3　对研究结果的联合讨论

总体来说，本研究通过一个简单有趣的秒表按键任务探讨了以社会比较为代表的精神激励对内在动机影响的神经机理。本研究结论与研究二中物质激励对内在动机影响的研究结论唯一的不同在 FRN 的振幅上。在研究二中采取物质激励时，FRN 振幅差异在奖赏组的阶段 3 到阶段 1 中下降了；而在本研究中，当给予精神激励时，FRN 振幅差异在阶段 3 到阶段 1 中增加了。这一结果与以往的行为结果类似，也符合动机的自我决定理论。而本研究的结果在脑电层面提供了社会比较能够增强内在动机的神经学证据，实现了对动机加强过程的定量化测量和观测，对我们研究内在动机具有重要作用，同时也为未来的研究提供了参考意义。但是，与研究二类似，内在动机的增强效应也只体现在 FRN 的振幅变化上，而没有体现在 P300 成分上。本研究的结果也进一步证实了 FRN 与 P300 的认知意义不同，FRN 振幅敏感与动机或情感过程有关，而 P300 反映的是注意力资源分配的认知过程。

此外，在管理实践中，这一研究结论对于激励理论的发展和各类组织的激励实践有着重要的意义。研究二已经证实了物质激励不一定总能起到很好的激励作用，在激励中要注重激发员工的内在动机。在本研究中发现了带有积极信息意义的精神激励能够激发内在动机，这就为我们在激励措施的选择上提供了借鉴。企业管理者在制定激励措施时，除了满足员工基本的物质需求外，更要注重员工对胜任力和满足感的需求，增加正面信息意义的激励而减少带有控制意义的激励措施，例如，单纯的社会比较、口头奖赏等都是能够增加内在动机的激励方式。

7 自主性社会比较对内在动机的影响及其神经机理研究

7.1 研究目的

本书的研究三探究了以社会比较为代表的精神激励对任务内在动机的影响作用，并得出这种影响会表现在结果反馈阶段的脑电成分上的结论。在日常生活当中，人们常常参与到社会比较之中，通过比较彼此的能力、成果等，来更好地评价自己。社会比较虽常见，但其表现形式却不同。在特定环境中，社会比较是显性的、客观存在的。如在工作场景中，员工的工资不仅取决于他们的客观工作绩效，可能也取决于相对绩效。在其他情况下，社会比较可能是隐性的、自发的。以往有研究表明，社会比较能促进自我提升，并在接下来的任务完成过程中影响个体的内在动机水平（Suls & Wheeler，2013；Wayment & Taylor，1995）。这一论点也得到了很多功能性核磁共振成像（FMRI）研究的支持，当提供社会比较信息时，与奖赏加工相关的腹侧纹状体的激活水平会更高（Bault et al.，2011；Fliessbach et al.，2007；Lindner et al.，2015）。尽管这些研究表明社会比较是有益的，但也有一些研究发现了社会比较潜在的不利影响。例如，部分经典的行为学实验表明，社会比较对个体接下来的任务完成动机存在削弱作用（Deci et al.，1981；Jagacinski & Nicholls，1987）。基于现有的研究结论，我们对研究三结果的解释是，当社会比较有提供信息的作用，而不存在控制作用时，才会对内在动机有提升作用。但是，这仅仅是我们根据理论对结果做出的解释，尚未有实证的研究证据。

因此，在当前的研究四中，我们关注于自主性的社会比较对内在动机的影响，以期为研究三的结论提供更加有力的证据。同时，构建一个理论框架将这些看似矛盾的结果统一起来。故本研究的研究目的可以分为以下两个：

研究目的1：本研究在研究三的基础上，进一步验证以及解释研究三的结果，研究三的结果显示精神激励是激励内容中除了物质激励之外另一块非常重要的内容，并且进一步证实了FRN与P300的不同认知意义，FRN振幅敏感与动机或情感过程有关，而P300反映的是注意力资源分配的认知过程。本研究将通过更加真实的管理场景继续关注自主性社会比较对内在动机的影响，从任务的不同阶段来探究自主性社会比较所带来的精神激励对内在动机的影响作用。

研究目的2：除了从任务的不同阶段来关注自主性社会比较对内在动机的影响外，本研究同样关注其神经机制，通过进一步探究任务准备阶段和任务执行阶段的大脑神经活动，以期在任务完成的全过程中了解外部因素影响内在动机的机制。因此在该研究中，在被试者完成实验任务的同时记录其头皮表面的神经元放电活动。如前面的三项研究，通过大脑头皮表面的电活动来观察被试者对某种事物的情绪、注意力程度以及认知情况等，详细记录被试者在完成任务过程中的脑电活动，借助认知神经科学工具测量内隐情感的独特优势，以此探究自主性社会比较对内在动机的影响机制。

7.2 研究假设

本研究的设计与研究三相同，选择社会比较作为精神激励，本研究与研究三的不同之处在于社会比较的实施方法不同，本研究为组内设计，每位被试者需参与两种实验任务：第一种是独自完成任务并且在任务反馈阶段仅获知自己的任务绩效表现（单人停止秒表任务）；第二种是和另一名同性被试者同时完成任务（双人联机停止秒表任务），在任务反馈阶段可以自主选择是否查看对方（含己方）的任务绩效反馈。本研究主要关注不同社会比较实施方法下的内在动机变化情况。因此，根据本研究的研究设计、研究目的和以往的研究结果，我们从行为层面和大脑层面提出如下假设：

7.2.1 决定权对行为影响的假设

与研究三相同，本研究也需要选择一种有较强内在动机的任务，因此本研究选取了3秒按键作为该实验中被试者的任务。与研究三不同，本研究根据研究目的对经典停止秒表任务进行了改进，每名被试者均需完成单人、双人联机停止秒表任务。单人、双人停止秒表任务均包含两个阶段，每个阶段含40个试次。正式实验完成后，被试者会被告知实验意图并获得40元固定报酬，随后填写相关量表，内容涉及对单人、双人停止秒表任务的感兴趣程度（0＝最无趣，5＝最有趣）、获得胜利的动机（0＝动机最弱，5＝动机最强）和在任务中付出努力的程度（0＝付出最少努力，5＝付出最多努力）。如2.2.4节所述，个体对于行为的选择倾向于有自发意愿的决定权，当自主性被激发时，内在动机更有可能被激活，个体行为才能向着积极良好的方向发展，个体才会更高效地执行任务。因此，本研究在行为层面的假设如下：

H1：根据以往的行为研究，个体对于行为的选择倾向于有自发意愿的决定权，由此得出以下三个子假设：

H1a：双人任务比单人任务让被试者感到更有趣。

H1b：双人任务比单人任务让被试者具有更强的获胜动机。

H1c：双人任务比单人任务让被试者付出更多的努力。

7.2.2　预期阶段和执行阶段的脑电层面假设

本研究在被试者完成任务时，通过脑电设备记录其大脑的神经元放电活动，并对脑电信号进行分析，此探索内在动机的神经表征。通过测量大脑活动，在神经层面寻找内在动机的表征是解决这一问题的途径之一，在执行任务的同时，就能探测到内在动机的强度，而不需要在任务结束之后重新通过另一实验去探测，这使结果更加准确可靠，大脑活动对外界刺激的敏感性也使这一测量方式能准确探测到动机强度的微弱变化。在前三项子研究中，我们均运用了事件相关电位技术对物质激励与内在动机的关系进行了研究。由于事件相关电位技术拥有高时间分辨率的特点，在时间进程视角上进行研究具备独特的优势，因此，本研究依旧通过事件相关电位技术探索自主性社会比较与内在动机的关系。

通过进一步梳理刺激前负波（SPN）的相关研究发现，SPN的波幅大小本质上反映的是个体在刺激呈现前的注意力水平，即注意力资源分配情况（Brunia & Van Boxtel，2004；Boxtel & BöCker，2004）。后续的研究还发现，任务参与度与注意力资源分配相关，任务参与度的增强会提高个体注意力水平（Matthews et al.，2010；Matthews et al.，2010）。因此，我们选取SPN来表征个体的任务参与度（Meng & Yang，2018）。为更好地完成任务，被试者须在任务启动阶段做好充分准备，如果自主性社会比较有利，我们预测被试者会积极投入任务准备中，在任务启动标识出现之前注意力会高度集中。因此，相对于单人停止秒表任务，在双人联机停止秒表任务的准备阶段，被试者会产生较大振幅的SPN成分。

在任务完成的瞬间，个体在完成任务的过程中会对自身任务绩效进行实时监控，认知神经科学已经有大量文献对这一重要认知过程进行探讨。ERN通常发生在个体做出错误响应后的100ms之内，是在个体按键行为前后出现的负向偏移脑电波，当个体发生错误按键时，会诱发明显的ERN波幅（Hewig et al.，2011；Falkenstein et al.，2000）。它直接反映了个体在任务执行中的绩效监控水平，并且能帮助个体在接下来的过程中调整策略，以获得更好的绩效（Ullsperger，Danielmeier & Jocham，2014）。研究表明，ERN能反映个体的任务参与度以及对任务表现的关注情况（Meng & Yang，2018；Tops et al.，2006），当人们更为深度地参与到特定任务中时，他们会更关注自身的犯错情况，一旦未达成特定目标，他们会有更强烈的反应（Meng & Yang，2018；Santesso，Segalowitz & Schmidt，2005）。如果自主性社会比较对于任务参与存在积极影响，参与者在双人联机模式下会更在意其不佳表现和犯错情况。因此，在任务执行阶段，相对于单人停表任务，被试者在双人任务的绩效监控阶段会诱发出更大振幅的ERN成分。

与研究三相同，本研究运用事件相关电位技术对自主性社会比较与内在动机的关系进行了研究。重点关注任务的认知准备阶段和绩效监控阶段，记录由任务启动刺激的预期引发的SPN和任务执行中按键行为产生的ERN，通过它们的波幅变化来测度个体任务参与度。由此提出以下两个假设：

H2：相比单人任务（无社会比较），双人联机任务（存在社会比较）产生的内在动机更强。表现在SPN上就是双人联机任务在任务准备阶段的SPN振幅更大。

H3：相比单人任务（无社会比较），双人联机任务（存在社会比较）的任务参与度更高。表现在ERN上就是双人联机任务在任务执行阶段的ERN振幅会更大。

7.3 研究方法

7.3.1 实验被试者

与前三项研究类似，本研究也通过浙江大学BBS论坛随机招募24名大学生参与实验，其中，每两名互不相识的同性被试组合配对参与实验。因3名被试者的数据缺乏足够有效的实验试次（小于20次）而被剔除，剩余被试者（10名女性，11名男性）的年龄范围为19～25岁。所有被试者均自报告为右利手（非左撇子），视力或矫正视力正常（佩戴合适度数的眼镜），并且没有精神或神经病史。实验开始前每位志愿者都需要了解ERPs实验流程，然后签署浙江大学神经

管理学实验室的 ERPs 实验知情同意书，表明其认识到实验的无害性，自愿参加实验。

7.3.2 实验材料

本研究采用被试组内的实验设计，与研究三不同，本研究对经典停表任务进行了改进，每名被试者均需完成单人、双人联机停止秒表任务。单人停止秒表任务即独自完成任务并且在任务反馈阶段仅获知自己的任务绩效表现，实验范式如图 7 -1(a) 所示。而双人停止秒表任务即与另一名同性被试者同时完成任务，在任务反馈阶段可以自主选择是否查看对方（含己方）的任务绩效反馈，实验范式如图 7 -1(b) 所示。

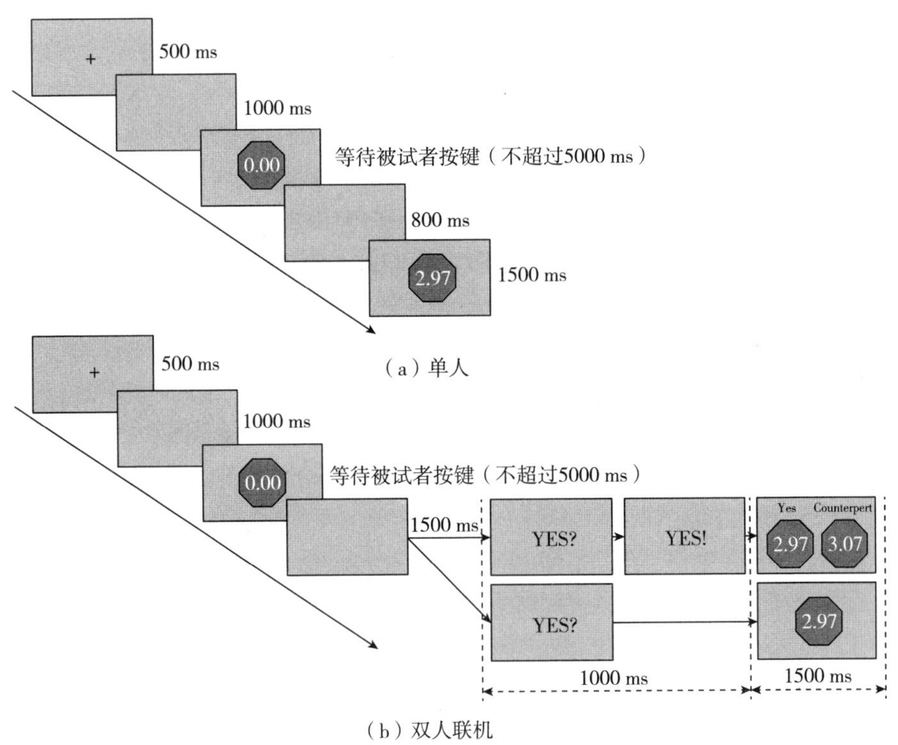

图 7 -1 单人及双人联机停止秒表任务的实验范式

资料来源：笔者整理得到。

实验任务要求被试者把秒表停在尽可能接近 3 秒的位置，如果秒表停在 2.95 ~ 3.05 这个区间内，就算被试者赢得了这一轮，用绿色字表示赢、红色字表示输。值得说明的是，本研究中共同参与实验的双方没有竞争关系，判定输赢的标准是被试者自身的任务表现，与对方的任务表现无关。单人、双人停止秒表任务均包含两个阶段，每个阶段含40个试次。为消除顺序对实验的影响，一半被试者先完成单人任务，再完成双人联机任务；另一半被试者则以相反的顺序完成实验。

7.3.3 实验过程

ERPs实验前的准备工作与研究一相同，这里就不再赘述。在开始实验前完成洗头、佩戴电极帽等工作之后，实验人员向被试者提供纸质的实验过程和实验任务说明文件，如果被试者有任何疑问或问题，可以向实验人员提出。实验人员在确认被试者对实验过程和任务了解无误之后开始进行正式实验。

被试者在实验过程中根据指示在小键盘上按键。试次开始，“+”号会在屏幕中央，持续500毫秒，随后空屏1000毫秒。之后秒表刺激出现，并从0.00秒开始计时。当被试者认为估算时间达到3.00秒时，需按键停止计时。任务成功区间预设为2.95~3.05秒。如果被试者停表成功，在反馈阶段，结果以绿色呈现，否则以红色呈现。秒表呈现时间不超过5秒，若未在该时间区间内做出按键响应，秒表会自动停在5.00秒处。

在单人停表任务中，被试者按键（或秒表停止）后，屏幕会呈现他们自己的完成情况。单人、双人任务之间的主要区别在于任务反馈的选择阶段（见图7-1b）。在双人联机停表任务中，两名被试者均按键后，双方才能进入任务反馈的选择阶段，较早按键的被试者需等待另一方按键。在两名被试者都按键（或者秒表自动停止）后，一个红色的“YES?”会出现在屏幕中央。在此阶段，每名被试者都要选择是否查看对方的任务表现情况（含个人结果）。双方是独立进行选择的，单方决策不会影响另一方。若被试者决定查看对方的任务完成情况，需在“YES?”图标出现后的1000毫秒内按数字键“1”进行确认。一旦按键，刺激将会变为绿色的“YES!”，随即呈现双方的结果。如果被试者在1000毫秒内没有响应，则在反馈阶段只会呈现其自己的结果。反馈阶段持续1500毫秒，试次之间间隔800~1000毫秒。实验过程中的实验刺激、触发记录和行为反应都由E-Prime 2.0呈现或记录。

正式实验开始前，被试者需练习10轮单人停止秒表任务以熟悉流程。实验过程中，要求被试者尽可能准确地将秒表停在3.00秒位置。正式实验完成后，被试者会被告知实验意图并获得40元固定报酬，并填写相关量表，内容涉及对单人、双人任务的感兴趣程度（0=最无趣，5=最有趣）、获得胜利的动机（0=动机最弱，5=动机最强）和在任务中付出的努力程度（0=付出最少努力，5=付出最多努力）。

7.3.4 实验数据的记录

脑电数据通过 NeuroScan Synamp 2 放大器和 64 导联的电极帽采集，采样频率为 500 赫兹，带宽为 0.05 ~ 70 赫兹。本实验以左侧乳突为在线参考，左右乳突平均数据为离线重参考。在左眼眶额上下安置两个电极记录垂直眼电，在双眼外侧 1 厘米处安置两个电极记录水平眼电。实验员确保实验过程中电极阻抗在 5 千欧以下。在离线脑电数据分析中我们使用 Neuroscan 4.5 进行重参考，其余分析则使用 Matlab 中的 Letswave 工具包进行。实验去除了眼电影响，并在之后进行滤波处理（SPN 为 0.1 ~ 30Hz，ERN 为 0.5 ~ 30Hz；24dB/octave）。针对 SPN，选取秒表刺激呈现前的 800 毫秒进行分析，将前 800 毫秒至前 600 毫秒内的脑电活动数据作为基线；对于 ERN，选取被试者按键前后 400 毫秒的时间区间进行分析，并将按键前 400 毫秒至前 200 毫秒的数据作为基线进行校正，剔除波幅超过 ±100μV 的实验试次。每位被试者的数据将根据不同的实验条件进行平均。

7.4 数据分析

7.4.1 决定权对行为的影响分析

本研究的实验同样是通过 E – Prime2.0 软件来呈现实验刺激材料，并且记录被试者的按键次数，对得到的行为结果根据统计原则进行分析（马庆国，2005），具体如下：

与前三项研究类似，本研究也设置了按键结果的正确范围。行为数据结果显示，两种任务条件下的成功率无显著差异 [$t(20) = -1.618$，$p = 0.121$]。当对方结果可查看时，56.13%（±29.07%）的被试者会查看对方的表现。但无论任务成功或失败，主动查看对方绩效反馈的被试者比例并没有显著不同 [$M_{成功} = 0.5985$，$SD = 0.3381$；$M_{失败} = 0.5218$，$SD = 0.2946$；$t(20) = 1.527$，$p = 0.143$]。随后对被试者正式实验后的问卷进行分析，被试者的主观评分结果表明，被试者认为双人联机停表任务比单人停表任务更有趣 [$t(20) = -8.771$，$p < 0.001$]。且在双人联机任务中，被试者获胜的动机更加强烈 [$t(20) = -4.954$，$p < 0.001$]，也会付出更多的努力去完成任务 [$t(20) = -2.646$，$p = 0.016$]（见表 7 – 1）。

表 7-1 不同任务条件下的成功率及主观评分（M±SD）

	单人停止秒表任务	双人联机停止秒表任务
成功率	0.37±0.12	0.40±0.12
感兴趣程度	2.76±1.14	3.71±1.01
获胜动机强度	3.00±0.84	3.86±0.96
付出努力程度	3.71±0.90	4.05±0.81

资料来源：笔者整理得到。

7.4.2 预期阶段和执行阶段的脑电分析

7.4.2.1 脑电数据的分析方法及步骤

大部分研究表明，SPN 成分在波幅上的差别主要出现在大脑右半球（C. H. Brunia，Hackley，Van Boxtel，Kotani & Ohgami，2011；C. Brunia，De Jong，Van den Berg－Lenssen & Paans，2000；Ma et al.，2017；Van Boxtel & Böcker，2004）。参考这些研究并结合本研究的脑形图，我们选取了 F4、F6、F8、FC4、FC6 和 FT8 共 6 个电极点，对刺激呈现前 200ms 的 SPN 平均波幅进行组内因素（社会比较×电极点）的重复测量方差分析。参考以往研究（Gehring，Goss，Coles，Meyer & Donchin，1993；Riesel，Weinberg，Endrass，Meyer & Hajcak，2013），针对 ERN，本书选取了 F1、Fz、F2、FC1、FCz 和 FC2 共 6 个电极点的数据，对按键前后 50ms 时间窗内的 ERN 波幅平均值进行了 2（社会比较）×2（任务结果）×6（电极点）的重复测量方差分析。对于行为数据，本书计算了围绕目标值（3 秒）的平均绝对偏差，并且采用配对样本 t 检验进行组内统计分析。

7.4.2.2 脑电数据的分类原则及成分确定

脑电数据的基本分类原则及成分确定方法与 4.4.2.2 节中所述的研究一相同。本研究首先分析任务启动准备阶段的脑电数据，按照任务类型（单人任务，提供自主性社会比较的双人任务）进行分类；其次是分析任务执行阶段的脑电数据，按照任务类型、任务完成情况的不同组合分为 4 类；最后在对脑电成分的分析中，我们也将按照这种分类方式来对相关数据进行统计分析。研究四通过两种不同的脑电成分（SPN 成分与 ERN 成分）来研究被试者在完成任务过程中各阶段的内在动机。我们将对这两种成分进行分析。

7.4.2.3 对 SPN 成分的分析

研究四按照上文所述分析方法对 SPN 成分进行分析。如图 7-2 所示，在任务准备阶段，单人、双人任务诱发的 SPN 的平均波幅分别为 1.0053μV 和 -1.3742μV。

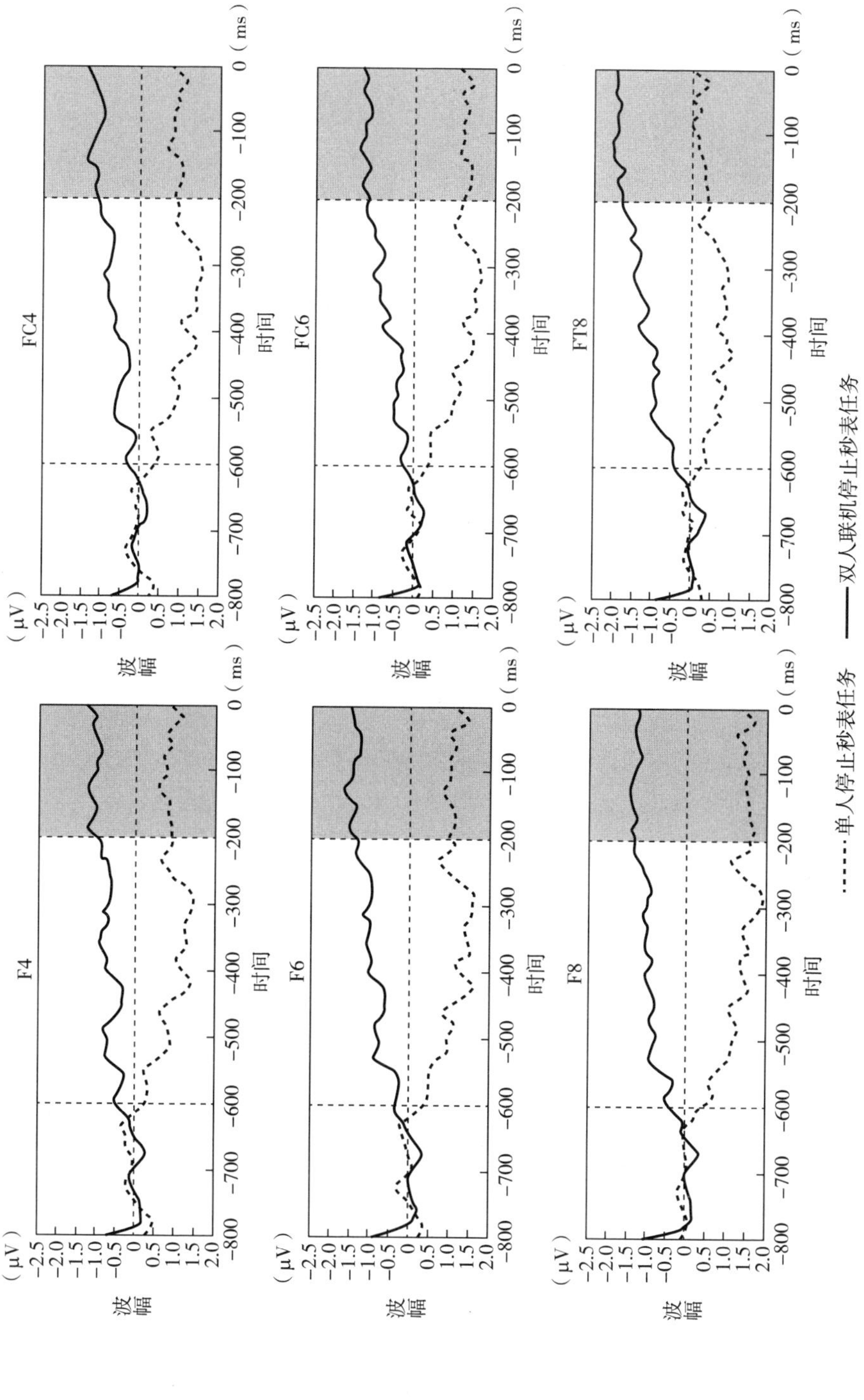

……单人停止秒表任务　——双人联机停止秒表任务

图7-2 任务准备阶段的SPN波幅

注：图中分别显示了单人任务（实线）和双人联机任务（虚线）条件下6个电极点的平均波幅情况。

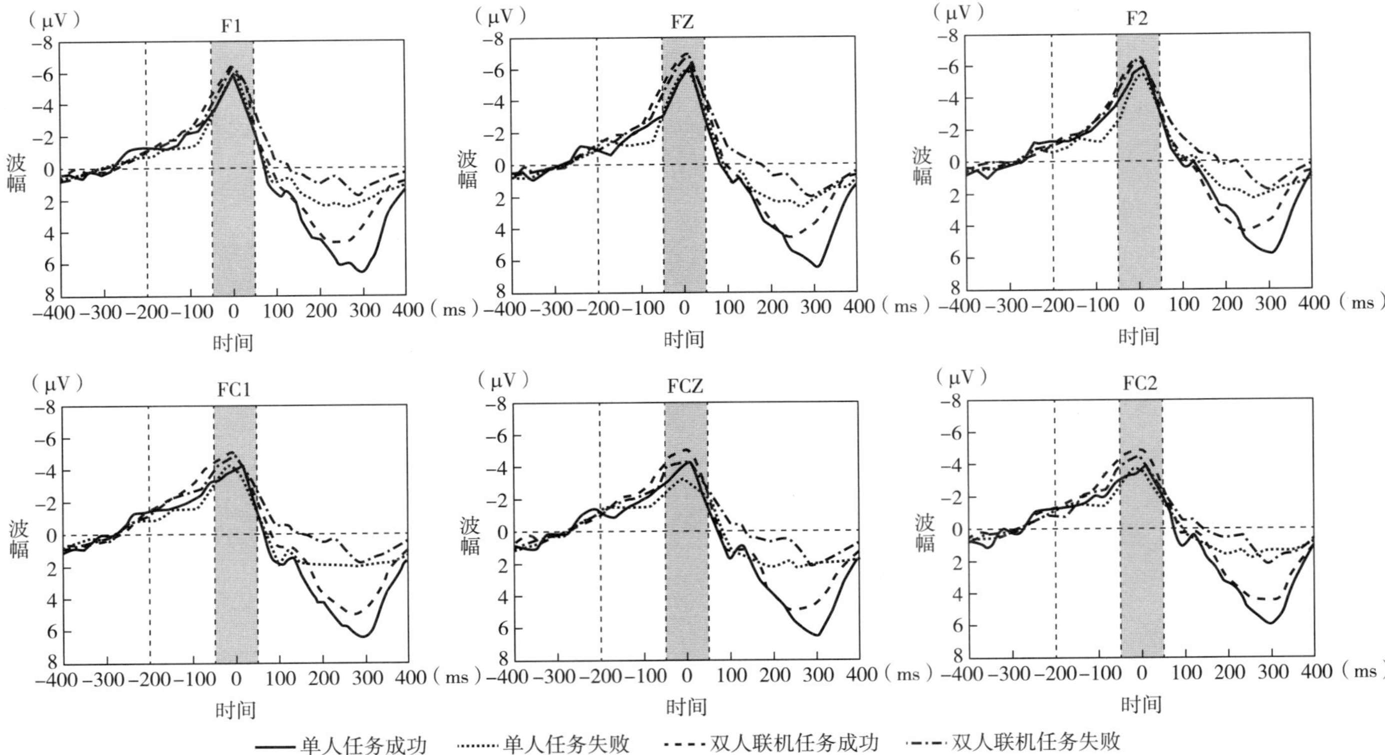

图7－3 任务执行阶段的ERN波幅

注：图中显示的是与实验条件（单人、双人联机任务）及任务结果效价（成、败）相关的6个电极点的平均波幅。

结果表明，社会比较存在明显的主效应［F（1，20）=4.570；p=0.045；η^2=0.186］，但电极点［F（2.13，42.55）=1.137；p=0.333；η^2=0.054］的主效应及二者的交互效应［F（2.88，57.68）=0.620；p=0.599；η^2=0.030］并不显著。

7.4.2.4 对 ERN 成分的分析

单人、双人任务执行阶段的 ERN 平均波幅分别为 -3.9734 微伏和 -4.8228 微伏（见图7-3）。社会比较［F（1，20）=7.597；p=0.012；η^2=0.275］和电极点［F（2.31，46.10）=17.090；p<0.001；η^2=0.461］的主效应显著，但任务结果效价（成、败）的主效应并不显著［F（1，20）=0.007；p=0.933；η^2=0.000］。

此外，社会比较与任务结果效价［F（1，20）=0.218；p=0.646；η^2=0.011］，社会比较与电极点［F（3.28，65.57）=0.491；p=0.706；η^2=0.024］以及任务结果效价与电极点间［F（2.55，51.08）=1.554；p=0.216；η^2=0.072］的交互作用也不显著，而社会比较、任务结果效价与电极点三者间的交互作用达到了边际显著［F（3.43，68.53）=2.325；p=0.074；η^2=0.104］。

7.5 结论与讨论

本章研究四进行了详细的阐述，在本研究中选取了内在动机较强的 3 秒按键停止任务。实验共招募了 24 名志愿者作为实验被试者，按顺序完成两项任务：单人停止秒表任务和双人联机停止秒表任务。单人停止秒表任务在任务反馈阶段仅获知自身任务绩效表现，双人联机停止秒表任务在任务反馈阶段可以自主选择是否查看对方（含己方）的任务绩效反馈。与研究三相同，本实验也收集了所有 24 名被试者在两种实验条件下的脑电数据，通过对被试者在完成任务过程中各阶段脑电数据的分析，得出了丰富的实验结论。

下文将依次归纳研究四的研究结论，并对结论进行相应的讨论。

7.5.1 决定权影响行为的结论与讨论

本研究通过统计分析发现，两种任务条件下的按键正确率无显著差异。正式实验后问卷分析结果表明，当存在自主性社会比较时，被试者对于对方的任务表现非常感兴趣（在双人联机停止秒表实验当中，被试者要求的反馈率达

56.13%）。根据自我报告，被试者更喜欢完成双人联机停表任务。他们会付出更多的努力去完成任务，也更想在任务中获得成功。因此，假设 H1 成立。

在本研究中，对方的任务表现反馈是可自主选择的，通过自主性的社会比较可以获得额外的参考信息，以对比自身的任务完成情况，从而强化对自身能力的感知。此外，该反馈机制并不以控制性的方法实施，这也会进一步增强个体自身的自主性。换言之，本研究中被试者获得与任务表现无关的固定报酬，且可自由选择是否接受这种额外的社会性反馈，这种应要求而提供的额外反馈具有信息参考性和非控制性的特点，因此个体的动机会被有效激发，从而产生更强的任务参与度（Stone，Deci & Ryan，2009；Deci & Ryan，1985b）。

7.5.2　预期和执行阶段脑电数据的结论与讨论

在研究四中，我们采取了组内的实验设计方案，本书在 7.4.2 节中详细阐述了脑电数据的分析过程以及脑电成分的确定原则，根据脑电分析成分确定原则以及以往的研究，我们对任务完成过程中的 SPN 和 ERN 成分进行了分析。分别在任务准备阶段和任务执行阶段得出了两个方面的结论。

（1）在任务启动准备阶段，我们分析了个体完成任务准备过程中的 SPN 成分的波幅差异，通过重复性方差统计发现，与单人停止秒表任务相比，双人联机停止秒表任务在启动准备阶段诱发了较大的 SPN 振幅，假设 H2 成立，即相比单人任务（无社会比较），双人联机任务（存在社会比较）产生的内在动机更强。根据以往关于 SPN 的相关研究，可以发现，SPN 与预期性的注意力相关（Boxtel & Böcker，2004；Böcker，2002；Brunia et al.，2012）。同时有研究发现，任务参与度与注意力资源分配相关，任务参与度的增强会提高个体的注意力水平（Matthews et al.，2010；G. Matthews et al.，2010）。为更好地完成任务，被试者须在任务启动阶段做好充分准备，如果自主性社会比较有利，被试者会积极投入任务准备中，在任务启动标识出现之前注意力会高度集中。因此，相对于单人停止秒表任务，在双人联机停止秒表任务的准备阶段，被试者会产生较大波幅的 SPN 成分。

（2）在任务执行阶段，我们运用反应锁时的方法对 ERPs 数据进行了分析，发现了 ERN 成分，并对被试者在两种不同实验条件下的 ERN 成分进行了重复性方差分析，结果发现，被试者在执行双人联机停止秒表任务时所诱发的 ERN 振幅大于执行单人停止秒表任务时所诱发的 ERN 振幅，假设 H3 成立。根据 ERN 的相关文献综述，ERN 通常发生在个体做出错误响应后的 100 毫秒之内。它直接反映了个体在任务执行中的绩效监控水平，并且能帮助个体在接下来的过程中调整策略，以获得更好的结果（Ullsperger et al.，2014）。也有研究表明，ERN 能

反映个体的任务参与度以及对任务表现的关注情况（Tops et al.，2006；Meng & Yang，2018）。当人们更为深度地参与到特定的任务当中时，他们会更关注自身犯错的情况。一旦未达成特定目标，他们会有更强烈的反应（Santesso et al.，2005；Meng & Yang，2018b）。如果自主性社会比较对于任务参与存在积极影响，参与者在双人联机模式下会更在意其不佳表现和犯错情况。因此，在任务执行阶段，相对于单人停止秒表任务，被试者在双人停止秒表任务中会诱发更大波幅的ERN成分。

7.5.3 对研究结果的联合讨论

总体来说，本研究通过两种不同实验条件下的秒表按键任务，在研究三的基础上进一步探讨了自主性社会比较的精神激励对内在动机影响的神经机理。本研究结论进一步证实了研究三的结果，符合动机的自我决定理论。并且本研究的结果在脑电层面上提供了自主性社会比较对内在动机影响机制的神经学证据。根据自我决定理论，提供有参考价值而不带控制性的外部信息能够满足个体基本心理需求，进而有效提升个体对既定任务的内在动机（Ryan，Mims & Koestner，1983；Deci & Ryan，1985b；Koestner et al.，1984；Ryan & Richard，1982）和任务参与度（Stone，Deci & Ryan，2009；Deci et al.，2001；Gagne & Deci，2005）。Koestner 等（1984）在实验中将儿童随机分为三组，分别使用参考性、控制性和无限制指令来指导绘图，研究发现，相比于控制性指令组而言，参考性指令组的儿童在空闲时间会花更多的时间去绘画，且对绘画展现出更强烈的内在动机。在本研究中，对方的任务表现反馈是可自主选择的，通过自主性的社会比较可以获得额外的参考信息，并与自身的任务完成情况进行对比，从而强化对自身能力的感知。此外，该反馈机制并不以控制性的方法实施，这也会增强个体自身的自主性。换言之，本研究中被试者获得与任务表现无关的固定报酬，且可自由选择是否接受这种额外的反馈，这种应要求而提供的额外反馈具有信息参考性和非控制性的特点，因此个体的动机会被有效激发从而产生更强的任务参与度（Stone，Deci & Ryan，2009；Deci & Ryan，1985b）。根据社会比较的其他观点，个体与他人进行比较的倾向源自对自我提升的追求（Suls & Wheeler，2000）。通过社会比较，人们可以更好地了解自身的长处与不足，更积极地实现自我提升，进而也会带来更多的满意度和成就感。由此，他们会更积极主动地参与到任务当中并保持这种最佳状态（Wayment & Taylor，1995）。总的来说，实验中双人联机停表任务的设置为自主性社会比较提供了一条途径，有效提升了个体的任务参与度。

在管理实践中，如何激励员工自主工作是管理者关心的主要问题之一。一些管理者会在实际工作中引入直接社会比较，如定期宣布所有员工的工作绩效。但该形式的社会比较很可能转化为一种“你赢—我输”的社会竞争形式，并可能会削弱个体的工作动机，降低任务参与度（Reeve，Olson & Cole，1985；Reeve & Deci，1996）。基于本研究的基本思路和研究结论，工作中的比较信息可以自主的方式提供，即员工可自主选择是否获取其他员工的绩效信息。在这种情况下，虽然个体的不佳绩效可能被其他人获知，但由于该机制是自主式而非控制式的，仍然能够满足员工最基本的自主需求和胜任需求（Deci，1985）。因此，我们认为在这种反馈机制下，员工会更加积极主动地工作（Ryan & Deci，2017）。总体来说，如果管理者能充分利用社会比较的优势，那么它将成为工作中最有效的激励方式。当然，社会比较的具体实施方式将对激励效果起到至关重要的作用。

8 总体结论与未来展望

为了实现本书的研究目的，我们将整体研究分解为四个部分逐步进行。这四项子研究所考察的问题是逐步递进的，研究一是整个研究的基础，论证了内在动机的存在及其神经表征；研究二关注了最常用的物质激励对内在动机的影响及其神经机制；研究三在物质激励的基础上，将研究扩展到无形的精神激励对内在动机的影响，同时也研究了其神经机制，并在第六章的最后对物质激励与精神激励对内在动机的影响做了综合论述；研究四在研究三的基础上，进一步考虑了自主性社会比较对内在动机的影响。本书通过综合考虑实验中的各个影响因素，多层次深入分析研究数据，得到了丰富的结论。

为了使本书的研究结论更加清晰，本章将研究一、研究二、研究三和研究四的结论综合起来进行考虑，从整体上总结本书的结论，得到了以下四个主要结论：

（1）动机的强度可以通过任务各个阶段的神经科学指标表征出来，包括任务提示阶段对不同类型任务的期待程度、任务执行阶段对反馈结果的预期以及结果反馈阶段对反馈结果的主观价值评估。本书的研究一专门对动机的神经机理以及动机强度的神经表征做了研究。通过对个体在任务的各个阶段的脑电情况进行探测和分析，我们发现动机强度的不同可以表现在任务各个阶段的不同脑电成分上。在任务提示阶段，不同内在动机强度的任务，诱发了不同的 N2 振幅，这是由于被试者对不同任务的不同期待程度所造成的，个体往往会对强内在动机的任务有更高期待。在任务执行阶段，按键瞬间诱发的 ERN 振幅在两种任务之间也有显著的差异，这种差异是由于对结果的不同预期所造成的，个体更加希望赢得强内在动机的任务。在任务结果的预期阶段，高内在动机的任务会诱发更大的 SPN 成分。在结果的反馈阶段，出现了 FRN 和 P300 两种 ERPs 成分，两种任务在这两种成分的振幅上也有显著差异，但是由于这两种成分的认知意义是不同的，因此引起这两种振幅差异的原因也是不同的。对于 FRN 成分来说，是由对反馈结果的主观价值评估所造成的，而 P300 成分的差异是由注意力资源的分配不同所造成的。个体会对强内在动机的任务结果给予较高的主观价值评估，并且分配较多的注意力。

（2）工作任务本身是具有内在动机的，外部的物质激励会对内在动机有破坏作用，不利于激励效果的持续性发展，这一点不仅可以在行为层面上表现出来，也可以表现在任务结果反馈阶段的 FRN 振幅差异上。由于刺激反馈阶段的 ERPs 成分比其他阶段的成分更加稳定易测，且反馈阶段的 P300 成分所表现出来的注意力情况会受到很多其他外在因素的影响。因此，反馈阶段的 FRN 成分是一种测量动机强度较为合理的指标。在研究外部物质激励对内在动机的影响时，选用 FRN 作为观测指标。FRN 的结果与以往行为研究的结果相对应，都显示了在撤销金钱激励之后，原有的任务内在动机会减弱，这就不利于激励效果的持续性发展。这个结果说明了 FRN 可以作为表征动机强弱的定量化指标，对于解释动机的破坏效应具有重要的意义。内在动机在金钱激励撤销之后会减弱，这是因为外部激励的加入使个体将行为的目的转移到了奖励上，当奖励撤销之后，个体的行为目的就消失了，任务结果好坏的主观价值也就减弱了，因而破坏了内在动机。

（3）与物质激励不同，由于精神激励一般不具有控制意义，因此外部的精神激励，尤其是带有自主性信息的激励会对内在动机有增强作用，可以使内在动机持续发挥作用。除了研究物质激励对内在动机的影响作用外，本书也关注了精神激励对内在动机的影响，并在神经层面对其进行了研究。与物质激励不同，精神激励一般仅起到信息传递的作用，而并不像物质激励那样，对个体行为具有控制引导作用。因此，在对内在动机的影响方面，带有信息意义的精神激励一般能够加强内在动机，而带有控制意义的外部物质激励会破坏内在动机。在神经科学层面，这种差异也能表现在 FRN 和 SPN 振幅的差异上。也就是说，精神激励即使在撤销之后，也能对个体产生持续性的影响，个体对任务结果的主观价值评估会高于精神激励给予之前。这是由于在给予精神激励时，其不带有控制意义，个体不会将行为的原因转移到激励上去，因此额外的精神激励增加了行为的动机。而当激励被撤销时，原有的内在动机保持不变，并且由于之前精神激励的潜在影响，会使内在动机得到加强。

（4）动机的强度与个体对任务结果的主观价值评估有关，而与注意力资源的分配无关，注意力的集中程度会受到疲劳等外界因素的干扰。在结果的反馈阶段，往往会诱发 FRN 和 P300 两种认知成分，以往的研究发现这两种成分都可以反映反馈结果的效价。在研究不同任务的内在动机强度时，同样也发现了这两种成分在不同任务类型下都存在显著差异。但是，并不是这两种成分都能够准确反映出动机的强度，这是由它们不同的认知意义所决定的。FRN 成分反映的是对刺激的情感和动机，是对反馈结果的主观价值评估，这种主观价值评估不容易受到外界其他因素的干扰，因而较为稳定。而 P300 反映的是注意力资源的分配情况，注意力资源除了受到情感等因素的影响之外，还会受到外界其他因素的干扰和影响，如疲劳效应、重复效应等。因此，FRN 是一种可以反映动机强度的、可定量化测量的、稳定的脑电指标。

8.1 理论贡献

本书的理论意义，主要体现在以下五个方面：

（1）利用事件相关电位技术，发现了动机强度的神经表征指标，这种神经层面的表征可以独立反映在实验的各个阶段。对动机强度进行科学、准确的测量一直是动机问题研究中的一个难点，这是由于对某种任务动机的强度属于个体的心理特征，很难被量化。在认知心理学中，研究者普遍采用问卷调查的方式来研究动机强度，例如，Harter（1981）的研究就设计了一个问卷来研究学生在课堂中的内在动机与外在动机。在心理学中另一种被广泛应用的测量方法是记录被试者在正式实验完成之后的自由阶段，自愿完成同一实验任务的次数或者时长，例如，Deci（1972）关于内在动机与外在动机关系的研究中，就采用了这一方法。但是，这两种方法存在无法实时测量、依赖于主观评判等不足之处，在对内在动机这一内因变量的测量上，容易产生较大的测量偏差。

直到 2010 年，Murayama 等在研究中首次提出可以通过大脑特定脑区的激活情况来对动机的强度进行表征。在他们的研究中，通过功能性核磁共振成像设备来探测大脑奖赏区域的激活程度以表征动机的强度。这为学者实时、客观地测度个体的内在动机水平提供了借鉴意义。

本书在 Murayama 等早期研究成果的基础上，运用比功能性核磁共振具有更高时间精度的事件相关电位技术来对动机的强度进行探测，从电生理信号层面，找到了表征动机强度的神经指标：FRN、ERN、N2 等。在本书的基础上，未来运用认知神经科学方法研究内在动机问题的研究者可根据具体的研究问题和研究范式，灵活选用相关指标，以进行更加深入的探索。我们的研究也发现，个体对某种任务的动机强度在整个任务的进行过程中都能够表现出来，并且能够通过 ERPs 成分探测出来。

（2）利用事件相关电位，发现物质激励对内在动机破坏作用的神经机制，为破坏效应的存在提供了新的理论依据。Murayama 等的研究虽然发现了物质激励对内在动机破坏的神经机制，但他们是从奖赏的角度来对该问题进行研究的。如2.1.3.2节所述，他们的研究结果发现在任务结果反馈阶段大脑奖赏区域的激活程度与动机强度具有相关性。而在我们的研究中，表征动机强度的指标是被试者因输的结果和赢的结果所诱发的FRN振幅的差异大小，也就是D－FRN的振幅。在2.3.3节关于FRN的文献综述中，我们阐述了FRN振幅代表的是个体对事物的主观价值评估，因而，当个体对赢的反馈结果的价值评估越高，对输的反馈结果的价值评估越低时，才能说明其对该任务具有较强的动机。与Murayama等的研究结果相比，本书的研究不仅关注赢的反馈结果对个体的奖赏作用，也关注输的反馈结果对个体的负面作用，这为内在动机与外在激励关系的神经机制研究提供了新的理论证据，是对以往研究的补充和完善，有助于研究者对该破坏效应更加深入地理解。

（3）不同类型的外在激励对内在动机有不同的影响作用，两者的神经机制和心理过程也是不同的。外在激励可以分为物质激励和精神激励两种，研究者从行为和神经两个层面都证实了物质激励会破坏任务原有的内在动机。由于精神激励在实验室环境下较难模拟，并且对激励强度的控制和激励方式的选择存在一定的难度，因而相关的研究较少。以往的研究者在行为层面进行了一些研究，Deci等（1971）的研究运用口头表扬作为对儿童进行精神激励的方式，他们发现口头表扬会增强内在动机。Vallerand等和Reid（1988）的研究发现，无论是男性还是女性在校大学生，在反馈结果中给予正性的精神激励都会增强其内在动机。此后，Frederick－Recascino和Schuster－Smith（2003）的研究也证实了在体育活动中，社会比较会增强个体对任务的内在动机。尽管这些研究从行为角度证实了精神激励对内在动机的影响与物质激励不同，但是至今未有神经科学相关的研究来探究这种现象背后的认知机理。本书在研究三中设计了社会比较作为精神激励的方式来研究其神经机制。选取社会比较作为精神激励是由于在实验室环境中，社会比较的实验场景更容易被真实地模拟，有助于得到更切合实际的实验结果。研究结果发现，精神激励确实会增强被试者的内在动机，其神经机制和心理过程也与物质激励不同。该研究结果为解释物质激励和精神激励对个体内在动机产生不同影响的原因提供了新的视角和依据，促进了激励理论的发展。

（4）在神经科学层面，为内外动机关系的研究提供了新的证据，赋予了激励理论和动机理论新的生长点。在激励中，激发个体动机是激励的重要目的之一。前人对动机理论进行了大量的研究，发展出了本能论、驱动论以及认知论等，也有研究者在此后提出了自我决定理论。动机理论经过了100多年的发展已经较为完善，而新的研究方法或者研究工具的出现则为动机理论的研究注入了新的生命力。本书开创性地将认知神经科学的方法运用于研究动机理论，这推动了

新的研究方法和研究工具在传统研究领域的应用，为激励理论和动机理论的发展提供了新的生长点。

（5）在认知神经科学层面，为自我决定理论的研究提供了新的研究方法、研究思路和研究路径。

自我决定理论是研究动机问题的重要理论，以往关于该理论的研究主要采用行为实验或者自报告的方法，相关的理论也是在这些研究的基础上发展起来的。本书的四项研究基于自我决定理论探讨了内在动机与外在动机的关系，并运用认知神经科学中的 ERPs 技术对动机进行了测量，从大脑神经层面探寻了动机的测量指标，发现了影响内在动机和外在动机的神经机制。未来的研究可以借鉴本书的研究方法、研究思路，通过认知神经科学的方法来对自我决定理论进行更加深入且系统的研究，以期为深化、修正或者进一步发展自我决定理论提供依据。

8.2 对管理实践的建议

本书的研究主题紧扣与管理实践相关的激励动机问题，研究结论对实践具有较强的指导意义，具体表现在如下三个方面：

（1）将内在动机的概念引入管理领域，加强在管理实践中对内在动机的重视程度。20 世纪 50 年代之前，关于动机的研究一般仅关注对外部动机的激发，研究者认为只有外部激励才能激发工作动机，个体的行为目的是获得外部强化。到 20 世纪 70 年代，内在动机理论才逐渐出现在心理学的研究中。但事实上，在管理实践中，至今仍然有很多人认为动机只存在单一变量，也就是动机的强度，管理实践者在制定激励措施时，只关注当前动机的强度。可以说，在实际的激励活动中内在动机的概念经常被忽视。尽管外部的金钱奖励能够在短时间内提高个体的工作绩效和工作表现。但是，外部激励无法给予员工持续的刺激。

而内在动机与员工的幸福感、工作满意度、组织忠诚度等指标均有密切的联系，能够对个体的工作表现，甚至是企业绩效产生持续、长远的影响（Parker & Ohly，2008；阮爱君，2011；王璇和李健，2007；谢犁，2009）。此外，还有大量的研究显示，外在动机对于需要创造力才能完成的工作任务来说作用并不大，对于需要发挥足够主观能动性和创造力才能完成的工作来说，高水平的内在动机才是不可或缺的因素（Amabile，1988，1996）。心理学家爱默比尔就认为人们的工作动机只有在被工作任务本身自带的挑战性和工作满意度所激发时，才是最有创造力的，由外力所激发的动机并不适合于完成需要创造力的任务（张剑和郭德俊，2003）。当个体对某种任务具有较强的内在动机时，即使他没有被要求执行该任务，其也会主动去完成任务，在完成任务过程中如果遇到困难，也会主动运用已有的相关知识去积极寻找解决问题的方案；当受到其他外界因素干扰时，个体也会努力保持良好的工作状态，挖掘与完成任务相关的隐藏线索，从而保证能够顺利地完成任务。也就是说，在强内在动机的情况下，人们往往会不计报酬地、不带任何强迫性地去完成该项任务。在某些领域，内在动机甚至是完成工作不可或缺的因素，例如，教育、科研等需要调动人的主动性和创造性才能有所作为的领域。美国社会心理学家 Amabile（1988，1996）的大量研究证明，内部动机对人的创造性具有很大的促进作用。

可以看出，内在动机对于激励活动来说至关重要，而在实际的管理活动中，管理者对内在动机的重视程度不足；在管理学研究中，研究者也很少考虑到内在动机问题。本书通过四个研究也充分证明了在激励过程中，要考虑到内在动机的作用。因此建议相关管理者在对员工进行激励时，除了要重视外在激励之外，也要更多地关注内在动机以及外部激励对内在动机的影响。企业在制定激励措施时，也应当考虑运用能够加强内在动机的外部激励措施，使激励效果事半功倍。

（2）企业在对员工进行激励时，应注重激励方式的多样化，避免激励方式的单一性。本书在 1.1.1 节中叙述了当前企业管理中存在的激励问题，其中很重要的一条就是激励方式的单一。激励方式的单一导致了激励效率低下、持续性差等众多问题。本书的研究结果显示，除了常用的物质激励之外，还应重视精神激励。在此，对管理实践中如何选择激励方式提出几点建议：

首先，在激励方式的选择上，要注意精神激励与物质激励并重。虽然在很多时候高薪能够带来很强的工作动机，能够促使员工更加努力地工作，但是物质需求被满足到一定程度之后，高薪所能产生的激励效果就会被不断减弱。因此，管理者在对员工进行激励时，除了给予物质激励外，还需要辅之以精神激励，将两种激励方式有机地结合起来，在多种激励方式的共同作用下，才能达到最佳的激励效果。

其次，对不同的员工要运用不同的激励方式，而不是“一刀切”。早期对激励理论的研究就发现，不同的员工会有不同的需求，但是，现在很多企业管理者在实施激励时仍然没有重视这一点，在没有对员工的实际需求进行了解的情况下，就采取了简单的物质激励，从而造成企业花费了大量人力、物力，却达不到预期的激励效果。因此，本研究建议企业管理者在制定激励措施时，将员工的个体差异作为一个重要的考量因素，对员工的需求进行分类，以寻找针对性的最佳激励方案。例如，针对体力劳动者，由于其基本收入本身比较低，物质激励就会是一种比较有效的激励措施；相反，对于高级管理层或者高技术难度工作的从业

者，他们的工作比较难以被替代，从业人数也较少，而此类员工往往对于内在精神方面的需求会更多一些。因此，企业在提供物质奖励的同时，也要考虑精神激励，这是不可忽视的一个重要内容。

最后，在激励中要充分发挥内在动机的作用。本书的研究结论发现，内在动机对员工的总体工作动机也有较强的影响，并且内在动机所诱发的激励作用比外在激励更持久、有效。例如，对于自我决定感和胜任感较强的员工来说，成功完成具有挑战性的工作比拿到高薪所带来的满足感更强。因此，在企业管理实践中，可以综合企业、员工工作任务以及员工本身特点这三个方面的因素来制定最合理有效的激励措施，通过加强内在工作动机来保持员工持续的工作积极性。

（3）避免只顾眼前的激励方式，应更多地考虑激励效果的持续性和有效性。如 1.1.1 节所述，在企业管理中，激励效果的持续性和有效性难以保持，这也是目前激励中的一个观点。本书的研究结果发现，在物质激励被撤销之后，原有的激励效果马上消失了，甚至员工的工作动机比激励前更低了。这说明物质强化对于初期的行为可能有很好的效果，但这种强化会很快导致对奖励麻木，从而失去激励效果。尤其是在撤销强化后，行为会迅速消退，甚至后退。但精神激励被撤销之后，激励效果却保持了良好的持续性。因此，除了要注重当前的激励效果之外，还要采取一定的激励措施来保持激励的长期性和有效性。例如，建立灵活、多样的动态激励机制，避免激励措施的固定化和模式化。

8.3 研究局限

（1）ERPs 实验样本以及样本数量的局限。在样本选择方面，本书中的 ERPs 实验均选取在校大学生作为实验被试者，在性别比例方面进行了控制，男女比例接近 1∶1。在很多管理学、心理学和认知科学研究中都发现了个体在决策行为上存在差异，例如，性别、年龄、文化、教育背景以及收入等都会对其认知和行为产生影响。

而选取学生作为样本便于对这些干扰因素进行控制。尽管本书采用学生作为被试者的做法既有一定的理论依据，也受到一定现实条件的约束，但在未来的研究中，我们仍然会考虑选取其他被试群体，如不同收入、职业、文化背景的被试者，以探索除外在激励之外，个体本身的特征对内在动机是否会产生影响。

在样本数量方面，本书的 ERPs 实验中的被试者数量还需要增加。在管理学和心理学的问卷研究中，样本数量往往需要几十个甚至几百个。但是对于 ERPs

实验本身来说，被试者数量一般不需要很多。在已有的 ERPs 研究中，研究者普遍选择的被试者数量都在 12～16 人，甚至有个别实验的被试者数量不到 10 人（王凯，2010）。这是由于在 ERPs 实验中，每位被试者都会对同一类型的任务进行重复，从而可以收集到多条数据，这是由 ERPs 实验本身的特征所决定的。在 ERPs 实验中，也存在用大样本来弥补某些叠加次数不够的情况，或者在叠加次数很多的实验下，适当减少实验的被试者数量（Picton et al.，2000），这也从另一方面说明了实验任务的叠加次数和被试者数量在 ERPs 实验中是可以相互弥补的。在本书中，每个被试者在每一阶段的实验中需要执行 60 次实验任务，实验叠加次数比较多。因此，本书依据 ERPs 实验的特征，结合实验条件的约束，从而决定了被试者数量。然而，这也不能否认本研究在被试者数量方面的局限性，尽管我们尽量控制了被试者的同质性，但是个体差异比较难以避免，被试者数量较少就有可能造成个体差异对实验结果的干扰。因此，未来的相关研究中，可以适当地增加被试者数量。

（2）缺乏对 ERPs 数据的深入挖掘。本书的研究同时采用了事件相关电位和行为学实验相结合的方法，收集了行为和脑电两个方面的数据。对于脑电信号来说，除了提取 ERPs 成分之外，还能通过脑电信号分离出频谱、ERPs 成分对应的脑区等有用信息，但是本书研究由于技术水平、研究经费等限制只对数据的几个特定成分进行了分析，缺少深入挖掘。例如，ERPs 中的溯源分析能够定位某种成分起源于大脑的哪个区域，但是溯源分析需要特定的付费软件才能进行，且软件价格比较高，本书由于经费所限无法进行相关分析。

（3）实验室研究与实际管理环境之间的差异。本书的四项实验以实验室实验为主，这是由于 ERPs 实验对实验环境有严格的要求，与个体在现实工作环境中有所差异。在自然复杂的环境下收集脑电数据，会使数据受到外界环境的干扰，难以判断脑电的变化是由于实验刺激还是外界环境因素所造成的。本研究在实验设计中，也采取了很多方法在实验室中模拟现实环境，例如，在研究精神激励对内在因素影响的实验中，为了模拟社会比较环境，将两名被试者同时带到实验室中，让被试者在实验前就见到自己的比较者。希望随着技术的发展，在未来的研究中能够更好地解决这一问题。

8.4 未来研究展望

本书对激励理论中内外动机的关系及其神经机制进行了研究。在详细介绍了四项早期研究的基础上，也介绍了国内外近期的研究进展。接下来，本章将从两个方面对未来研究加以展望。一方面，未来关于动机、自我决定理论以及与激励相关的研究可以延续本书的研究方法，运用事件相关电位技术、功能性核磁共振、眼动跟踪技术和功能性近红外光学成像等认知神经科学的技术手段来进行研究；另一方面，通过现场研究、田野调查等方法对本研究的成果在现实的管理环境中进行验证，具体如下：

（1）运用多种认知神经科学技术对激励及动机相关问题进行研究。本书是对认知神经科学、管理学与心理学交叉领域进行的探索性研究，首次运用事件相关电位技术对内外动机的关系进行了深入研究。本书在实验设计上借鉴主流的行为科学方法以及功能性核磁共振研究方法，通过四个研究证明了该实验设计的有效性。由于不同的认知神经科学技术都有自身的优缺点，例如，功能性核磁共振具有较高的空间精度，但是时间精度较低；而 ERPs 具有较高的时间精度，但空间精度却较低。因此，在未来的研究中，可以尝试运用多种不同的认知神经科学工具，对动机和激励问题进行研究，有助于全面了解内外动机的影响机制，甚至可以尝试将多种认知神经科学技术联合，开展多模态相关研究。

（2）扩大认知神经科学技术在激励和动机领域的研究范围。在激励和动机相关的研究中，除了内外动机的关系，还包括很多方面的研究。例如，激励措施问题，即什么样的激励措施或者说激励方案是最有效的。就物质激励中的绩效报酬方式来说，完成任务给予的奖励过多会造成员工压力过大，导致过于紧张，奖励过少会造成员工积极性不高，甚至比不给奖励时的积极性低。对这种奖励力度的研究，也可以采用本书提及的事件相关电位技术来进行。未来的研究可以在本研究的基础上进一步研究内外动机关系的影响因素，例如，个体特征对内外动机关系的影响，包括收入、职业类型、文化等。在以往的行为研究中，也有研究者以儿童（Lepper，Greene & Nisbett，1973）、中小学生（Harter，1981；Miserandino，1996）或者创造性工作者（Amabile，1985）等为研究对象进行内在动机关系的探索。虽然并不是所有的研究都适合于扩展到认知神经科学领域，也不是所有的研究内容都有扩展到认知神经科学领域的价值，但是至少为该类研究提供了一个新的研究视角、研究工具和研究路径。

（3）通过现场研究将本书的研究成果在现实的管理环境中进行验证。本书将心理学和认知神经科学的相关理论和研究方法引入传统的激励理论研究中，将激励中的动机分为内在动机与外在动机两种，并研究了两种动机的相互关系及其神经机制，通过四个研究，得到了一系列丰富的结论。但是本书的结论是基于实验室研究得出的，并未在管理实践中得到证实。因此，在后续的研究中，我们希望可以通过现场研究的方式，来验证本研究的结果，使本研究的结果更具有信服力。此外，现场研究方式是管理学研究中常用的研究方法之一，将该种研究方法与实验室研究方法结合起来，促进不同层面的研究结果相互印证，也有助于交叉学科的发展。

（4）研究个体差异对内在动机的影响。虽然自我决定理论中的三项基本心理需要对个体内在动机的影响已经被研究者广泛认可。但是，不同的个体对自主、胜任和归属的基本需求是不同的。自我决定理论中的因果定向理论认为，个体之间存在着个性化的差异，存在不同程度的、综合的动机倾向，对于这种倾向的研究，有助于在工作中更好地理解员工行为的内在原因，Deci（1982）将其命名为“因果定向”。此外，自我决定理论中的目标内容理论认为，个体对不同需要层次的满足程度存在差异，有些人倾向于追求内在目标，而有些人倾向于追求外在目标。这些理论的观点都说明了在未来的研究中，应该关注于个体在工作和执行任务中的个体差异，进而深入探讨影响个体内在动机的调节因素。

综上所述，虽然激励和动机问题是一个较为古老的研究课题，自泰勒科学管理理论提出之后就一直被众多研究者关注。但是随着新技术的发展和新的研究方法的引入，激励理论的研究被赋予了新的生长点。研究者可以通过新的研究方法和研究视角，多角度多层次地理解激励问题，促进激励理论的新发展，以更好地服务于管理实践。

9 国内外延伸研究

除了本书阐述的四项研究之外，国内外也有众多研究者开始尝试运用神经科学的方法来研究内在动机，以及如何激发员工的内在动机。这些研究大多是受本书作者相关研究的启发，下文将选取部分论文进行阐述。

9.1 任务设计与个体的内在动机

这项研究来自2016年浙江大学博士研究生孟亮的博士论文《基于自我决定理论的任务设计与个体的内在动机：认知神经科学视角的实证研究》。

该论文通过认知神经科学的工具（ERPs技术）以探究工作设计与自我决定理论之间的联系。该研究基于自我决定理论，从工作设计的视角出发，开展了一系列神经科学和行为实验，主要目的是探讨与个体自主、胜任等基本心理需要密切相关的若干项任务与内在动机强度之间的关系。

首先，通过一项行为实验，探究任务特征对内在动机强度的影响，以及自我决定倾向的调节作用。由于对任务的自由选择能够很好地满足个体自主这一心理需要，且任务难度与胜任这一心理需要的满足紧密相关。因此在行为实验中，通过对任务选择、任务难度这两个任务特征的调节，来研究任务特征对内在动机的影响。在行为研究中，主要运用自由选择阶段的行为指标来测量内在动机强度，为后续神经科学实验的开展奠定基础。在该研究中，研究者让被试者进行两组“找茬”任务，但是难度有显著差异。一组“找茬”素材难度水平居中，另一组“找茬”素材难度很高，一般被试者都无法完成。实验结果显示，个体在难度居中的任务中，感知胜任程度和内在动机都比在难度过高的任务中强。

其次，在行为实验的基础上，运用ERPs技术探究任务的自主选择与内在动机之间的关系，共开展两项ERPs研究。第一项ERPs研究在以往文献的基础上，设计了两个难度不同的时间估算任务，结合实验范式以及实验任务的特点，将任务完成过程中的动机划分为情景提示线索加工、反馈结果预期、反馈结果加工这三个阶段进行分析，通过情景提示阶段的 Cue - FRN、反馈预期阶段的 Outcome - SPN 以及反馈结果加工阶段的 D - FRN 三种代表不同认知意义的脑电成分，对个体的内在动机强度进行综合测量。在实验中，被试者面对的是两项难度水平不同的时间估算任务，且还包含有选择、无选择两种不同的实验条件。有选择的实验条件允许被试者在两项实验任务之间做出选择；无选择的实验条件由系统为被试者随机指派一项任务。任务各阶段的神经指标和行为数据均显示，对任务的自主选择权显著增强了个体的内在动机。进一步地，在实验后，让被试者回答了关于个体自我决定倾向的量表，并将测试结果所呈现的指标与个体在有、无任务选择实验条件下内在动机水平的差值进行了相关分析。研究发现，个体的自我决定倾向越高，自主选择对于内在动机的促进作用越大。这一结果说明任务选择对于个体内在动机的促进作用存在着个体差异。

最后，第二项 ERPs 研究在第一项 ERPs 研究的基础上，增加了自主反馈。也就是说，个体可以自己决定是否揭示任务执行的结果，在数据分析中，将动机过程划分为情景提示线索加工、任务启动准备、任务绩效监控三个阶段，分别通过情景提示阶段的 Cue - FRN、任务启动准备的 Task - SPN 以及任务绩效监控的 ERN 脑电成分测度了个体的内在动机水平。在该研究中，采用了停止秒表的实验任务，在这项任务中秒表会从 0 秒开始走动，被试者的任务目标是将秒表尽可能准确地停在 3 秒左右的位置。由于在任务执行的过程中秒表一直在走动，被试者在完成按键任务的瞬间已经可以看到秒表停下的具体时间点，但是大部分人还是会自主选择是否查看反馈信息，这说明了被试者对反馈信息的偏好。来自行为层面和任务执行各阶段的大脑神经指标结果均显示，相比于没有反馈的情形，个体在自主反馈实验条件下具有更强的内在动机。有趣的是，个体在任务获胜的轮次中选择查看反馈信息的比率显著高于任务失败的轮次，这进一步说明了个体具有胜任的基本心理需要。

该文作者也对任务执行各阶段的 ERPs 成分的认知意义及其对行为结果的影响进行了深入的讨论与解释。个体通过对情景线索的加工，已经可以获知自己接下来将要执行的任务以及任务执行的形式。由于个体本身会对不同的实验任务和任务形式有所偏好，因此，在这一阶段通过对比实际呈现的任务和任务形式与个体偏好的差异（体现在 Cue - FRN 的振幅差异上），就已经能够反映个体对不同实验任务的内在动机差异。例如，如果所提示的任务与个体所偏好的任务差别比较大，就会诱发较大的 Cue - FRN 振幅，相反，如果所提示的任务正好是个体所偏好的，就会诱发较小的 Cue - FRN 振幅。也就是说，可以通过 Cue - FRN，在个体执行任务之前，就预测个体对当前任务的内在动机水平。

另一个预测个体内在动机水平的指标是任务启动准备阶段的SPN成分。在执行任务之前，设置任务启动的准备阶段，也就是给被试者一个任务启动的线索，测量其在该阶段的大脑认知加工状态。根据SPN的认知意义，其振幅强度可以反映注意力的投入水平。如果个体对任务的内在动机强，在等待任务启动的阶段，个体会更加集中精力，投入更多的注意力资源，这反映在SPN振幅的加强上。

在执行任务按键的瞬间会产生ERN成分，该成分的认知意义是能够反映对错误的监测。因此，该文作者认为ERN成分可以反映对任务绩效的实时监控，也能够反映内在动机的水平。如果对任务的内在动机强，那么任务发生错误时，诱发的ERN振幅会增大，这说明该任务的成功与否对个体来说非常重要。在反馈结果期待阶段，个体对反馈结果的期待会诱发SPN成分，它的振幅反映了个体对任务执行结果的期待水平。如果个体具有较强的内在动机，那么对反馈结果的呈现会表现出更高程度的期待，会投入更高的注意力水平，这反映在更大的SPN振幅上。

总体来说，该研究主要获得了以下三个结论：

（1）与个体基本心理需要满足有关的任务特征会显著影响个体的内在动机，可以通过提供任务选择、设置合理的任务难度以及设计合理的反馈机制来充分激发个体的内在动机。其中，提供任务选择除了可以直接满足个体自主的心理需要外，还可以促进个体的胜任感；适中的任务难度能满足个体胜任的心理需要；反馈机制的设计也与个体的胜任感密切相关。

（2）个体的自我决定倾向会影响任务选择对个体内在动机的促进作用，个体自我决定倾向越高，任务选择对个体内在动机的促进作用越大。这一结果说明任务设计中应充分考虑个体的差异因素。

（3）该文建立起了动机过程的认知加工模型，将任务过程划分为情景线索加工、任务启动准备、任务绩效监控、反馈结果期待、反馈结果加工等与个体动机水平密切相关的认知加工阶段，分别通过Cue-FRN、Task-SPN、Outcome-SPN、D-FRN、ERN等脑电成分来实时、客观地测度个体的内在动机水平。

该研究运用认知神经科学中的ERPs技术，基于自我决定理论，对任务设计与个体内在动机之间的关系进行了研究，并探讨了内在机制。进一步地，探索了其他与内在动机相关的神经指标，不仅扩展了运用认知神经科学技术研究激励问题的视角，也为后续研究提供了可以延伸的实验范式。

9.2 竞争对内在动机的影响研究

这项研究来自 2018 年浙江大学博士研究生裴冠雄的博士论文《竞争对内在动机的影响研究：来自认知神经科学的证据》。

该论文同样基于自我决定理论，运用认知神经科学的工具，关注了竞争对内在动机的影响。其研究开展的前提为员工的内在动机是保持对工作的主观能动性，这是将工作变为兴趣的关键因素。尤其是对于进行开拓性、创新性的知识工作者来说，内在动机需要采用有效的方式去激发。以往的研究已经发现，物质、业绩考评等方式来激发内在动机的效果不佳，因此该文关注通过竞争机制来激发员工的内在工作动机。学术界对竞争影响内在动机的作用存在分歧，竞争是一把“双刃剑”，有可能对内在动机产生正性影响，也有可能带来负面作用。因此，需要科学、系统、全面地研究竞争对内在动机的影响。

该文的研究基于个体的胜任心理需求来探究竞争要素对内在动机的影响，具体包括竞争对内在动机的即时影响和长远影响两个层面。采用事件相关电位技术（ERP），以不同的脑电指标来表征任务不同阶段的动机强度。

第一项研究采用行为实验的方法，研究竞争对内在动机的影响，重点关注竞争挑战水平这一要素的影响作用和胜任需求满足程度的调节作用。研究结果发现，当任务难度处于常规模式时，竞争挑战水平会对个体的内在动机产生影响，并且竞争的挑战水平与个体内在动机呈现倒“U”形的曲线关系。也就是说，低竞争挑战水平产生的内在动机最高，无竞争挑战模式下次之，高竞争挑战水平下的内在动机最低。这是由于当竞争挑战程度过高的时候，任务难度已经超过了个体的能力范畴，个体会丧失胜任感，由此导致内在动机的显著下降；当竞争挑战程度太低时，个体的能力远远超出了任务要求，可能会导致个体对任务的执行感到无聊，也无法激发出胜任感，导致内在动机水平较低；而当挑战适中，正好与个体的能力达到匹配时，个体的胜任感会被满足，内在动机会被最大程度的激发。胜任需要是在自我决定理论中提出的，是个体最基本的心理需要之一。其定义是指个人能够恰如其分地完成某项工作，并感到自己是有能力做好该项任务的，这种需要的满足可以使人获得满足感和成就感。当外部的环境特征使个体感受到胜任感时，个体的内在动机就会加强（Deci & Ryan，2000）。在当前研究中，竞争挑战是人际间竞争所带来的对个体能力的威胁，任务难度是任务本身的属性所带来的对个体能力的威胁，两者都会对个体的感知胜任水平产生重要的影响，导致个体胜任力与竞争挑战之间的匹配度成为满足胜任需求的关键要素。

第一项研究还发现，当任务难度处于困难模式时，竞争挑战水平对个体内在动机没有显著影响。这说明在高难度任务背景下施加竞争挑战，无法对个体内在动机水平产生影响。也就是说，过高的任务难度已经远远超过了个体的能力承受范围，个体在不断的负反馈中感受到明显的不胜任，其内在动机会一直处于非常低的水平。另一种解释则认为可能是受到注意力资源和认知资源的影响，由于任务难度带来的过高挑战占据了个体的大部分注意力和认知资源，导致其无暇关注竞争挑战。

这一项研究为后续两项研究的假设提供了基础，为内在动机测量方法的选用提供了参考，为后续研究中控制实验任务的难度提供了标准。

第二项研究主要探讨了竞争对个体内在动机的即时影响。在研究方法上，运用 ERPs 技术，通过双人联机的实验室实验，实时记录参与竞争的双方在不同竞争挑战水平下的大脑活动。这种方法的优势在于能够在实验室场景中较为真实地使被试者进入竞争状态，并且实时反馈互动，据此构建个体的胜任力与竞争挑战水平之间的内在关联。该研究通过对竞争结果的控制设置了两个子实验，第一个子实验关注“完败”和“惜败”，第二个子实验关注“险胜”和“完胜”。在这里，完胜是指挑战程度远低于个体能力；险胜是指挑战程度略低于个体能力，两者较为匹配；惜败是指挑战程度略高于个体能力，完败是指挑战程度远高于个体能力，两者较为匹配。该研究结果以 SPN 为个体内在动机强度的表征，得到了与第一项研究基本一致的结论，即在竞争过程中，与个体能力相匹配的竞争挑战水平能够较好地激发个体的内在动机水平，竞争挑战过高和过低都会显著地降低个体的内在动机。

第三项研究主要探讨了竞争对个体内在动机的长远影响。同样采用 ERP 技术，通过双人联机的实验室实验，实时记录个体执行任务时的大脑活动，并提取任务执行的不同阶段的神经指标来表征内在动机强度，主要通过 D－FRN 成分对个体内在动机水平进行表征。实验设置了获胜组、落败组和控制组三个组别来对竞争结果进行操控，通过观测不同被试组在竞争过后，竞争结果对其 D－FRN 的影响，以探究竞争结果对个体内在动机的长远影响。研究结果表明，相比于控制组和获胜组，落败组在后续任务中表现出更高的内在动机水平，反映在 D－FRN 的振幅增大上。该文从胜任挫败的角度为研究内在动机提供了解释。胜任挫败是指个体在挑战难度过高、负性反馈频繁、社会比较落败等情境中，往往容易感受到一种不胜任感或是失败感（Bartholomew，Ntoumanis，Ryan & Thøgersen－Ntoumani，2011；Deci，Olafsen & Ryan，2017）。但是，个体往往不会完全被动地接纳胜任挫败，相反，个体倾向于激发出自我恢复的过程。一种比较好的方式来重新获得胜任满足就是参与到一个挑战程度较低的活动中（Fang，He，Fu & Meng，2017）。也就是说，落败结果所带来的胜任挫败，会使个体在后续任务中表现出更加强烈的内在动机，以满足其胜任需要。而对于胜利的结果，则不会产生类似的需求，因而对后续任务的内在动机无影响。在其研究中，当被试者在竞争环境中的落败状态使得他产生胜任挫败感之后，另一项常规活动给予他胜任感的满足，那么在执行该项活动中，其内在动机水平就会显著提升。由此，作者还提出了个体在前一项活动中所经历的不同竞争结果，可以成为预测下一阶段个体内在动机水平的重要依据。

该论文的三项研究结合了自我报告法、自由选择法和事件相关电位法这三种主要的内在动机测量方法，得到了以下四项基本结论：

（1）竞争挑战程度会影响个体的即时内在动机，并受到任务难度的调节。具体表现为：当任务难度适中时，竞争挑战程度对个体即时内在动机会产生显著影响，呈现倒“U”形的关系。当任务难度过高时，竞争挑战程度对个体即时内在动机不产生显著影响。

（2）当任务难度适中时，竞争的挑战程度对个体即时的内在动机有显著影响。具体表现为：在竞争过程中，与个体能力相匹配的适度竞争挑战水平能够最大限度地激发个体的即时内在动机，竞争挑战程度过高或过低都会削弱个体的即时内在动机。该结论能够反映在竞争过程中，个体面对不同竞争挑战情况下的表现，在大脑水平上可以反映在 SPN 振幅差异上。

（3）竞争的挑战程度对个体远期的内在动机也有显著影响。也就是说，在竞争结束之后，竞争结果会影响个体在下一阶段活动中的内在动机水平。具体表现为：竞争落败带来的胜任挫败感会使个体在后续产生胜任需求，因而在能够获得胜任需要满足的常规任务中，个体表现出更加强烈的内在动机。胜利的竞争结果则不会产生类似的影响。这一结论主要反映在 D－FRN 的振幅差异上。

（4）内在动机可以从行为和神经两个层面进行测量，如何选用合适的测量方法要从所研究问题的性质、研究目标、研究可行性等多方面考虑，综合使用各种方法对个体的内在动机实现科学化、准确化的表征。

该文所阐述的三项研究借用了行为实验和认知神经科学的理论和方法对个体内在动机从多个视角进行探索，深刻挖掘了不同竞争程度对内在动机的影响，建立了竞争与激发个体内在动机之间的关联，并研究了相应的内在机制，丰富了管理学中关于激励和动机问题的研究深度和广度。此外，笔者也根据研究结果，对企业管理提出了相应的建议，即管理者可以通过设置与个体能力相匹配的竞争挑战难度以及胶着的竞争过程，最大限度地激发员工的内在动机。

9.3 胜任需要挫败对个体内在动机的影响机制研究

这项研究来自2018年广东工业大学博士研究生方慧的博士论文《胜任需要挫败对个体内在动机的影响机制研究——基于认知神经科学的视角》。

该论文从自我决定理论中个体的胜任需求出发，运用现场问卷调查以及脑电实验等方法，深入研究了胜任需求挫败对个体内在动机的影响及其相应机制。胜任需求是个体一项基本的、与生俱来的心理需要，在一项任务和工作中，胜任需要的满足会正向影响个体的内在动机（Deci & Ryan，2000）。该文主要的研究目的是探究前面任务的胜任需要挫败如何影响个体在后续其他任务中的内在动机，并探讨相应的内在机制和个体差异。该文研究运用事件相关电位技术来实时、客观地测度个体的内在动机水平。

第一项研究通过课堂现场真实教学情景下的问卷调研，以学生为研究群体，探讨了在前面课堂中的胜任需要挫败与其内在动机的相关性，以及前面课堂的胜任需要挫败会如何影响个体参与后续课堂任务的内在动机，并为后续研究二、研究三的开展奠定了基础。具体做法：让学生在前面课堂的课后和后续课堂的课前回答与内在动机和胜任需求挫败相关的问卷。前面的课堂包括高等数学、数学分析、会计学原理和大学英语等不同难度的课程，后面的课堂包括历史等较为容易理解的课程。在该研究中，通过经典的问卷量表来测度个体的内在动机水平，研究结果表明，当学生在前面课堂中的胜任需要挫败感较低时，前面课堂的胜任需要挫败与学生参与后续课堂的内在动机具有显著负相关。但是，当学生在前面课堂中的胜任需要挫败感较高时，前面课堂的胜任需要挫败与学生参与后续课堂的内在动机具有显著正相关。这说明当个体感受到较高的胜任需要挫败之后，会主动寻找机会去恢复胜任感，以满足其胜任这一基本心理需求。当后续任务能够满足其胜任心理需求时，个体参与该任务的内在动机就会增强。当前的研究进一步证实了胜任是个体的一项基本心理需求，当不被满足时，个体会寻求别的途径去满足这一基本的心理需求。但是，由于该研究中不存在对照组，问卷调研的结果无法直接证实较高的胜任需要挫败会使学生在后续任务中的内在动机增强。

第二项研究在第一项研究的基础上，进一步运用事件相关电位技术的实验室实验，探讨前面任务的胜任需要挫败对个体参与后续任务的内在动机的神经机制。该研究设计了一个两阶段的被试间实验，第一阶段通过设置不同的任务难度来调节被试者的胜任需要挫败感，第二阶段的任务则都可以满足被试者的胜任需要。控制组与实验组的差别在于实验组在第一阶段会感知到胜任需要挫败，而控制组的第一阶段不会感知到胜任需要挫败。在研究方法上，采用 ERP 技术，在被试者完成任务的同时，实时记录其实验过程中大脑神经元的电生理活动，通过对数据进行离线分析，提取与内在动机相关的神经指标（D－FRN）来表征个体内在动机水平的强弱。脑电成分 D－FRN 的波幅能够表征个体的内在动机水平已经被以往的多项研究所证实（Ma，Jin，Meng & Shen，2014；Meng & Ma，2015）。脑电数据分析结果显示，实验组参与后续任务时，在反馈阶段诱发的 D－FRN 显著高于控制组，反映了内在动机的增强。也就是说，前面任务较高的胜任需要挫败增强了个体参与后续任务的内在动机。来自认知神经科学的证据也表明，个体遭受较高的胜任需要挫败后，产生了恢复胜任感的需求，会积极地寻找机会去满足自身的胜任感，如果后续任务能满足其胜任需要，个体参与后续任务的内在动机会增强。进一步地，研究二的实验结果还表明，在胜任需要挫败的实验组中，个体本身的绩效目标导向与参与后续任务的内在动机强度之间呈现显著的负相关。

第三项研究运用问卷调查和 ERP 技术，从个体绩效目标导向的视角去探讨胜任需要挫败影响内在动机的个体差异。该研究首先通过前期的绩效目标导向问卷测量，将被试者分为高绩效目标导向组和低绩效目标导向组。每个组的被试者均需参与到一个两阶段的实验任务中。与研究二类似，在第一阶段任务中，设置了难度较高的估算时间任务，使被试者感知到较高的胜任需要挫败感；第二阶段任务为能满足被试者胜任需要的简单停止秒表任务。实验结果发现，低绩效目标导向的被试者在参与第二阶段任务时比高绩效目标导向组，诱发了更大的 D－FRN振幅，反映了较强的内在动机。这说明，在个体遭受到较高的胜任需要挫败后，个体绩效目标导向水平会对其参与后续任务的内在动机强度产生显著影响。具体来说，个体在体会到较高的胜任需要挫败感之后，低绩效目标导向的个体比高绩效目标导向的个体有更强的意愿去恢复胜任感，促使其在参与后续任务中增强内在动机。

该文通过上述紧密结合、层次递进的三项研究，得出了以下几个主要结论：

（1）胜任需要挫败感会降低个体在当前任务中的内在动机。研究一在真实的教育场景中，通过问卷调查，探究了个体在课堂中感知到的胜任需要挫败对内在动机的影响。数据分析结果发现，学生感知到的胜任需要挫败显著削弱了其内在学习动机。

（2）前面任务的胜任需要挫败与个体参与后续任务的内在动机呈“U”形关系。当前面任务胜任需要挫败感适中时，个体对于后续任务的内在动机最强。

（3）当个体经历较高的胜任需要挫败之后，会产生较强的恢复胜任感动机，

当后续任务能够满足个体的胜任需要时，个体参与后续任务的内在动机会显著增强。

（4）在遭受胜任需要挫败感之后，个体的绩效目标导向会调节其在后续任务中的内在动机。具体来说，个体的绩效目标导向越低，对在后续任务中恢复胜任感的渴望就越强烈，两者呈现负相关关系；而掌握目标导向则与内在动机呈现正相关关系，表现在后续任务参与阶段的 D－FRN 振幅差异上。

（5）从认知神经科学的视角来看，该文也证实了在个体完成任务之后的反馈结果加工阶段，D－FRN 振幅可以作为客观、科学地测度个体内在动机水平的指标。该文的第二和第三项研究主要探测了反馈结果加工阶段的大脑神经元放电活动，并且根据情感动机理论，发现反馈相关负波（FRN）反映了个体对任务结果的情感和动机强度，可以准确地表征个体对反馈结果的主观价值评估。

该文的理论贡献：首先，从自我决定理论中胜任需要这一基本心理需求出发，研究了在前面任务中体验的胜任需要挫败感对个体参与后续任务时的内在动机强度的影响，从而拓展了内在动机研究的广度。其次，该文将个体的目标导向作为个体差异因素，探究了个体的绩效目标导向对其参与后续任务中的内在动机的调节作用，拓展了内在动机研究的深度。最后，该文从内在动机的认知神经科学指标层面出发，探讨了胜任需要挫败的恢复机制，拓展了自我决定理论的深度和广度。

从实践贡献来看，该文对企业如何制定激励员工内在动机的策略具有借鉴和指导作用，主要体现在以下几个方面：首先，企业管理者在制定激励时，要重视员工的胜任心理需求，因此，管理者可以提供机会或者创造条件去满足员工的胜任需要，以此提升员工的内在动机。例如，当员工面临难度较高的任务或者挑战巨大的工作时，管理者可以采取给予正面反馈、适度增加自主权等方式来增强员工的胜任感，从而减少胜任需要挫败带来的负面效应。其次，企业管理者可以根据员工的个性特征来合理安排工作任务，以此来更好地激发员工的内在动机。例如，当员工遭受胜任需要挫败时，管理者应当更多地关注绩效目标导向较低的员工，为其安排难度适当的后续任务或者给予更多的正性反馈来帮助其恢复胜任感，提升其内在动机。最后，总的来说，企业管理者在制定激励措施时，需要充分满足员工的自主、胜任和归属等基本心理需要，提升员工的内在工作动机。例如，在企业管理的激励实践中，工作设计和安排既要充分考虑员工基本心理需要的满足，也要充分考虑员工的个体特征差异，通过因人设岗等方式来增强员工的内在工作动机。

9.4 挑战与内在动机的关系

除了上述三篇博士论文之外，近年来在国际 SCI 和 SSCI 期刊上，也发表了不少运用认知神经科学的方法来研究激励问题的论文。这里介绍的一项研究来自 2017 年马庆国等发表于 *Frontier in Neuroscience* 杂志上的期刊论文，论文题目为 *Inverted U – Shaped Curvilinear Relationship between Challenge and One' s Intrinsic Motivation: Evidence from Event – Related Potentials*。该文通过采用认知神经科学的研究方法，基于心流理论与自我决定理论探讨了挑战与内在动机之间的关系。研究结果发现，任务需求与能力之间的平衡是保持内在动机的关键，会产生最大的内在激励，并提出感知挑战与内在激励之间是呈倒“U”形曲线关系。

为了验证该曲线关系，并提供直接的且可量化的实验证据，该文的研究采用了双人秒表游戏，该游戏在规则上参考了羽毛球比赛中的游戏形式。游戏中实验人员对不同情况进行了操纵，即实验参与者在两场比赛中和与他配对的同性玩家（由训练有素的实验者搭档扮演）一起进行任务，一场是被对方以较大的优势（完全失败条件）击败，另一场被对方以较小的优势（接近失败条件）击败。在“接近失败条件”下，实验参与者会表现得更好，并且更大程度地享受了这场比赛。此外，在“接近失败条件”下，当参与者积极预测结果时，会引发更大的 SPN，这表明参与者对结果有更大的预期注意力，并增强了获胜的内在动机。因此，从该研究的认知神经科学证据中可以证实感知挑战与个体内在动机之间存在倒“U”形曲线关系。该研究也证实了 ERP 技术的相关脑电指标能够更为客观地测量内在动机。

9.5 高绩效目标导向对内在动机恢复的影响

该项研究来自 2019 年方慧等发表在 *Personality and Individual Differences* 杂志上的期刊论文，论文题目为 *Trapped in the Woods: High Performance Goal Orientation Impedes Competence Restoration*。根据自我决定理论，预测能力挫败会激活一段恢复过程，但是尚不清楚能力重建的先决条件与边界条件是什么，该项研究正是探索绩效目标与能力恢复之间的关系。在这项研究中，参与者是基于高（高绩效目标 HPG；N = 23，12 名为男性）或低（低绩效目标 LPG；N = 23，12 名为男性）绩效目标定向得分进行招募的。他们被要求完成两个任务：一个是高度难度的任务（在第一阶段，会导致参与者能力受挫），另一个是中等难度的任务（在第二阶段，会提供参与者能力恢复的机会）。在实验过程中记录脑电以测量奖励积极性。研究发现，在第二阶段，与 HPG 组相比，LPG 组在赢输中的D - FRN 差异波振幅更大，这表明 HPG 可能会阻碍能力的恢复，并破坏一个人在受挫后的其他无关任务中的自主动机。换言之，遭受较高的胜任需要挫败后，高绩效目标导向的员工会怀疑自身的能力从而一蹶不振，低绩效目标导向的个体会努力理解任务和调整任务策略，并更加投入到第二阶段的任务中去，参与后续任务的内在动机也更强。从认知神经科学的视角也证实了这些发现，即个体在遭受较高的胜任需要挫败后，绩效目标导向会影响其参与后续任务的内在动机。该研究拓展了成就目标理论的研究范畴。

9.6 自主性挫折对个体动机的溢出效应研究

该项研究是方慧等于 2020 年发表在 *Frontiers in Human Neuroscience* 杂志上的期刊论文，论文题目为 *The Spillover Effect of Autonomy Frustration on Human Motivation and Its Electrophysiological Representation*。该研究主要探讨了挫折对个体在后续活动中内在动机的溢出效应，借助事件相关电位技术研究了自主性受挫是否会对个体在随后活动中的动机产生持续的负面影响。在这项电生理学研究中，被试者需要参与由两个不同的实验者组织的两个无关任务。采用的是组间设计，并通过在第一阶段提供不同的音频指令来操纵参与者的自主性挫败感。在第二阶段，所有的参与者被指示完成一项中等难度的自主性任务。研究结果观察到，与对照组相比，自主挫折组的奖励正波差异并不那么明显，诱发的 P300 振幅也更小。这表明自主受挫的负面影响是长期存在的，它会削弱一个人在随后的自主支持活动中的积极性和注意力。该项研究基于自我决定理论，为自主性受挫的跨期效应提供了电生理的证据，并提供了重要的实践意义。

9.7 预期外的终止对个体自主动机的影响

该项研究来自2020年孟亮等发表在*Frontiers in Human Neuroscience*杂志上的期刊论文，论文题目为*Man's Pursuit of Meaning: Unexpected Termination Bolsters One's Autonomous Motivation in an Irrelevant Ensuing Activity*。

在现实的工作场景中，经常会出现工作项目临时被终止的情况。即使是在微软等旗舰企业中，也有大量工作项目“胎死腹中”。对于从事这些项目的员工来说，这一消息无异于晴天霹雳，他们已经全身心地投入在这些项目上很长时间，付出了大量的精力和心血。突然间，他们之前所做的一切都成为了无用功。之前的研究显示，工作意义的突然消失会降低员工的工作动机，进而带来一系列的负面影响。遗憾的是，现有研究忽略了个体的主观能动性，未能关注到个体面对工作意义消失时所做出的自我调节。

意义维持模型（Meaning Maintenance Model）认为，违反意义系统的体验和刺激将会诱发负性的唤醒。为了削弱负性情绪、恢复意义系统，人们会做出一系列的补偿性行为。流动性补偿假设认为，当个体的意义系统受到威胁时，如果直接在原有领域重建意义系统非常困难，那么个体会在其他的领域寻找意义，从而重建意义系统。尽管该理论体系中“意义”的内涵较为广泛，并不是特指中文语境中的“意义”，但该模型仍然可以对工作意义突然消失后，个体的行为表现做出预测。

为了探究工作意义的突然消失是否会诱发个体的补偿性反应，实验的被试者被邀请参与一项两阶段实验。在第一阶段中，被试者在第一名实验组织者的指导下，根据大众点评上其他食客给出的评论，对一系列餐厅进行评价。在第二阶段中，被试者在第二名实验组织者的指导下，为一系列抽象图片添加情感标签。除了10元基本报酬外，被试者每完成一张图片的情感标注，都可以获得额外的报酬，完成第一张图片后可获得1元，完成第二张图片后可获得0.9元，报酬依次递减，最终稳定在每张图片0.1元。图片库足够大，被试者可以标注任意数量的图片，也可以随时选择退出。值得说明的是，考虑到标注每张图片所需的时间，0.1元的报酬已低于最低工资标准。因此，单纯地从经济角度出发，被试者应当尽早退出。

被试者被随机划分到两个组别，唯一的区别在于，实验组被试者在临近完成第一阶段的实验时，实验程序会突然报错、退出。被试者被告知实验数据未能记

录下来，因而他们在第一阶段所做的工作都变成了无用功。有趣的是，尽管经历了工作意义的突然消失，相比控制组的被试者（平均标注 38.81 张图片），实验组的被试者在第二阶段中标注图片的数量（平均 76.06 张图片）更多，两组的差异显著。

本研究的发现证实了意义维持模型中的流动性补偿假设。尽管获得了全额的报酬，实验组被试者感觉自己在第一阶段中做了无用功。由于被告知实验程序出错、无法重做实验，因此他们选择在与之无关的第二阶段实验任务中付出更多的努力，从而恢复自身的意义系统。研究结果发现，在第二阶段中，与对照组相比，在实验组中观察到了更明显的输赢差异波（D－FRN）。这表明工作意义的消失增强了一个人在随后无关活动中的自主动机。也就是说，除了获取物质报酬外，人类对于自身工作的意义有着不懈的追寻，这意味着意义可能是人类的一项基本心理需要。该研究结果为工作意义消失导致的流动性补偿策略提供了电生理证据，为后续工作意义的研究开辟了新的方向，并为管理实践提供了指导。

9.8 努力本身带来的内在动机

很多人会把工作和生活中的前期投入视为成本，其实努力本身也是一种奖励。汪蕾等（2017）发表在 *Experimental Brain Research*（《实验大脑研究》）上的论文 *Effort Provides Its Own Reward: Endeavors Reinforce Subjective Expectation and Evaluation of Task Performance*，为努力本身也具有一定内在价值的观点提供了来自认知神经科学层面的证据。

付出的努力会改变个体的认知加工过程。那么，对于需要付出更多努力的任务，我们会更想知道结果、更在意成功与否吗？试想一下，如果你刚刚完成了两项任务。一项非常困难，你不遗余力地完成了它；另一项却相对简单，被你轻松搞定。两项任务的完成情况需要等待一段时间才能获得反馈，你更迫切了解哪项任务的绩效反馈呢？对于在校学生来说，期末考试或许是更让人感同身受的例子。就像你努力地复习一门功课，想要在期末考试中取得好成绩，另一门功课则蜻蜓点水、一带而过，并没有花费大量的时间去复习。大部分同学在等待考试成绩的过程中，内心是五味杂陈的，那么你又更想知道哪门课的成绩呢？在哪门课程中取得满意的分数，又会更让你感到欣喜呢？

研究表明，付出的努力会增强人们对于结果的期待、增加人们对于正性结果的主观期望水平。此外，人们觉得努力后获得的成功弥足珍贵，这样的成功也会给人带来更大的愉悦感。他们在实验中精心设计了一系列乘法和加法计算任务，对被试者需要付出的努力程度进行操纵。相比加法，完成乘法运算需要实验参与者付出更多的努力。每一道题给出了最长 10s 的作答时间，正确答案会在作答后的一段时间内揭晓。在实验全过程中，研究团队通过高时间分辨率的脑电设备记录下了被试者的脑电数据（EEG）。

为了解人们付出努力后的认知加工过程，研究团队探测了三种经典的脑电成分：刺激前负波（Stimulus - preceding Negativity，SPN）的波幅可以客观地表征个体对于反馈信息的期待程度；反馈相关负波（Feedback - related Negativity，FRN）以及 P300 则在反馈结果加工阶段可以表征人们对于结果的情感和动机性评估。研究团队发现，尽管加法和乘法任务的正确率都在 80% 以上，但是人们更迫切想要了解自己在乘法中的表现；尽管乘法任务更难，但是人们却对在乘法任务中获胜抱有更高的主观期望（SPN 的波幅更大）。另外，人们更为珍视付出努力之后获得的胜利果实（乘法任务的正性反馈诱发的 FRN 和 P300 波幅更大）。该研究表明，相比轻而易举的成功，人们对于用辛勤汗水换来的成功抱有更高的主观价值评估，这反映了努力本身带给我们的内在动机。

参考文献

[1] Albrecht K., Abeler J., Weber B., Falk A.. The Brain Correlates of the Effects of Monetary and Verbal Rewards on Intrinsic Motivation [J]. Frontiers in Neuroscience, 2014 (8): 303.

[2] Amabile Teresa M.. A Model of Creativity and Innovation in Organizations [J]. Research in Organizational Behavior, 1988 (10): 123-167.

[3] Amabile, Teresa M.. Motivation and Creativity: Effects of Motivational Orientation on Creative Writers [J]. Journal of Personality and Social Psychology, 1985, 48 (2): 393-399.

[4] Amabile Teresa M.. Creativity and Innovation in Organizations (Vol. 5) [M]. Boston: Harvard Business School Press, 1996.

[5] Amabile T.. Creativity in Context [M]. Boulder: Westview Press, 1996.

[6] Amabile T. M.. A Model of Creativity and Innovation in Organizations [J]. Research in Organizational Behavior, 1998 (10): 123-167.

[7] Amabile T. M., Dejong W., Lepper M. R.. Effects of Externally Imposed Deadlines on Subsequent Intrinsic Motivation [J]. Journal of Personality and Social Psychology, 1976, 34 (1): 92-98.

[8] Amabile T. M., Hill K. G., Hennessey B. A., Tighe E. M.. The Work Preference Inventory: Assessing Intrinsic and Extrinsic Motivational Orientations [J]. Journal of Personality and Social Psychology, 1994, 66 (5): 950-967.

[9] Anderson R., Manoogian S. T., Reznick J. S.. The Undermining and Enhancing of Intrinsic Motivation in Preschool Children [J]. Journal of Personality and Social Psychology, 1976, 34 (5): 915-922.

[10] Ariely D., Berns G. S.. Neuromarketing: The Hope and Hype of Neuroimaging in Business [J]. Nature Reviews Neuroscience, 2010, 11 (4): 284-292.

[11] Banack H., Sabiston C., Bloom G.. Coach Autonomy Support, Basic Need

Satisfaction, and Intrinsic Motivation of Paralympic Athletes [J] . Research Quarterly for Exercise and Sport, 2011, 82 (4): 722 –730.

[12] Bandura A.. Self – efficacy: Toward a Unifying Theory of Behavioral Change [J] . Advances in Behaviour Research and Therapy, 1977, 1 (4): 139 – 161.

[13] Bandura A. , Cervone D.. Self – evaluative and Self – efficacy Mechanisms Governing the Motivational Effects of Goal Systems [J] . Journal of Personality and Social Psychology, 1983, 45 (5): 1017 –1028.

[14] Bartholomew K. , Ntoumanis N. , Cuevas R. , Lonsdale C.. Job Pressure and Ill – health in Physical Education Teachers: The Mediating Role of Psychological Need Thwarting [J] . Teaching and Teacher Education, 2014 (37): 101 –107.

[15] Bartholomew K. , Ntoumanis N. , Ryan R. , Thgøersen – Ntoumani C.. Psychological Need Thwarting in the Sport Context: Assessing the Darker Side of Athletic Experience [J] . Journal of Sport and Exercise Psychology, 2011 (33): 75 – 102.

[16] Bartholow B. D. , Amodio D. M.. Brain Potentials in Social Psychological Research [J] . Methods in Social Neuroscience, 2009: 198.

[17] Bault N. , Joffily M. , Rustichini A. , Coricelli G.. Medial Prefrontal Cortex and Striatum Mediate the Influence of Social Comparison on the Decision Process [J] . Proceedings of the National Academy of Sciences, 2011, 108 (38): 16044 –16049.

[18] Bellebaum C. , Daum I.. Learning – related Changes in Reward Expectancy Are Reflected in the Feedback – related Negativity [J] . European Journal of Neuroscience, 2008, 27 (7): 1823 –1835.

[19] Bellebaum C. , Polezzi D. , Daum I.. It Is Less Than You Expected: The Feedback – related Negativity Reflects Violations of Reward Magnitude Expectations [J] . Neuropsychologia, 2010, 48 (11): 3343 –3350.

[20] Bernstein P. S. , Scheffers M. K. , Coles M. G.. "Where Did I Go Wrong?" A Psychophysiological Analysis of Error Detection [J] . Journal of Experimental Psychology: Human Perception and Performance, 1995, 21 (6): 1312 – 1322.

[21] Bland A. R. , Schaefer A.. Electrophysiological Correlates of Decision Making under Varying Levels of Uncertainty [J] . Brain Research, 2011 (1417): 55 –66.

[22] Böcker K. , Baas J. M. P. , Kenemans J. , Verbaten M.. Stimulus – pre-

ceding Negativity Induced by Fear: A Manifestation of Affective Anticipation [J]. International Journal of Psychophysiology: Official Journal of the International Organization of Psychophysiology, 2002 (43): 77-90.

[23] Boggiano A. K., Ruble D. N.. Competence and the Overjustification Effect: A Developmental Study [J]. Journal of Personality and Social Psychology, 1979, 37 (9): 1462.

[24] Boksem M., Smidts A.. Brain Responses to Movie Trailers Predict Individual Preferences for Movies and Their Population-wide Commercial Success [J]. Journal of Marketing Research, 2015, 52 (4): 482-492.

[25] Bono J., Judge T.. Self-Concordance at Work: Toward Understanding the Motivational Effects of Transformational Leaders [J]. Academy of Management Journal, 2003 (46): 554-571.

[26] Botvinick M. M., Braver T. S., Barch D. M., Carter C. S., Cohen J. D.. Conflict Monitoring and Cognitive Control [J]. Psychological Review, 2001, 108 (3): 624-652.

[27] Breaugh J. A.. The Measurement of Work Autonomy [J]. Human Relations, 1985, 38 (6): 551-570.

[28] Bruin K. J., Wijers A. A.. Inhibition, Response Mode, and Stimulus Probability: A Comparative Event-related Potential Study [J]. Clinical Neurophysiology, 2002, 113 (7): 1172-1182.

[29] Bruner J. S.. The Process of Education [M]. Boston: Harvard University Press, 2009.

[30] Brunia C. H., Hackley S. A., Van Boxtel G. J., Kotani Y., Ohgami Y.. Waiting to Perceive: Reward or Punishment? [J]. Clinical Neurophysiology, 2011, 122 (5): 858-868.

[31] Brunia C. H., Van Boxtel G. J., Böcker K. B.. Negative Slow Waves as Indices of Anticipation: The Bereitschafts Potential, The Contingent Negative Variation, and the Stimulus-preceding Negativity [M] //S. J. Luck, E. S. Koppenman. The Oxford Handbook of Event-related Potential Components. Ooford: Oxford University Press, 2012.

[32] Brunia C., Damen E.. Distribution of Slow Brain Potentials Related to Motor Preparation and Stimulus Anticipation in a Time Estimation Task [J]. Electroencephalography and Clinical Neurophysiology, 1988, 69 (3): 234-243.

[33] Brunia C., De Jong B. M., Van den Berg-Lenssen M., Paans A.. Visual

Feedback about Time Estimation Is Related to a Right Hemisphere Activation Measured by PET [J]. Experimental Brain Research, 2000, 130 (3): 328 – 337.

[34] Brunia C., Van Boxtel G.. Anticipatory Attention to Verbal and Non – verbal Stimuli Is Reflected in a Modality – specific SPN [J]. Experimental Brain Research, 2004, 156 (2): 231 – 239.

[35] Brázdil M., Roman R., Falkenstein M., Daniel P., Jurák P., Rektor I.. Error Processing – evidence from Intracerebral ERPs Recordings [J]. Experimental Brain Research, 2002, 146 (4): 460 – 466.

[36] Calder B. J., Staw B. M.. Self – perception of Intrinsic and Extrinsic Motivation [J]. Journal of Personality and Social Psychology, 1975, 31 (4): 599 – 605.

[37] Camerer C. F. Removing Financial Incentives Demotivates the Brain [J]. Proceedings of the National Academy of Sciences, 2010, 107 (49): 20849 – 20850.

[38] Camerer C., Loewenstein G., Prelec D. Neuroeconomics: How Neuroscience Can Inform Economics [J]. Journal of Economic Literature, 2005, 43 (1): 9 – 64.

[39] Cameron J., Pierce W. D.. Reinforcement, Reward, and Intrinsic Motivation: A Meta – analysis [J]. Review of Educational Research, 1994, 64 (3): 363 – 423.

[40] Carmichael M.. Neuromarketing: Is It Coming to a Lab Near You? [J/OL]. (1994 – 11 – 09). http://www.pbs.org/wgbh/pages/frontiline/shows/persuaders/etc/neuro.html.

[41] Carter C. S., Braver T. S., Barch D. M., Botvinick M. M., Noll D., Cohen J. D.. Anterior Cingulate Cortex, Error Detection, and the Online Monitoring of Performance [J]. Science, 1998, 280 (5364): 747 – 749.

[42] Chirkov V., Ryan R., Kim Y., Kaplan U.. Differentiating Autonomy from Individualism and Independence [J]. Journal of Personality and Social Psychology, 2003 (84): 97 – 110.

[43] Chwilla D. J., Brunia C. H.. Event – related Potential Correlates of Non – motor Anticipation [J]. Biological Psychology, 1991b, 32 (2 – 3): 125 – 141.

[44] Chwilla D. J., Brunia C. H.. Event – related Potentials to Different Feedback Stimuli [J]. Psychophysiology, 1991a, 28 (2): 123 – 132.

[45] Csikszentmihalyi M., Rathunde K.. The Measurement of Flow in Everyday Life: Toward a Theory of Emergent Motivation [J]. Nebraska Symposium on Motiva-

tion, 1992, 40: 57 -97.

[46] Debener S., Ullsperger M., Siegel M., Fiehler K., Von Cramon D. Y., Engel A. K.. Trial - by - trial Coupling of Concurrent Electroencephalogram and Functional Magnetic Resonance Imaging Identifies the Dynamics of Performance Monitoring [J]. The Journal of Neuroscience, 2005, 25 (50): 11730 -11737.

[47] Deci E. L.. The Psychology of Self - determination [J]. Contemporary Sociology, 1980, 11 (3): 343.

[48] Deci E. L., Ryan R. M.. Handbook of Self - determination Research [M]. New York: University Rochester Press, 2002.

[49] Deci E. L., Ryan R. M.. Self - determination [M] //The Corsini Encyclopedia of Psychology. New Jersey: Wiley, 2010.

[50] Deci E. L., Betley G., Kahle J., Abrams L., Porac, J.. When Trying to Win: Competition and Intrinsic Motivation [J]. Personality and Social Psychology Bulletin, 1981, 7 (1): 79 -83.

[51] Deci E. L., Cascio W. F.. Changes in Intrinsic Motivation as a Function of Negative Feedback and Threats [J]. Behavioral Science Research, 1972.

[52] Deci E. L., Koestner R., Ryan R. M.. A Meta - analytic Review of Experiments Examining the Effects of Extrinsic Rewards on Intrinsic Motivation [J]. Psychological Bulletin, 1999, 125 (6): 627.

[53] Deci E. L., Koestner R., Ryan R. M.. Extrinsic Rewards and Intrinsic Motivation in Education: Reconsidered Once again [J]. Review of Educational Research, 2001, 71 (1): 1 -27.

[54] Deci E. L., Ryan R. M.. The Empirical Exploration of Intrinsic Motivational Processes [J]. Advances in Experimental Social Psychology, 1980, 13 (2): 39 -80.

[55] Deci E. L., Ryan R. M.. The General Causality Orientations Scale: Self - determination in Personality [J]. Journal of Research in Personality, 1985a, 19 (2): 109 -134.

[56] Deci E. L.. Effects of Externally Mediated Rewards on Intrinsic Motivation [J]. Journal of Personality and Social Psychology, 1971, 18 (1): 105.

[57] Deci E. L. Intrinsic Motivation, Extrinsic Reinforcement, and Inequity [J]. Journal of Personality and Social Psychology, 1972, 22 (1): 113.

[58] Deci E. L., Olafsen A., Ryan R.. Self - Determination Theory in Work Organizations: The State of a Science [J]. Annual Review of Organizational Psycho-

logy and Organizational Behavior, 2017 (4): 19 - 43.

[59] Deci E. L., Ryan R., Gagne M., Leone D., Usunov J., Kornazheva B.. Need Satisfaction, Motivation, and Well - Being in the Work Organizations of a Former Eastern Bloc Country: A Cross - cultural Study of Self - determination [J]. Personality and Social Psychology Bulletin, 2001 (27): 930 - 942.

[60] Deci E. L., Ryan R.. The "What" and "Why" of Goal Pursuits: Human Needs and the Self - determination of Behavior [J]. Psychological Inquiry, 2000 (11): 227 - 268.

[61] DePasque S., Tricomi E. Effects of Intrinsic Motivation on Feedback Processing during Learning [J]. NeuroImage, 2015, 119: 175 - 186.

[62] Donchin E., Kramer A. F., Wickens C.. Applications of Brain Event - related Potentials to Problems in Engineering Psychology [J]. Psychophysiology: Systems, Processes, and Applications, 1986: 702 - 718.

[63] Dweck C. S.. Motivational Processes Affecting Learning [J]. American Psychologist, 1986, 41 (10): 1040 - 1048.

[64] Earl S., Taylor I., Meijen C., Passfield L.. Autonomy and Competence Frustration in Young Adolescent Classrooms: Different Associations with Active and Passive Disengagement [J]. Learning and Instruction, 2019 (49): 32 - 40.

[65] Eden D.. Intrinsic and Extrinsic Rewards and Motives: Replication and Extension with Kibbutz Workers [J]. Journal of Applied Social Psychology, 1975, 5 (4): 348 - 361.

[66] Eimer M.. Effects of Attention and Stimulus Probability on ERPs in a Go/Nogo Task [J]. Biological Psychology, 1993, 35 (2): 123 - 138.

[67] Falkenstein M., Hohnsbein J., Hoormann J., Blanke L.. Effects of Crossmodal Divided Attention on Late ERP Components. II. Error Processing in Choice Reaction Tasks [J]. Electroencephalography and Clinical Neurophysiology, 1991, 78 (6): 447 - 455.

[68] Falkenstein M., Hohnsbein J., Hoormann J., Blanke L.. Effects of Errors in Choice Reaction Tasks on the ERPs under Focused and Divided Attention [J]. Psychophysiological Brain Research, 1990 (1): 192 - 195.

[69] Falkenstein M., Hoormann J., Christ S., Hohnsbein J.. ERP Components on Reaction Errors and Their Functional Significance: A Tutorial [J]. Biological Psychology, 2000, 51 (2): 87 - 107.

[70] Falkenstein M., Hoormann J., Hohnsbein J.. ERP Components in Go/No-

go Tasks and Their Relation to Inhibition [J] . Acta Psychologica, 1999, 101 (2): 267 - 291.

[71] Fang H., Fu H., Li X., Meng L.. Trapped in the Woods: High Performance Goal Orientation Impedes Competence Restoration [J] . Personality and Individual Differences, 2019: 150.

[72] Fang H., He B., Fu H., Meng L.. Being Eager to Prove Oneself: U - shaped Relationship between Competence Frustration and Intrinsic Motivation in Another Activity [J] . Frontiers in Psychology, 2017 (8): 2123.

[73] Fang H., Wan X., Zheng S., Meng L.. The Spillover Effect of Autonomy Frustration on Human Motivation and Its Electrophysiological Representation [J] . Frontiers in Human Neuroscience, 2020, 14: 134.

[74] Fehr E., Fischbacher U.. Strong Reciprocity, Human Cooperation, and The Enforcement of Social Norms [J] . Human Nature, 2002, 13 (1): 1 - 25.

[75] Festinger L.. A Theory of Cognitive Dissonance (Vol. 2) [M] . Sanframcsco: Stanford University Press, 1962.

[76] Fliessbach K., Weber B., Trautner P., Dohmen T., Sunde U., Elger C. E.. Activity in the Human Ventral Striatum Social Comparison Affects Reward - related Brain [J] . Science, 2007 (318): 1305 - 1308.

[77] Frederick - Recascino C. M., Schuster - Smith H.. Competition and Intrinsic Motivation in Physical Activity: A Comparison of Two Groups [J] . Journal of Sport Behavior, 2006, 26 (3): 240 - 254.

[78] Frey B. S., Oberholzer - Gee F.. The Cost of Price Incentives: An Empirical Analysis of Motivation Crowding - out [J] . The American Economic Review, 1997, 87 (4): 746 - 755.

[79] Froiland J.. Parental Autonomy Support and Student Learning Goals: A Preliminary Examination of an Intrinsic Motivation Intervention [J] . Child and Youth Care Forum, 2011 (40): 135 - 149.

[80] Fuentemilla L., Cucurell D., Marco - Pallares J., Guitart - Masip M., Moris J., Rodriguez - Fornells A.. Electrophysiological Correlates of Anticipating Improbable but Desired Events [J] . NeuroImage, 2013 (78): 135 - 144.

[81] Fugate D. L.. Neuromarketing: A Layman's Look at Neuroscience and Its Potential Application to Marketing Practice [J] . Journal of Consumer Marketing, 2007, 24 (7): 385 - 394.

[82] Fukushima H., Hiraki K.. Perceiving an Opponent's Loss: Gender - related

Differences in the Medial – frontal Negativity [J]. Social Cognitive and Affective Neuroscience, 2006, 1 (2): 149 – 157.

[83] Fukushima H., Hiraki K.. Whose Loss Is It? Human Electrophysiological Correlates of Non – self Reward Processing [J]. Social Neuroscience, 2009, 4 (3): 261 – 275.

[84] Furdea A., Halder S., Krusienski D. J., Bross D., Nijboer F., Birbaumer N., Kubler A.. An Auditory Oddball (P300) Spelling System for Brain – computer Interfaces [J]. Psychophysiology, 2009, 46 (3): 617 – 625.

[85] Gagné M.. Self – determination Theory in the Work Domain [J]. Taiwania, 2014, 26 (6): 1251 – 1264.

[86] Gagné M., Deci E. L.. Self – determination Theory and Work Motivation [J]. Journal of Organizational Behavior, 2005 (26): 331 – 362.

[87] Garcia J. R., Saad G.. Evolutionary Neuromarketing: Darwinizing the Neuroimaging Paradigm for Consumer Behavior [J]. Journal of Consumer Behaviour, 2008, 7 (4 – 5): 397 – 414.

[88] Gehring W. J., Goss B., Coles M. G., Meyer D. E., Donchin E.. A Neural System for Error Detection and Compensation [J]. Psychological Science, 1993, 4 (6): 385 – 390.

[89] Gehring W. J., Willoughby A. R.. The Medial Frontal Cortex and the Rapid Processing of Monetary Gains and Losses [J]. Science, 2002, 295 (5563): 2279 – 2282.

[90] Gibbons R.. Incentives in Organizations [J]. Journal of Economic Perspectives, 1998, 12 (4): 115 – 132.

[91] Glimcher P. W., Rustichini A.. Neuroeconomics: The Consilience of Brain and Decision [J]. Science, 2004, 306 (5695): 447 – 452.

[92] Grasso D. J., Moser J. S., Dozier M., Simons R.. ERP Correlates of Attention Allocation in Mothers Processing Faces of Their Children [J]. Biological Psychology, 2009, 81 (2): 95 – 102.

[93] Gray H. M., Ambady N., Lowenthal W. T., Deldin P.. P300 as an Index of Attention to Self – relevant Stimuli [J]. Journal of Experimental Social Psychology, 2004, 40 (2): 216 – 224.

[94] Griffin B.. Perceived Autonomy Support, Intrinsic Motivation, and Student Ratings of Instruction [J]. Studies in Educational Evaluation, 2016 (51): 116 – 125.

[95] Gu R., Lei Z., Broster L., Wu T., Jiang Y., Luo Y.. Beyond Valence and Magnitude: A Flexible Evaluative Coding System in the Brain [J]. Neuropsychologia, 2011, 49 (14): 3891 -3897.

[96] Hackman J., Oldham G.. Development of Job Diagnostic Survey [J]. Journal of Applied Psychology, 1975 (60): 159 -170.

[97] Hajcak G., Moser J. S., Holroyd C. B., Simons R. F.. The Feedback - related Negativity Reflects the Binary Evaluation of Good Versus Bad Outcomes [J]. Biological Psychology, 2006, 71 (2): 148 -154.

[98] Hansenne M.. The P300 Cognitive Event - related Potential. I. Theoretical and Psychobiologic Perspectives [J]. Neurophysiologie Clinique, 2000, 30 (4): 191 -210.

[99] Harackiewicz J. M., Elliot A. J.. Achievement Goals and Intrinsic Motivation [J]. Journal of Personality and Social Psychology, 1993, 65 (5): 904.

[100] Hardr P., Reeve J.. Training Corporate Managers to Adopt a More Autonomy - supportive Motivating Style Toward Employees: An Intervention Study [J]. International Journal of Training and Development, 2009, 13 (3): 165 -184.

[101] Harter S.. A New Self - report Scale of Intrinsic Versus Extrinsic Orientation in the Classroom: Motivational and Informational Components [J]. Developmental Psychology, 1981, 17 (3): 300 -312.

[102] Henderlong J., Lepper M. R.. The Effects of Praise on Children's Intrinsic Motivation: A Review and Synthesis [J]. Psychological Bulletin, 2002, 128 (5): 774 -795.

[103] Hewig J., Coles M., Trippe R., Hecht H., Miltner W.. Dissociation of Pe and ERN/Ne in the Conscious Recognition of an Error [J]. Psychophysiology, 2011 (48): 1390 -1396.

[104] Hewig J., Trippe R., Hecht H., Coles M., Holroyd C. B., Miltner W.. Decision - making in Blackjack: An Electrophysiological Analysis [J]. Cerebral Cortex, 2007, 17 (4): 865 -877.

[105] Holroyd C. B., Coles M.. The Neural Basis of Human Error Processing: Reinforcement Learning, Dopamine, and the Error - related Negativity [J]. Psychological Review, 2002, 109 (4): 679 -708.

[106] Inceoglu I., Segers J., Bartram D.. Age - related Differences in Work Motivation [J]. Journal of Occupational and Organizational Psychology, 2011 (85): 300 -329.

[107] Itagaki S. , Katayama J. . Self – relevant Criteria Determine the Evaluation of Outcomes Induced by Others [J] . Neuroreport, 2008, 19 (3): 383 – 387.

[108] Izard C. . Interest – excitement as Fundamental Motivation [M] //Emotions, Persondity and Psychotherapy. Boston: Spinger, 1977: 211 – 238.

[109] Jagacinski C. M. , Nicholls J. G. . Competence and Affect in Task Involvement and Ego Involvement: The Impact of Social Comparison Information [J] . Journal of Educational Psychology, 1987, 79 (2): 107 – 114.

[110] Jia S. , Li H. , Luo Y. , Chen A. , Wang B. , Zhou X. . Detecting Perceptual Conflict by the Feedback – related Negativity in Brain Potentials [J] . Neuroreport, 2007, 18 (13): 1385 – 1388.

[111] Kanfer R. , Ackerman P. L. Aging, Adult Development, and Work Motivation [J] . The Academy of Management Review, 2004, 29 (3): 440 – 458.

[112] Kasser T. , Ryan R. . A Dark Side of the American Dream: Correlates of Financial Success as a Central Life Aspiration [J] . Journal of Personality and Social Psychology, 1993 (65): 410 – 422.

[113] Kasser T. , Ryan R. . Further Examining the American Dream: Differential Correlates of Intrinsic and Extrinsic Goals [J] . Personality and Social Psychology Bulletin, 1996 (22): 280 – 287.

[114] Kiefer M. , Marzinzik F. , Weisbrod M. , Scherg M. , Spitzer M. . The Time Course of Brain Activations During Response Inhibition: Evidence from Event – related Potentials in a Go/nogo Task [J] . Neuroreport, 1998, 9 (4): 765 – 770.

[115] Kim Y. , Kasser T. , Lee H. . Self – concept, Aspirations, and Well – being in South Korea and the United States [J] . The Journal of Social Psychology, 2003, 143 (3): 277 – 290.

[116] Knutson B. , Cooper J. C. Functional Magnetic Resonance Imaging of Reward Prediction [J] . Current Opinion in Neurology, 2005, 18 (4): 411 – 417.

[117] Koestner R. , Ryan R. M. , Bernieri F. , Holt K. . Setting Limits on Children's Behavior: The Differential Effects of Controlling vs. Informational Styles on Intrinsic Motivation and Creativity [J] . Journal of Personality, 1984, 52 (3): 233 – 248.

[118] Kohn A. . Why Incentive Plans Cannot Work [J] . Harvard Business Review, 1993 (71): 54 – 63.

[119] Kok A. . On the Utility of P300 Amplitude as a Measure of Processing Capacity [J] . Psychophysiology, 2001, 38 (3): 557 – 577.

[120] Kruglanski A. W.. Endogenous Attribution and Intrinsic Motivation [J]. The Hidden Costs of Reward: New Perspectives on the Psychology of Human Motivation, 1978: 85 - 107.

[121] Laffont J., Martimort D.. The Theory of Incentives: The Principal - agent Model [M]. New Jersey: Princeton University Press, 2009.

[122] Landman J.. Regret and Elation Following Action and Inaction Affective Responses to Positive Versus Negative Outcomes [J]. Personality and Social Psychology Bulletin, 1987, 13 (4): 524 - 536.

[123] Lazear E. P.. The Power of Incentives [J]. The American Economic Review, 2000, 90 (2): 410 - 414.

[124] Leng Y., Zhou X.. Modulation of the Brain Activity in Outcome Evaluation by Interpsersonal Relationship: An ERPs Study [J]. Neuropsychologia, 2010, 48 (2): 448 - 455.

[125] Lepper M. R., Greene D., Nisbett R. E.. Undermining Children's Intrinsic Interest with Extrinsic Reward: A Test of the "Overjustification" Hypothesis [J]. Journal of Personality and Social Psychology, 1973, 28 (1): 129 - 137.

[126] Linda, Rhoades, Robert, Eisenberger.. Perceived Organizational Support: A Review of the Literature [J]. The Journal of Applied Psychology, 2002, 87 (4): 698 - 714.

[127] Lindner M., Rudorf S., Birg R., Falk A., Weber B., Fliessbach K.. Neural Patterns Underlying Social Comparisons of Personal Performance [J]. Social Cognitive and Affective Neuroscience, 2015, 10 (4): 569 - 576.

[128] Loewenstein G., Rick S., Cohen J. D.. Neuroeconomics [J]. Annual Review of Psychology, 2008 (59): 647 - 672.

[129] Luck S. J.. An Introduction to the Event - related Potential Technique [M]. Cambridge: MIT Press, 2005.

[130] Luo Q., Wang Y., Qu C.. The Near - miss Effect in Slot - machine Gambling: Modulation of Feedback - related Negativity by Subjective Value [J]. Neuroreport, 2011, 22 (18): 989 - 993.

[131] Ma Q. G., Jin J., Meng L., Shen Q.. The Dark Side of Monetary Incentive: How Does Extrinsic Reward Crowd out Intrinsic Motivation [J]. Neuroreport, 2014, 25 (3): 194 - 198.

[132] Ma Q. G., Pei G. X., Meng L.. Inverted U - shaped Curvilinear Relationship between Challenge and One's Intrinsic Motivation: Evidence from Event - related

Potentials [J]. Frontiers in Neuroscience, 2017 (11): 131.

[133] Ma Q. G., Shen Q., Xu Q., Li D., Shu L. G., Weber B.. Empathic Responses to Others' Gains and Losses: An Electrophysiological Investigation [J]. NeuroImage, 2011, 54 (3): 2472 - 2480.

[134] Ma Q. G., Wang X. Y., Dai S. Y., Shu L. G.. Event - related Potential N270 Correlates of Brand Extension [J]. Neuroreport, 2007, 18 (10): 1031 - 1034.

[135] Ma Q. G., Wang X. Y., Shu L. C., Dai S. Y.. P300 and Categorization in Brand Extension [J]. Neuroscience Letters, 2008, 431 (1): 57 - 61.

[136] Macias C., Aronson E., Hargreaves W., Weary G., Barreira P. J., Harvey J., Fisher W.. Transforming Dissatisfaction with Services into Self - determination: A Social Psychological Perspective on Community Program Effectiveness [J]. Journal of Applied Social Psychology, 2009, 39 (8): 1835 - 1859.

[137] Marinak B. A., Gambrell L. B.. Intrinsic Motivation and Rewards: What Sustains Young Children's Engagement with Text? [J]. Literacy Research and Instruction, 2008, 47 (1): 9 - 26.

[138] Marsden K., Ma W., Deci E. L., Ryan R., Chiu P.. Diminished Neural Responses Predict Enhanced Intrinsic Motivation and Sensitivity to External Incentive [J]. Cognitive, Affective and Behavioral Neuroscience, 2014, 15 (2): 276 - 286.

[139] Matthews G., Warm J. S., Reinerman L. E., Langheim L. K., Saxby D. J.. Task Engagement, Attention, and Executive Control Handbook of Individual Differences in Cognition [M]. Berlin: Springer, 2010: 205 - 230.

[140] Matthews G., Warm J. S., Reinerman - Jones L. E., Langheim L. K., Washburn D. A., Tripp L.. Task Engagement, Cerebral Blood Flow Velocity, and Diagnostic Monitoring for Sustained Attention [J]. Journal of Experimental Psychology (Applied), 2010, 16 (2): 187 - 203.

[141] McClelland D., Atkinson J., Clark R., Lowell E.. The Achievement Motive [M]. Oxford: Irvington, 1976.

[142] McDougall W.. The Use and Abuse of Instinct in Social Psychology [J]. The Journal of Abnormal Psychology and Social Psychology, 1921, 16 (5 - 6): 285 - 333.

[143] McDowell K., Kerick S. E., Santa Maria D. L., Hatfield B. D.. Aging, Physical Activity, and Cognitive Processing: An Examination of P300 [J]. Neurobiology of Aging, 2003, 24 (4): 597 - 606.

[144] McGregor D.. The Human Side of Enterprise [J]. Readingsin Managerial Psychdogy, 1960: 314 -324.

[145] Meng L., Ma Q. G.. Live as We Choose: The Role of Autonomy Support in Facilitating Intrinsic Motivation [J]. International Journal of Psychophysiology, 2015, 98 (3): 441 -447.

[146] Meng L., Yang Z.. Feedback is the Breakfast of Champions: The Significance of Self - controlled Formal Feedback for Autonomous Task Engagement [J]. Neuroreport, 2018, 29 (1): 13 -18.

[147] Miller W., Rollnick S.. Meeting in the Middle: Motivational Interviewing and Self - determination Theory [J]. The International Journal of Behavioral Nutrition and Physical Activity, 2012, 9 (1): 1 -2.

[148] Miltner W., Braun C. H., Coles M.. Event - related Brain Potentials Following Incorrect Feedback in a Time - estimation Task: Evidence for a Generic Neural System for Error Detection [J]. Journal of Cognitive Neuroscience, 1997, 9 (6): 788 -798.

[149] Miserandino M.. Children Who Do Well in School: Individual Differences in Perceived Competence and Autonomy in Above - average Children [J]. Journal of Educational Psychology, 1996, 88 (2): 203 -214.

[150] Morin C.. Neuromarketing: The New Science of Consumer Behavior [J]. Society, 2011, 48 (2): 131 -135.

[151] Murayama K., Matsumoto M., Izuma K., Matsumoto K.. Neural Basis of the Undermining Effect of Monetary Reward on Intrinsic Motivation [J]. Proceedings of the National Academy of Sciences, 2010, 107 (49): 20911 -20916.

[152] Nagy E., Potts G. F., Loveland K. A.. Sex - related ERPs Differences in Deviance Detection [J]. International Journal of Psychophysiology, 2003, 48 (3): 285 -292.

[153] Nieuwenhuis S., Aston - Jones G., Cohen J. D.. Decision Making, the P3, and the Locus Coeruleus - norepinephrine System [J]. Psychological Bulletin, 2005, 131 (4): 510 -532.

[154] Nieuwenhuis S., Holroyd C. B., Mol N., Coles M. G.. Reinforcement - related Brain Potentials from Medial Frontal Cortex: Origins and Functional Significance [J]. Neuroscience and Biobehavioral Reviews, 2004, 28 (4): 441 -448.

[155] Niki H., Watanabe M.. Prefrontal and Cingulate Unit Activity during Timing Behavior in the Monkey [J]. Brain Research, 1979, 171 (2): 213 -224.

[156] Oliveira F. T. , McDonald J. J. , Goodman D. . Performance Monitoring in the Anterior Cingulate is Not All Error Related: Expectancy Deviation and the Representation of Action – outcome Associations [J] . Journal of Cognitive Neuroscience, 2007, 19 (12): 1994 – 2004.

[157] Parker S. , Ohly S. . Designing Motivating Work [M] // Work Motivation: Past, Present, and Future. New York: Routledge, 2008: 233 – 384.

[158] Patall E. , Cooper H. , Robinson J. . The Effects of Choice on Intrinsic Motivation and Related Outcomes: A Meta – analysis of Research Findings [J] . Psychological Bulletin, 2008 (134): 270 – 300.

[159] Peng L. , Hong L. . Feedback Related Negativity and Its Theoretical Explains [J] . Advances in Psychological Science, 2008, 16 (5): 705 – 711.

[160] Picton T. W. , Bentin S. , Berg P. , Donchin E. , Hillyard S. A. , Johnson R. , Rugg M. D. . Guidelines for Using Human Event – related Potentials to Study Cognition: Recording Standards and Publication Criteria [J] . Psychophysiology, 2000, 37 (2): 127 – 152.

[161] Pink D. H. . Drive: The Surprising Truth about [J] . Journal of Finamcial Counseling & Planning, 2009, 23 (19): 73 – 74.

[162] Pittman T. S. , Davey M. E. . Alafat K. A. , Wetherill K. V. , Kramer N. A. . Informational Versus Controlling Verbal Rewards [J] . Personality and Social Psychology Bulletin, 1980, 6 (2): 228 – 233.

[163] Polezzi D. , Sartori G. , Rumiati R. , Vidotto G. , Daum I. . Brain Correlates of Risky Decision – making [J] . Neuroimage, 2010, 49 (2): 1886 – 1894.

[164] Polich J. . Response Mode and P300 from Auditory Stimuli [J] . Biological Psychology, 1987, 25 (1): 61 – 71.

[165] Polich J. . Updating P300: An Integrative Theory of P3a and P3b [J] . Clinical Neurophysiology, 2007, 118 (10): 2128 – 2148.

[166] Randall W. M. , Smith J. L. . Conflict and Inhibition in the Cued – Go/noGo Task [J] . Clinical Neurophysiology, 2011, 122 (12): 2400 – 2407.

[167] Rawsthorne L. J. , Elliot A. J. . Achievement Goals and Intrinsic Motivation: A Meta – analytic Review [J] . Personality and Social Psychology Review, 1999, 3 (4): 326 – 344.

[168] Reeve J. , Deci E. L. . Elements of the Competitive Situation That Affect Intrinsic Motivation [J] . Personality and Social Psychology Bulletin, 1996, 22 (1): 24 – 33.

[169] Reeve J., Olson B. C., Cole S. G.. Motivation and Performance: Two Consequences of Winning and Losing in Competition [J]. Motivation and Emotion, 1985, 9 (3): 291-298.

[170] Reinboth M., Duda J., Ntoumanis N.. Dimensions of Coaching Behavior, Need Satisfaction, and the Psychological and Physical Welfare of Young Athletes [J]. Motivation and Emotion, 2004 (28): 297-313.

[171] Remedios R., Ritchie K., Lieberman D. A.. I Used to Like It But Now I Don't: The Effect of the Transfer Test in Northern Ireland on Pupils' Intrinsic Motivation [J]. British Journal of Educational Psychology, 2005, 75 (3): 435-452.

[172] Ridderinkhof K. R., Ullsperger M., Crone E. A., Nieuwenhuis S.. The Role of the Medial Frontal Cortex in Cognitive Control [J]. Science, 2004, 306 (5695): 443-447.

[173] Riesel A., Weinberg A., Endrass T., Meyer A., Hajcak G.. The ERN is the ERN Is the ERN? Convergent Validity of Error-related Brain Activity Across Different Tasks [J]. Biological Psychology, 2013, 93 (3): 377-385.

[174] Ryan, Richard M.. Control and Information in the Intrapersonal Sphere: An Extension of Cognitive Evaluation Theory [J]. Journal of Personality and Social Psychology, 1982, 43 (3): 450-461.

[175] Ryan R. M., Deci E. L.. Self-determination Theory: Basic Psychological Needs in Motivation, Development, and Wellness [M]. New York: Guilford Press, 2017.

[176] Ryan R. M., Frederick C.. On Energy, Personality, and Health: Subjective Vitality as a Dynamic Reflection of Well-Being [J]. Journal of Personality, 1997, 70 (2): 79-87.

[177] Ryan R. M., Mims V., Koestner R.. Relation of Reward Contingency and Interpersonal Context to Intrinsic Motivation: A Review and Test Using Cognitive Evaluation Theory [J]. Journal of Personality and Social Psychology, 1983, 45 (4): 736-750.

[178] Santesso D. L., Segalowitz S. J., Schmidt L. A.. ERPs Correlates of Error Monitoring in 10-year Olds Are Related to Socialization [J]. Biological Psychology, 2005, 70 (2): 79-87.

[179] Shalley C. E., Jing Z., Oldham G. R.. The Effects of Personal and Contextual Characteristics on Creativity: Where Should We Go from Here? [J]. Journal of Management, 2004, 30 (6): 933-958.

[180] Shamir B., Zakay E., Breinin E., Popper M.. Correlates of Charismatic Leader Behavior in Military Units: Subordinates' Attitudes, Unit Characteristics, and Superiors' Appraisals of Leader Performance [J]. Academy of Management Journal, 1998, 41 (4): 387 -409.

[181] Shen Q., Jin J., Ma Q.. The Sweet Side of Inequality: How Advantageous Status Modulates Empathic Response to Others' Gains and Losses [J]. Behavioural Brain Research, 2013 (256): 609 -617.

[182] Shirom A.. The Effects of Pay Systems on Blue - collar Employees' Emotional Distress: The Mediating Effects of Objective and Subjective Work Monotony [J]. Human Relations, 1999 (52): 1077 -1097.

[183] Smith J. L., Johnstone S. J., Barry R. J.. Response Priming in the Go/NoGo Task: The N2 Reflects Neither Inhibition Nor Conflict [J]. Clinical Neurophysiology, 2007, 118 (2): 343 -355.

[184] Steers R. M., Porter L. W., Bigley G. A.. Motivation and Work Behavior [M]. New York: McGraw - Hill/Irwin, 1991.

[185] Stone D. N., Deci E. L., Ryan R. M.. Beyond Talk: Creating Autonomous Motivation through Self - determination Theory [J]. Journal of General Management, 2009, 33 (3): 1867 -1876.

[186] Suchan B., Jokisch D., Skotara N., Daum I.. Evaluation - related Frontocentral Negativity Evoked by Correct Responses and Errors [J]. Behavioural Brain Research, 2007, 183 (2): 206 -212.

[187] Suls J., Wheeler L.. Handbook of Social Comparison: Theory and Research [M]. Berlin: Springer Science and Business Media, 2013.

[188] Suls J., Wheeler L.. Handbook of Social Comparison [M]. Berlin: Springer, 2000.

[189] Sutton S., Braren M., Zubin J., John E. R.. Evoked - potential Correlates of Stimulus Uncertainty [J]. Science, 1965, 150 (3700): 1187 -1188.

[190] Telpaz, Ariel, Webb, Ryan, Levy, Dino. J.. Using EEG to Predict Consumers' Future Choices [J]. Journal of Marketing Research, 2015, 52 (4): 511 -529.

[191] Tops M., Boksem M. A., Wester A. E., Lorist M. M., Meijman T. F.. Task Engagement and the Relationships Between the Error - related Negativity, Agreeableness, Behavioral Shame Proneness and Cortisol [J]. Psychoneuroendocrinology, 2006, 31 (7): 847 -858.

[192] Ullsperger M., Danielmeier C., Jocham G.. Neurophysiology of Performance Monitoring and Adaptive Behavior [J]. Physiological Reviews, 2014, 94 (1): 35-79.

[193] Vallerand R. J., Reid G.. On the Relative Effects of Positive and Negative Verbal Feedback on Males' and Females' Intrinsic Motivation [J]. Canadian Journal of Behavioural Science, 1988, 20 (3): 239-250.

[194] Vallerand R.. Toward a Hierarchical Model of Intrinsic and Extrinsic Motivation [J]. Advances in Experimental Social Psychology, 1997 (29): 271-360.

[195] Van Boxtel G. J., Böcker K. B.. Cortical Measures of Anticipation [J]. Journal of Psychophysiology, 2004, 18 (2/3): 61-76.

[196] Van Boxtel G. J. M., Böcker Koen B. E.. Cortical Measures of Anticipation [J]. Journal of Psychophysiology, 2004 (18): 61-76.

[197] Van Schie H. T., Mars R. B., Coles M. G., Bekkering H.. Modulation of Activity in Medial Frontal and Motor Cortices During Error Observation [J]. Nature Neuroscience, 2004, 7 (5): 549-554.

[198] Vansteenkiste M., Duriez B., Simons J., Soenens B.. Materialistic Values and Well-Being among Business Students: Further Evidence of Their Detrimental Effect [J]. Journal of Applied Social Psychology, 2006 (36): 2892-2908.

[199] Vansteenkiste M., Lens W., Deci E. L.. Intrinsic Versus Extrinsic Goal Contents in Self-determination Theory: Another Look at the Quality of Academic Motivation [J]. Educational Psychologist, 2015, 41 (1): 19-31.

[200] Verbruggen M., De Cooman R., Vansteenkiste S.. When and Why Are Internal Job Transitions Successful? Transition Challenges, Hindrances, and Resources Influencing Motivation and Retention Through Basic Needs Satisfaction [J]. Group and Organization Management, 2015, 40 (6): 744-775.

[201] Wang L., Zheng J., Meng L.. Effort Provides Its Own Reward: Endeavors Reinforce Subjective Expectation and Evaluation of Task Performance [J]. Experimental Brain Research, 2017, 235 (4): 1107-1118.

[202] Warr P., Fay D.. Short Report: Age and Personal Initiative at Work [J]. European Journal of Work and Organizational Psychology, 2001, 10 (3): 343-353.

[203] Watter S., Geffen G. M., Geffen L. B.. The N-back as a Dual-task: P300 Morphology under Divided Attention [J]. Psychophysiology, 2001, 38 (6): 998-1003.

[204] Wayment H. A., Taylor S. E.. Self - evaluation Processes: Motives, Information Use, and Self - esteem [J]. Journal of Personality, 1995, 63 (4): 729 - 757.

[205] Weinberg R. S.. Relationship between Extrinsic Rewards and Intrinsic Motivation [J]. Psychological Reports, 1978, 42 (3c): 1255 - 1258.

[206] Weinberg R. S., Jackson A.. Competition and Extrinsic Rewards: Effect on Intrinsic Motivation and Attribution [J]. Research Quarterly for Exercise and Sport, 1979, 50 (3): 494 - 502.

[207] White R.. Motivation Reconsidered: The Concept of Competence [J]. Psychological Review, 1959 (66): 297 - 333.

[208] Wilson T. D., Hull J. G., Johnson J.. Awareness and Self - perception: Verbal Reports on Internal States [J]. Journal of Personality and Social Psychology, 1981, 40 (1): 53 - 71.

[209] Woodworth R. S.. Dynamic Psychology [M]. New York: Cocumbia University Press, 1918.

[210] Wrzesniewski A., Schwartz B., Cong X., Kane M., Omar A., Kolditz T.. Multiple Types of Motives Don't Multiply the Motivation of West Point Cadets [J]. Proceedings of the National Academy of Sciences, 2014, 111 (30): 10990 - 10995.

[211] Wu Y., Zhou X.. The P300 and Reward Valence, Magnitude, and Expectancy in Outcome Evaluation [J]. Brain Research, 2009 (1286): 114 - 122.

[212] Xu Q., Shen Q., Chen P., Ma Q. G., Sun D., Pan Y.. How an Uncertain Cue Modulates Subsequent Monetary Outcome Evaluation: An ERPs Study [J]. Neuroscience Letters, 2011, 505 (2): 200 - 204.

[213] Yang J., Li H., Zhang Y., Qiu J., Zhang Q.. The Neural Basis of Risky Decision - making in a Blackjack Task [J]. Neuroreport, 2007, 18 (14): 1507 - 1510.

[214] Yeung N., Botvinick M. M., Cohen J. D.. The Neural Basis of Error Detection: Conflict Monitoring and the Error - related Negativity [J]. Psychological Review, 2004, 111 (4): 931 - 959.

[215] Yu R., Zhou X.. Brain Responses to Outcomes of One's Own and Other's Performance in a Gambling Task [J]. Neuroreport, 2006, 17 (16): 1747 - 1751.

[216] Yu R., Zhou X.. To Bet or Not to Bet? The Error Negativity or Error - related Negativity Associated with Risk - taking Choices [J]. Journal of Cognitiveneneu -

roscience, 2009, 21 (4): 684 -696.

[217] Yuan J., Zhang Q., Chen A., Li H., Wang Q., Zhuang Z., Jia S.. Are We Sensitive to Valence Differences in Emotionally Negative Stimuli? Electrophysiological Evidence from an ERP Study [J]. Neuropsychologia, 2007, 45 (12): 2764 - 2771.

[218] Zhou Z., Yu R., Zhou X.. To Do or Not to Do? Action Enlarges the FRN and P300 Effects in Outcome Evaluation [J]. Neuropsychologia, 2010, 48 (12): 3606 -3613.

[219] 安应民，郝冬梅，吴菁. 新编人力资源管理 [M]. 兰州：兰州大学出版社，2004.

[220] 暴占光，张向葵. 自我决定认知动机理论研究概述 [J]. 东北师大学报（哲学社会科学版），2018 (6): 141 -146.

[221] 波特，比格利，斯蒂尔斯. 激励与工作行为 [M]. 陈学军，等，译. 北京：机械工业出版社，2006.

[222] 岑延远. 基于自我决定理论的学习动机分析 [J]. 教育评论，2012 (4): 42 -44.

[223] 单凤儒. 管理学基础 [M]. 北京：高等教育出版社，2000.

[224] 杜鹏程. 内在激励对创新行为的影响机理 [D]. 南京：南京大学，2010.

[225] 冯旭，鲁若愚，彭蕾. 服务企业员工个人创新行为与工作动机、自我效能感关系研究 [J]. 研究与发展管理，2009 (3): 42 -49.

[226] 郭桂梅，段兴民. 自我决定理论及其在组织行为领域的应用分析 [J]. 经济管理，2008，30 (6): 24 -29.

[227] 郭振芳. 归因理论研究综述 [J]. 科技信息（科学教研），2007 (32): 169.

[228] 韩仁生. 归因理论在教育中的应用 [J]. 教育理论与实践，2004 (2): 4 -7.

[229] 韩煜东. 内容激励理论在不同文化下的修正探讨 [D]. 成都：四川大学，2004.

[230] 郝辽钢，刘健西. 激励理论研究的新趋势 [J]. 北京工商大学学报（社会科学版），2003 (5): 12 -17.

[231] 黄希庭. 普通心理学 [M]. 兰州：甘肃人民出版社，1982.

[232] 孔茨，韦里克. 管理学 [M]. 10 版. 张晓君，译. 北京：经济科学出版社，1998.

［233］李宝元．人力资本运营——新经济时代企业经营战略与致胜方略［M］．北京：企业管理出版社，2001.

［234］李军．管理学基础［M］．北京：清华大学出版社，2006.

［235］李鹏，李红．反馈负波及其理论解释［J］．心理科学进展，2008，16（5）：705－711.

［236］李神英．自我决定理论在企业管理中的应用［J］．科协论坛（下半月），2009（6）：142.

［237］李仕明，唐小我，曾勇．产权化激励机制的定量分析［J］．电子科技大学学报，2001，30（2）：185－191.

［238］李伟，梅继霞．内在动机、工作投入与员工绩效：基于核心自我评价的调节效应［J］．经济管理，2012（9）：77－90.

［239］利昂·费斯廷格．认知失调理论［M］．郑全全，译．杭州：浙江教育出版社，1999.

［240］林桦．自我决定理论——动机理论的新进展［J］．湖南科技学院学报，2008（3）：72－73.

［241］刘春雷，张庆林．错误加工的神经机制［J］．心理科学进展，2009，17（2）：341－348.

［242］刘海燕，闫荣双，郭德俊．认知动机理论的新进展——自我决定论［J］．心理科学，2003，26（6）：1115－1116.

［243］刘宏宇．勒温的社会心理学理论评述［J］．社会心理科学，1998（1）：57－61.

［244］刘靖东，钟伯光，姒刚彦．自我决定理论在中国人人群的应用［J］．心理科学进展，2013，21（10）：1803－1813.

［245］刘颂．关于现代激励理论发展困境的几点分析［J］．南京社会科学，1998（4）：29－36.

［246］刘玉丽，张智君．错误相关负电位（ERN）及其理论解释［J］．应用心理学，2009，14（2）：180－186.

［247］龙明先．需要层次理论与ERG理论的比较研究［J］．企业技术开发，2009，28（6）：119.

［248］罗宾斯．管理学［M］．7版．北京：中国人民大学出版社，2004.

［249］罗宾斯．组织行为学精要［M］．北京：电子工业出版社，2005.

［250］马晶．西方企业激励理论述评［J］．经济评论，2006，142（6）：152－157.

［251］马庆国，付辉建，卞军．神经工业工程：工业工程发展的新阶段

[J]. 管理世界, 2012 (6): 163-168.

[252] 马庆国, 王小毅. 从神经经济学和神经营销学到神经管理学 [J]. 管理工程学报, 2006a, 20 (3): 129-132.

[253] 马庆国, 王小毅. 认知神经科学、神经经济学与神经管理学 [J]. 管理世界, 2006b (10): 139-149.

[254] 马庆国. 管理统计学 [M]. 北京: 科学出版社, 2002.

[255] 马庆国. 应用统计学 [M]. 北京: 科学出版社, 2005.

[256] 马斯洛. 人的动机理论 [M] 陈炳, 高文浩, 译. 上海: 上海教育出版社, 1990: 341-355.

[257] 马艳云. 西方学习动机理论的发展演变历程 [J]. 教育史研究, 2006, 67 (1): 87-89.

[258] 欧小凡, 潘速跃, 黄英, 纪新博. 事件相关电位 P300 与认知相关研究 [J]. 中国老年学杂志, 2010, 30 (6): 833-835.

[259] 任国防, 张庆林. 表扬与内在动机关系的三种观点 [J]. 心理科学, 2004, 27 (4): 1002-1004.

[260] 阮爱君. 激励体系对员工创新行为影响的实证研究——基于工作动机理论的分析 [J]. 科技管理研究, 2011 (2): 151-156.

[261] 尚倩. 基于心理负荷的生产效率研究 [D]. 杭州: 浙江大学, 2013.

[262] 沈强. 基于决策神经科学的风险决策机理研究 [D]. 杭州: 浙江大学, 2011.

[263] 斯蒂芬·P. 罗宾斯. 管理学 [M]. 4 版. 黄卫伟, 等, 译. 北京: 中国人民大学出版社, 1997.

[264] 苏东水. 东方管理学 [M]. 上海: 复旦大学出版社, 2005.

[265] 孙岚, 秦启文, 张永红. 工作动机理论新进展——自我决定理论 [J]. 西南交通大学学报 (社会科学版), 2008, 9 (6): 75-80.

[266] 孙世月, 罗跃嘉. 欺骗任务中结果评价的 FN 效应 [J]. 心理学报, 2008, 40 (6): 693-700.

[267] 孙煜明. 动机心理学 [M]. 南京: 南京大学出版社, 1993: 263.

[268] 王凯. 突发事件下决策者的框架效应研究 [D]. 杭州: 浙江大学, 2010.

[269] 王璇, 李健. 企业员工工作动机与组织回报探讨 [J]. 商业时代, 2007 (17): 58+80.

[270] 王娅. 动机的自我决定理论及在组织管理中的应用 [J]. 亚太教育, 2015 (1): 138.

［271］魏景汉，罗跃嘉．事件相关电位原理与技术［M］．北京：科学出版社，2010.

［272］吴云．西方激励理论的历史演进及其启示［J］．学习与探索，1996（6）：88－93.

［273］谢犁．知识型员工工作动机与工作生活质量关系研究［D］．成都：西南财经大学，2009.

［274］许均平．企业管理层激励：一个理论综述［J］．金融经济，2007（12）：164－165.

［275］亚当·斯密．国富论［M］．陈星，译．西安：陕西师范大学出版社，2006.

［276］严标宾，郑雪，邱林．自我决定理论对积极心理学研究的贡献［J］．自然辩证法通讯，2003，25（3）：94－99.

［277］杨红明，刘耀中．工作特征对知识员工敬业度作用的实证研究：基于内在动机视角［J］．科技管理研究，2012（11）：169－174.

［278］易菲，姚树桥．反馈相关负波与心理病理之间关系研究的进展［J］．中国临床心理学杂志，2011（4）：23－26.

［279］恽广岚．动机研究的新进展：自我决定理论［J］．南通大学学报（教育科学版），2005（3）：42－45.

［280］曾建权，郑丕谔，马艳华．论知识经济时代的人力资源管理［J］．管理科学学报，2000，3（2）：84－89.

［281］詹秋月．西方激励理论的演进与发展［J］．商业经济，2007（2）：29－31.

［282］张爱卿．20世纪动机心理研究的历史探索［J］．华中师范大学学报（人文社会科学版），1999（3）：30－35＋162.

［283］张爱卿．归因理论研究的新进展［J］．教育研究与实验，2003（1）：38－41.

［284］张剑，郭德俊．内部动机与外部动机的关系［J］．心理科学进展，2003（5）：66－71.

［285］张剑，张建兵，李跃．促进工作动机的有效路径：自我决定理论的观点［J］．心理科学进展，2010（5）：752－759.

［286］张庆凤．体育运动中内部动机和外部动机的研究［J］．体育科技文献通报，2013（10）：23－24.

［287］张维迎．博弈论与信息经济学［M］．上海：上海人民出版社，2004.

[288] 张向葵，暴占光．国外自我决定研究述评［J］．中国特殊教育，2005（9）：78-81.

[289] 赵仑．ERPs 实验教程（修订版）［M］．南京：东南大学出版社，2010.

[290] 朱湘如，刘昌．前扣带回功能的冲突监测理论［J］．心理科学进展，2005，13（6）：767-773.